Cubierta:
Al-Qastal, detalle de la piedra tallada, al-Badiya.

Guías temáticas *Museum With No Frontiers (MWNF)*

EL ARTE ISLÁMICO EN EL MEDITERRÁNEO | **JORDANIA**

Los Omeyas

Los inicios del arte islámico

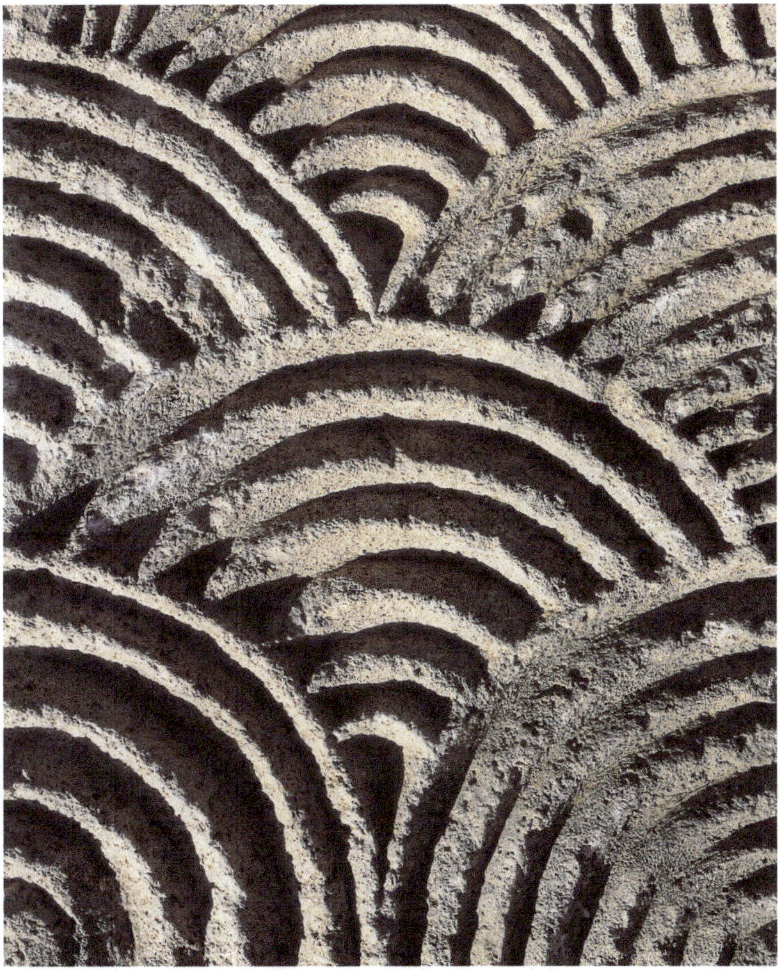

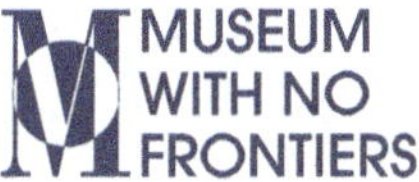

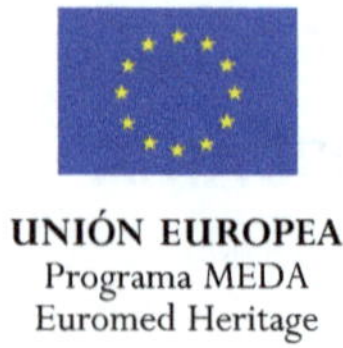

UNIÓN EUROPEA
Programa MEDA
Euromed Heritage

El Itinerario-Exposición Museum With No Frontiers *LOS OMEYAS. Los inicios del arte islámico* ha sido cofinanciada por la **Unión Europea** en el marco del **Programa Euromed Heritage** y ha recibido el apoyo de las instituciones jordanas e internacionales siguientes:

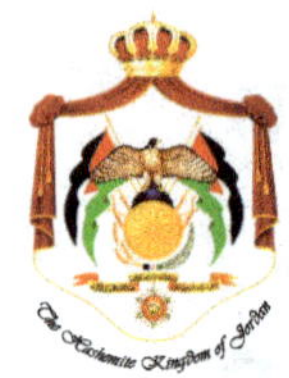

Ministerio de Turismo, Departamento de Antigüedades, Ammán, Jordania.

Ministerio de Cultura, Ammán, Jordania.

ISBN 978-3-902782-79-3 (eBook)
978-3-902782-78-6 (libro de bolsillo)

Información: **www.museumwnf.org**

Este libro se preparó entre 1998 y 2000. Toda la información práctica (como llegar, horarios, contactos, etc.) se refiere al momento de la preparación del libro y por lo tanto se recomienda comprobar los datos antes de programar una visita.

Programa
Museum With No Frontiers
Idea y concepción general
Eva Schubert

Director del proyecto
Fawwaz al-Khraysheh, Ammán

Coordinadora
Rabiha Dabbas, Ammán

Coordinador
del Comité científico
Ghazi Bisheh, Ammán

Comité científico
Ghazi Bisheh, Ammán
Fawzi Zayadine, Ammán
Mohammad al-Asad, Ammán
Ina Kehrberg, Ammán
Lara Tohme, Beirut – EEUU

Catálogo

Introducciones
Mohammad al-Asad, Ammán
Ghazi Bisheh, Ammán

Presentación de los recorridos
Comité Científico

Con la colaboración de
'Abdel Qader al-Husan, Ammán

Textos técnicos
Lubna Hashem, Ammán

Traducción
Carlos Verdaguer Viana-Cárdenas, Madrid

Revisión de textos
Rosalía Aller Maisonnave, Madrid

Fotógrafo
Bill Lyons, Ammán

Mapa general y esquemas
Atalla Design, Ammán

Planos
Sophie Vattéoni, Damasco (IFAPO)

Introducción general
El Arte Islámico en el Mediterráneo

Texto
Jamila Binous, Túnez
Mahmoud Hawari, Jerusalén-Este
Manuela Marín, Madrid
Gönül Öney, Esmirna

Planos
Şakir Çakmak, Esmirna
Yekta Demiralp, Esmirna
Ertan Daş, Esmirna

Diseño y maquetación
Agustina Fernández, Electa España, Madrid
Christian Eckart, MWNF, Viena (2ª edición)

Coordinación local

Directora de producción
Lubna Hashem, Ammán

Coordinación internacional

Coordinación General
Eva Schubert

Coordinación Comités Científicos, traducciones, edición y producción de los catálogos (1ª edición)
Sakina Missoum, Madrid

Agradecimientos

Agradecemos a las instituciones que se mencionan a continuación su apoyo al proyecto:

Misión arqueológica de Qastal
Oficinas y museos arqueológicos del Departamento de Antigüedades de todas las comarcas jordanas
Parque Arqueológico y Escuela del Mosaico de Madaba
Banco Central de Jordania
Darat al-Funoun
Instituto Francés de Arqueología de Oriente Medio (IFAPO)
Amigos de la Arqueología (FoA) con sucursales en todas las comarcas de Jordania
Instituto Protestante Alemán de Arqueología de Ammán (DEI)
Oficina Jordana de Turismo
Ministerio de Asuntos Religiosos
Autoridad Municipal del Gran Ammán
Nebo Tours
Real Centro Geográfico de Jordania
Agencia Española de Cooperación Internacional (AECI)
Stadium Biblicum Franciscanum, Jerusalén
Misión Arqueológica Suiza de Jordania (Max van Berchem Foundation)
Centro de Información y Turismo de Umm al-Yimal
UNESCO
Universidad de Yarmuk (Facultad de Arqueología y Antropología)

Así como a:
'Aqel Beltaji, Ministerio de Turismo
Fawwaz al-Khraysheh, Director del Departamento de Antigüedades
Nidal al-Hadid, Alcalde del Gran Ammán
Fernando Garcés de los Fayos (Encargado de Negocios a. i., Delegación de la Comisión Europea en Jordania)

Por otra parte, Museum With No Frontiers agradece
al Gobierno de España
Ministerio de Asuntos Exteriores y de Cooperación, Agencia Española de Cooperación Internacional para el Desarrollo (AECID)
Ministerio de Cultura
al Ministerio Federal de Asuntos Europeos e Internacionales, Austria
al Ministerio de Bienes y Actividades Culturales (Museo Nacional de Artes Orientales, Roma), Italia
al Secretariado de Estado para el Turismo, Portugal
al Museo de Antigüedades del Mediterráneo y de Oriente Próximo, Estocolmo, Suecia

así como
al Gobierno de la Región del Tirol (Austria) donde se instaló el proyecto piloto de los Itinerarios-Exposición de Museum With No Frontiers.

Deseamos manifestar igualmente nuestro agradecimiento a todas aquellas personas, demasiado numerosas para nombrarlas personalmente, que nos han ofrecido su apoyo incondicional y sus útiles consejos durante la preparación de este proyecto.

Referencias fotográficas
Véase la página 5, así como
'Abdel Qader al-Husan (objetos omeyas "n. p.")
Antonio Almagro & Ignacio Arce (CD-ROM del palacio Omeya de Ammán)
Jane Taylor (Umm Qays)
Fr. Michele Piccirillo (Madaba y Umm al-Rasas)
Nayef Goussous (monedas omeyas)
Salem al-Da'ja (Lugar del Bautismo "Wad al-Jarrar")
Zohrab

Introducción general "El Arte Islámico en el Mediterráneo"
Ann & Peter Jousiffe (Londres), página 20 (Alepo)
Archivos Oronoz Fotógrafos (Madrid), página 23 (Alhambra, Granada)

Referencias de planos
Exposición de Jordania
Instituto Protestante Alemán "DEI" (Umm Qays)
Jacques Bujard (restitución planimétrica de Umm al-Walid)
Robert Bewley (Jerach)

Introducción general "El Arte Islámico en el Mediterráneo"
R. Ettinghaussen y O. Grabar (Madrid, I, 1997), página 26 (Mezquita de Damasco)
Z. Sönmez (Ankara, 1995), página 27 (Mezquitas de Divriği y Estambul) y página 28 (Mezquita de Sivas)
Sergio Viguera (Madrid), página 28 (Tipología de alminares)
R. Ettinghaussen y O. Grabar (Madrid, II, 1999), página 29 (Mezquita y madrasa Sultán Hassan)
R. Ettinghaussen y O. Grabar (Madrid, I, 1997), página 30 (Qasr al-Jayr al-Charqi)
A. Kuran (Estambul, 1986), página 31 (Jan Sultán Aksaray)

Deseamos manifestar igualmente nuestro agradecimiento a todas aquellas personas, demasiado numerosas para nombrarlas personalmente, que nos han ofrecido su apoyo incondicional y sus útiles consejos durante la preparación de este proyecto.

Advertencias

Transcripción del árabe

Se han utilizado los arabismos del castellano como “magreb”, “alcazaba”, “alminar”, etc., que han conservado el sentido de su lengua de procedencia, y se ha respetado la transcripción fonética de las palabras árabes suministrada por los autores en consonancia con las normas jordanas. Para las demás palabras, hemos utilizado un sistema de transcripción simplificado para el cual hemos optado por no transcribir la *hamza* inicial y por no diferenciar entre vocales breves y largas, que se transcriben por *a*, *i*, *u*. La *ta' marbuta* se transcribe por *a* (estado absoluto) y *at* (seguida de un genitivo).
La transcripción de las veintiocho consonantes árabes se indica en el cuadro siguiente:

ء	'	ح	*h*	ز	*z*	ط	*t*	ق	*q*	ه	*h*
ب	*b*	خ	*kh*	س	*s*	ظ	*z*	ك	*k*	و	*u/w*
ت	*t*	د	*d*	ش	*sh*	ع	‘	ل	*l*	ي	*y/i*
ث	*th*	ذ	*dh*	ص	*s*	غ	*gh*	م	*m*		
ج	*j*	ر	*r*	ض	*d*	ف	*f*	ن	*n*		

Las palabras que aparecen en cursiva en el texto, salvo las acompañadas por su traducción o explicación, se encuentran en el glosario.

La era musulmana

La era musulmana comienza a partir del éxodo del Profeta Muhammad desde La Meca a Yathrib, que tomó entonces el nombre de Madina, „la Ciudad“ por excelencia, la del Profeta. Acompañado de su pequeña comunidad (70 personas y miembros de su familia), recién convertida al Islam, el Profeta realizó al-hiyra (Hégira, literalmente „emigración“) y se inició una nueva era.
La fecha de esta emigración está fijada el primer día del mes de *Muharram* del año 1 de la Hégira, que coincide con el 16 de julio del año 622 de la era cristiana. El año musulmán se compone de 12 meses lunares; cada mes tiene 29 ó 30 días. Treinta años constituyen un ciclo en el cual el 2.°, 5.°, 7.°, 10.°, 13.°, 16.°, 18.°, 21.°, 24.°, 26.° y 29.° años son bisiestos de 355 días; los demás son años corrientes de 354 días. El año lunar musulmán es 10 u 11 días más corto que el año solar cristiano. Cada día empieza, no justo después de la medianoche, sino inmediatamente después del ocaso, en el crepúsculo. La mayoría de los países musulmanes utiliza el calendario de la Hégira (que señala todas las fiestas religiosas) en paralelo con el calendario cristiano.

Las fechas

Las fechas aparecen primero según el calendario de la Hégira, seguidas de su equivalente en el calendario cristiano, tras una barra oblicua.
La fecha de la Hégira no figura cuando se trata de referencias procedentes de fuentes cristianas, de acontecimientos históricos europeos o que hayan tenido lugar en Europa, de dinastías cristianas y de fechas anteriores a la era musulmana o posteriores al final del dominio otomano en Jordania, en 1917.
La correspondencia de los años de un calendario a otro solo puede ser exacta cuando se proporcionan el día y el mes. Para facilitar la lectura, hemos evitado los años intercalados y, cuando se trata de una fecha de la Hégira comprendida entre el final y el comienzo de un siglo, se mencionan directamente los dos siglos correspondientes.
Las fechas anteriores a la era cristiana se indican con a. C. Para evitar confusiones, se emplea la abreviatura d. C. únicamente para periodos que se inician antes del nacimiento de Cristo y concluyen en la era cristiana.

Abreviaturas
a. C. = antes de Cristo; d. C. = después de Cristo; f. = finales; h. = hacia; m. = muerte; p. = principios; p. c. = primer cuarto; p. m. = primera mitad; r. = reinado; ref. = consultar; s. c. = segundo cuarto; s. m. = segunda mitad.

Indicaciones prácticas

Los mejores meses para visitar Jordania son abril, mayo, junio, julio, agosto, septiembre y octubre. El periodo entre mediados de julio y agosto es una buena época para asistir a festivales locales y acontecimientos culturales (Festival de Jerash, Festival de Fuheis, etc.). Los primeros y últimos meses del año presentan riesgos de mal tiempo y frío, ya que se trata de la estación lluviosa.

Los diversos acontecimientos culturales que tienen lugar en Jordania a lo largo del año suelen aparecer reseñados en el periódico „Jordan Times“ bajo el epígrafe „What's going on“.
Para obtener más información acerca de este tipo de acontecimientos, contactar con:
Ministry of Tourism & Antiquities, Department of Public Relations: tel.: 06 4642311.
Ministry of Culture, Directorate of Public Relations and Activities: tel.: 06 5696218.

Aunque visitar Jordania durante el mes santo de Ramadán no presenta dificultades, la práctica del ayuno puede imponer restricciones (falta de servicios de restauración y de otro tipo, horarios de cierre tempranos, etc.) a algunos visitantes y causar algún que otro inconveniente mientras se recorre el país. Por lo tanto, es aconsejable, averiguar con antelación en qué periodo del año tiene lugar el Ramadán.

Durante las horas de trabajo funciona un servicio local de autobuses que conecta las principales ciudades con los pueblos. Pero a menudo resulta difícil regresar en autobús por la tarde, desde los pueblos más remotos; por lo tanto, cuando se vaya a visitar una zona alejada es aconsejable alquilar un coche en lugar de utilizar el autobús. Los horarios de apertura y los precios de las entradas (moneda local) están sujetos a cambios.

Las oficinas comarcales del Departamento de Antigüedades, dentro de las cuales se incluyen los museos y los centros de visitantes, sirven como puntos de información y proporcionan al visitante todo tipo de ayuda y apoyo.

Lubna Hashem
Directora de Producción

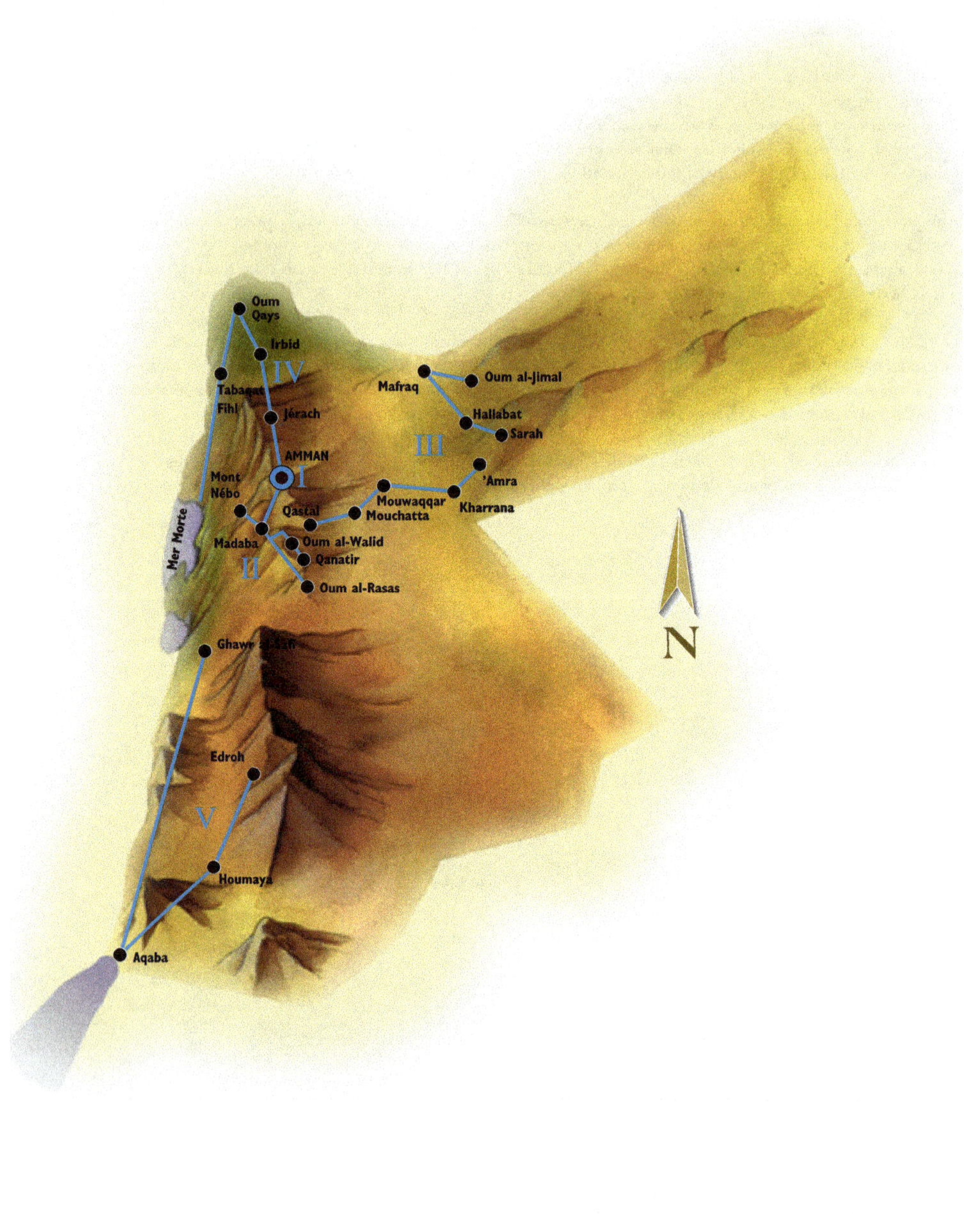
Oum Qays
Irbid
IV
Tabaqat Fihl
Jérach
AMMAN
I
Mont Nébo
Mer Morte
Madaba
Qastal
Oum al-Walid
Qanatir
Oum al-Rasas
II
Mafraq
Oum al-Jimal
Hallabat
Sarah
III
'Amra
Mouwaqqar
Mouchatta
Kharrana
Ghawr
Edroh
V
Houmaya
Aqaba
N

Sumario

LAS DINASTÍAS ISLÁMICAS EN EL MEDITERRÁNEO

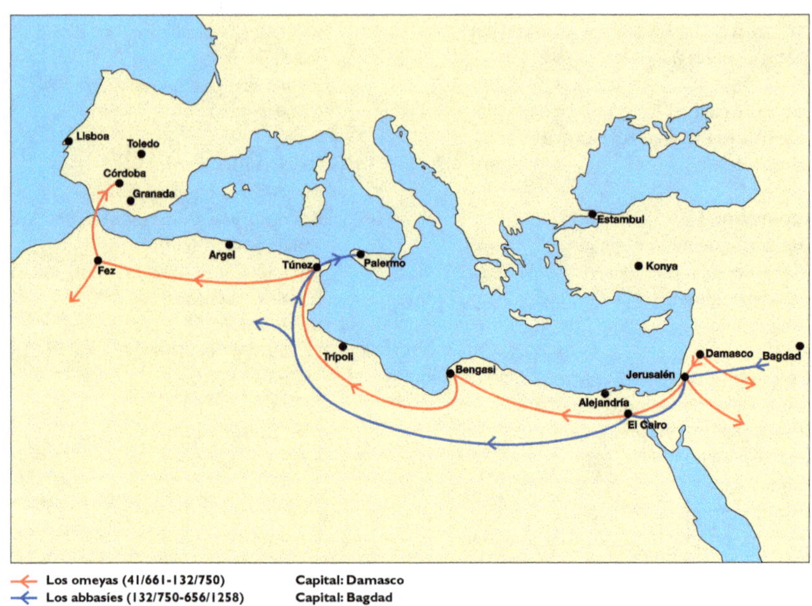

Los omeyas (41/661-132/750) — Capital: Damasco
Los abbasíes (132/750-656/1258) — Capital: Bagdad

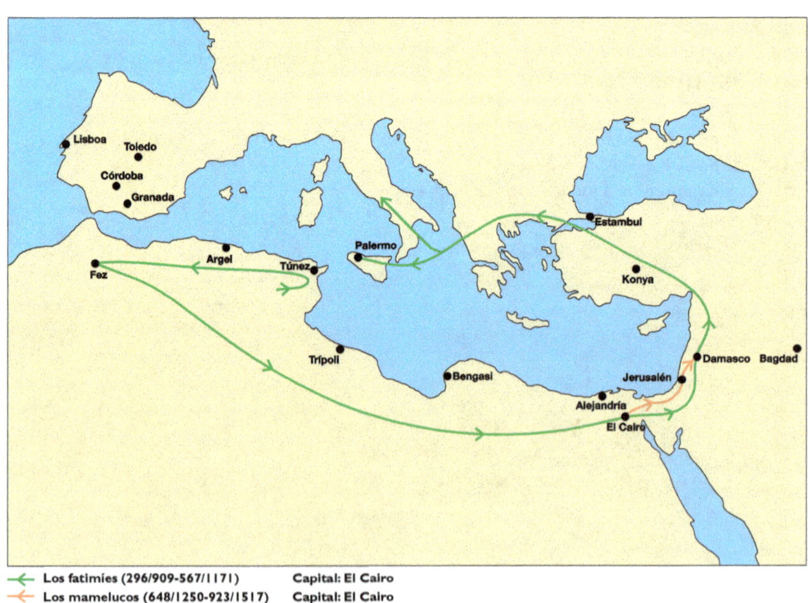

Los fatimíes (296/909-567/1171) — Capital: El Cairo
Los mamelucos (648/1250-923/1517) — Capital: El Cairo

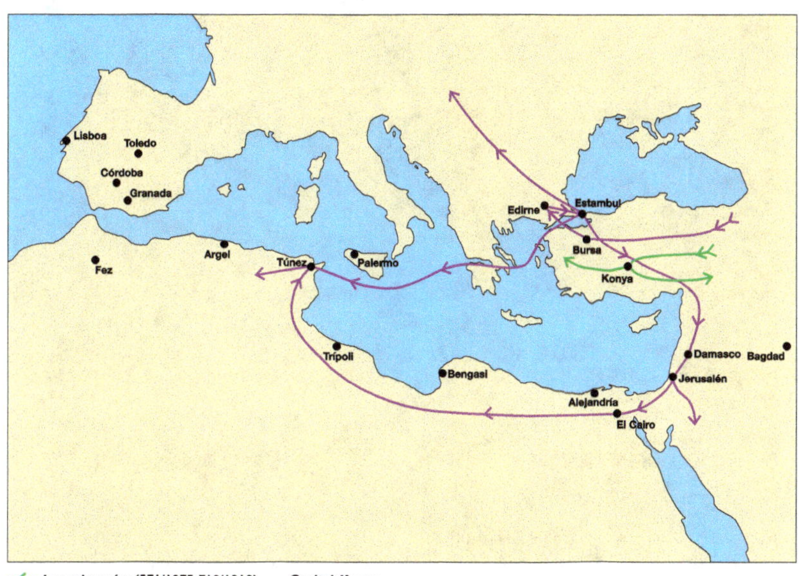

Los selyuquíes (571/1075-718/1318) Capital: Konya
Los otomanos (699/1299-1340/1922) Capital: Estambul

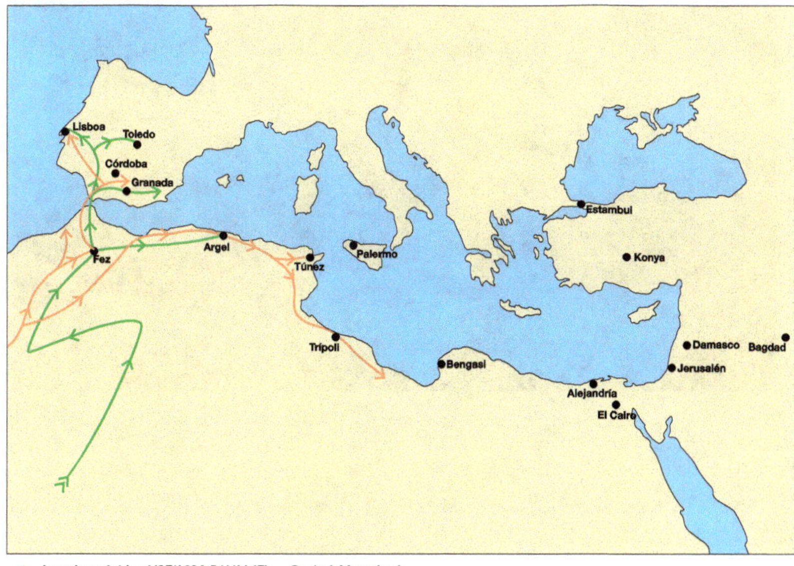

Los almorávides (427/1036-541/1147) Capital: Marrakech
Los almohades (515/1121-667/1269) Capital: Marrakech

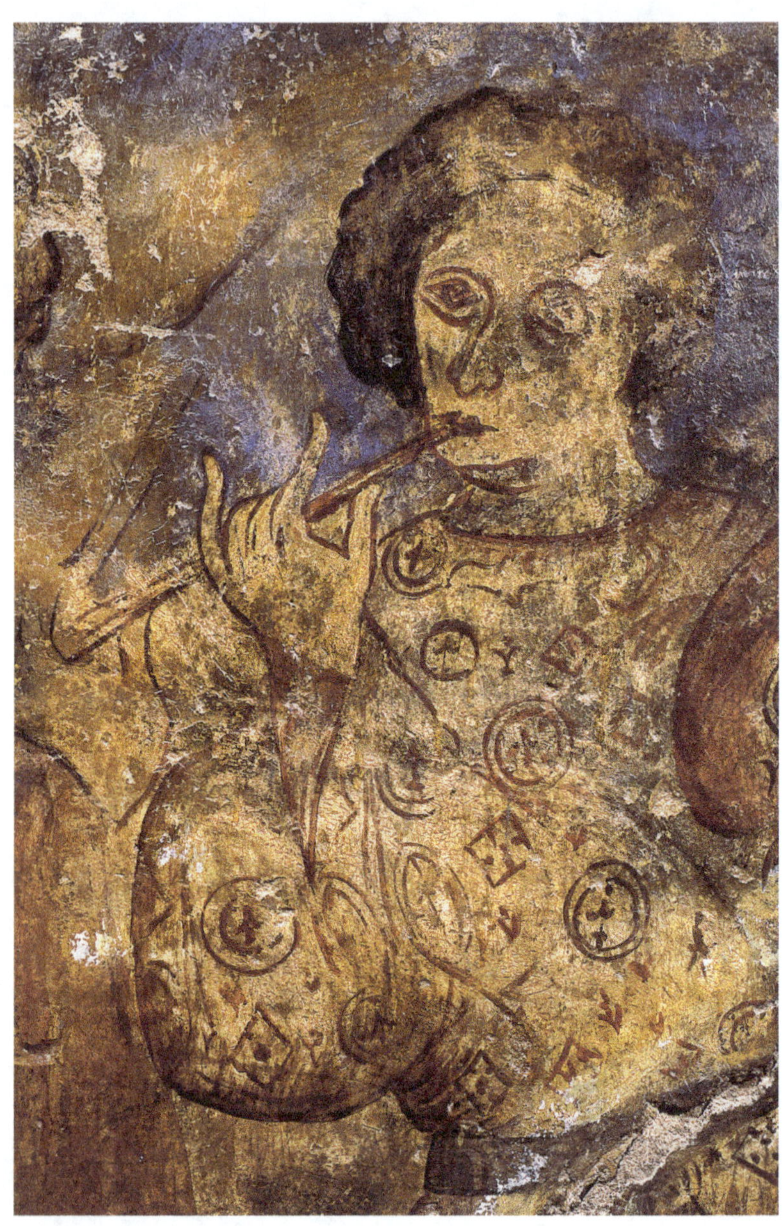

Qusayr 'Amra,
pintura mural
en la Sala de Audiencia,
Badiya de Jordania.

EL ARTE ISLÁMICO EN EL MEDITERRÁNEO

Jamila Binous
Mahmoud Hawari
Manuela Marín
Gönül Öney

El legado islámico en el Mediterráneo

Desde la primera mitad del siglo I/VII, la historia de la Cuenca Mediterránea ha estado unida en casi igual proporción a la de dos culturas: el Islam y el Occidente cristiano. Esta extensa historia de conflicto y contacto ha generado una mitología ampliamente difundida por el imaginario colectivo, una mitología basada en la imagen de la otra cultura como el enemigo implacable, extraño y diferente y, como tal, incomprensible. Por supuesto, las batallas han salpicado los siglos transcurridos desde que los musulmanes se esparcieron desde la Península Arábiga y se apoderaron del Creciente Fértil, Egipto, y posteriormente del norte de África, Sicilia y la Península Ibérica, penetrando por la Europa occidental hasta el mismo sur de Francia. A principios del siglo II/VIII, el Mediterráneo estaba bajo control islámico.

Este impulso de expansión, de una intensidad raramente igualada en la historia, se llevaba a cabo en nombre de una religión que se consideraba heredera simultánea de sus dos predecesoras: el judaísmo y el cristianismo. Pero sería una inapropiada simplificación explicar la expansión islámica únicamente en términos religiosos. Existe una imagen muy extendida en Occidente que presenta el Islam como una religión de dogmas simples adaptados a las necesidades de la gente corriente y difundida por vulgares guerreros que habrían surgido del desierto blandiendo el Corán en las puntas de sus espadas. Esta burda imagen ignora la complejidad intelectual de un mensaje religioso que, desde el momento de su aparición, transformó el mundo. Se identifica esta imagen con una amenaza militar y se justifica así una respuesta en los mismos términos. Finalmente, reduce toda una cultura a uno solo de sus elementos —la religión— y, al hacerlo, la priva de su potencial de evolución y cambio.

Los países mediterráneos que se fueron incorporando progresivamente al mundo musulmán comenzaron sus respectivos trayectos desde puntos de partida muy diferentes. Por tanto, las formas de vida islámica que comenzaron a desarrollarse en cada uno de ellos fueron lógicamente muy diversas, aunque dentro de la unidad resultante de su común adhesión al nuevo dogma religioso. Es precisamente la capacidad de asimilar elementos de culturas previas (helenística, romana, etc.) uno de los rasgos distintivos que caracterizan a las sociedades islámicas. Si se restringe la observación al área geográfica del Mediterráneo, que era culturalmente muy heterogénea en el momento de la emergencia del Islam, se descubre rápidamente que este momento inicial no supuso ni mucho menos una ruptura con la historia previa. Se constata así la imposibilidad de imaginar un mundo islámico inmutable y monolítico, embarcado en el ciego seguimiento de un mensaje religioso inalterable.

Si algo se puede distinguir como *leitmotiv* presente en toda el área del Mediterráneo es la diversidad de expresión combinada con la armonía de sentimiento, un sentimiento más cultural que religioso. En la Península Ibérica —por empezar por el perímetro occidental del Mediterráneo— la presencia del Islam, impuesta inicialmente mediante la conquista militar, produjo una sociedad claramente diferenciada de la cristiana, pero en permanente contacto con ella. La importancia de la expresión cultural de esta sociedad islámica fue percibida como tal incluso después de que cesara de existir, y dio lugar a lo que tal vez sea uno de los componentes más originales de la cultura hispánica: el arte mudéjar. Portugal ha mantenido, a lo largo del periodo islámico, fuertes tradiciones mozárabes cuyas huellas siguen claramente visibles hoy en día. En Marruecos y Túnez, el legado andalusí quedó asimilado en las formas locales y sigue siendo evidente en nuestros días. El Mediterráneo occidental produjo formas originales de expresión que reflejan su evolución histórica conflictiva y plural.

Encajado entre Oriente y Occidente, el Mar Mediterráneo está dotado de enclaves terrestres como Sicilia, que corresponden a emplazamientos históricos estratégicos con siglos de antigüedad. Conquistada por los árabes que se habían establecido en Túnez, Sicilia siguió perpetuando la memoria histórica y cultural del Islam mucho después de que los musulmanes cesaran de tener presencia política en la isla. Las formas estéticas normandas conservadas en los edificios demuestran claramente que la historia de estas regiones no puede explicarse sin entender la diversidad de experiencias sociales, económicas y culturales que florecieron en su suelo.

En agudo contraste, pues, con la imagen inamovible a la que aludíamos al principio, la historia del Islam mediterráneo se caracteriza por una sorprendente diversidad. Está formada por una mezcla de gentes y caracteres étnicos, de desiertos y tierras fértiles. Aunque la religión mayoritaria fue la del Islam desde el principio de la Edad Media, también es cierto que las minorías religiosas mantuvieron cierta presencia. El idioma del Corán, el árabe clásico, ha coexistido en términos de igualdad con otros idiomas y dialectos del propio árabe. Dentro de un escenario de innegable unidad (religión musulmana, idioma y cultura árabes), cada sociedad ha evolucionado y respondido a los desafíos de la historia de una forma propia.

Aparición y desarrollo del arte islámico

En estos países, dotados de civilizaciones diversas y antiguas, fue surgiendo a finales del siglo II/VIII un nuevo arte impregnado de las imágenes de la fe islámica, que acabó imponiéndose en menos de cien años. Este arte dio origen a todo tipo de creaciones e innovaciones basadas en la unificación de las fórmulas y los procesos tanto decorativos como arquitectónicos de las diversas regiones, inspirándose simultáneamente en las tradiciones artísticas sasánidas, grecorromanas, bizantinas, visigóticas y beréberes.

El primer objetivo del arte islámico fue servir tanto a las necesidades de la religión como a los diversos aspectos de la vida socioeconómica. Y así aparecieron nuevos edificios destinados a usos religiosos, tales como las mezquitas y los santuarios. Por este motivo, la arquitectura desempeñó un papel central en el arte islámico, ya que gran parte de las otras artes están ligadas a ella. No obstante, al margen de la arquitectura, apareció un abanico de artes menores que encontraron su expresión artística a través de una amplia variedad de materiales, tales como la madera, la cerámica, los metales o el vidrio, entre otros muchos. En el caso de la alfarería, se recurrió a una amplia variedad de técnicas, entre las cuales sobresalen las piezas policromadas y lustradas. Se fabricaron también vidrios de gran belleza, alcanzándose un alto nivel en la realización de piezas adornadas con oro y esmaltes de colores brillantes. En la artesanía del metal, la técnica más sofisticada fue el trabajo en bronce con incrustaciones de plata o cobre. Se confeccionaron también tejidos y alfombras de alta calidad, con diseños basados en figuras geométricas, humanas y animales. Los manuscritos iluminados con ilustraciones en miniatura, por otra parte, representan un avance espectacular en las artes del libro. Toda esta diversidad en las manifestaciones menores refleja el esplendor alcanzado por el arte islámico.

Sin embargo, el arte figurativo quedó excluido del ámbito litúrgico del Islam, lo cual significa que permanece marginado con respecto al núcleo central de la civilización islámica y que solo es tolerado en su periferia. Los relieves son poco frecuentes en la decoración de los monumentos, mientras que las esculturas son casi planas. Esta ausencia se ve compensada por la gran riqueza ornamental de los revestimientos de yeso tallado, paneles de madera esculpida y mosaicos de cerámica vitrificada, así como frisos de *muqarnas* (mocárabe). Los elementos decorativos sacados de la naturaleza —hojas, flores, ramas— están estilizados al máximo y son tan complicados que casi no evocan sus fuentes de inspiración. La imbricación y la combinación de motivos geométricos, como rombos y polígonos, configuran redes entrelazadas que recubren por completo las superficies, dando lugar a formas llamadas “arabescos”. Una innovación dentro del repertorio decorativo fue la introducción de elementos epigráficos en la ornamentación de los monumentos, el mobiliario y todo tipo de objetos. Los artesanos musulmanes recurrieron a la belleza de la caligrafía árabe, la lengua del Libro Sagrado, el Corán, no solo para la transcripción de los versos coránicos, sino simplemente como elemento decorativo para la orna-

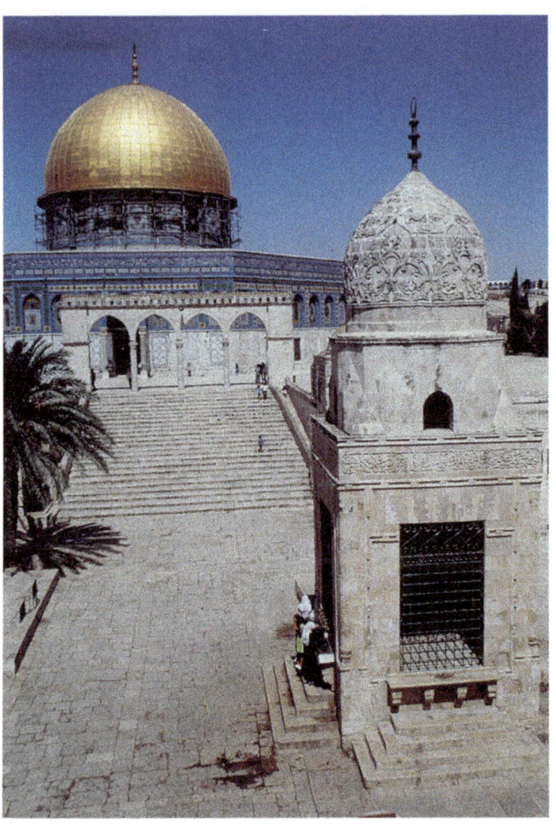

Cúpula de la Roca, Jerusalén.

mentación de los estucos y los marcos de los paneles.
El arte estaba también al servicio de los soberanos. Para ellos los arquitectos construían palacios, mezquitas, escuelas, casas de baños, *caravansarays* y mausoleos que llevan a menudo el nombre de los monarcas. El arte islámico es, sobre todo, un arte dinástico. Con cada soberano aparecían nuevas tendencias que contribuían a la renovación parcial o total de las formas artísticas, según las condiciones históricas, la prosperidad de los diferentes reinos y las tradiciones de cada pueblo. A pesar de su relativa unidad, el arte islámico permitió así una diversidad propicia a la aparición de diferentes estilos, identificados con las sucesivas dinastías.
La dinastía omeya (41/661-132/750), que trasladó la capital del califato a Damasco, representa un logro singular en la historia del Islam. Absorbió e incorporó el legado helenístico y bizantino, y refundió la tradición clásica del Mediterráneo en un molde diferente e innovador. El arte islámico se formó, por tanto, en Siria, y la arquitectura, inconfundiblemente islámica debido a la personalidad de los fundadores, no perdió su relación con el arte cristiano y bizantino. Los más importantes monumentos omeyas son la Cúpula de la Roca de Jerusalén, el ejemplo más antiguo de santuario islámico monumental; la Mezquita Mayor de Damasco, que sirvió de modelo para las mezquitas posteriores; y los palacios del desierto de Siria, Jordania y Palestina.
Cuando el califato abbasí (132/750-656/1258) sustituyó a los omeyas, el centro político del Islam se trasladó desde el Mediterráneo hasta Bagdad, en Mesopotamia. Este factor influyó en el desarrollo de la civilización islámica, hasta el punto de que todo el abanico de manifestaciones culturales y artísticas quedó marcado por este cambio. El arte y la arquitectura abbasíes se inspira-

ban en tres grandes tradiciones: la sasánida, la asiática central y la selyuquí. La influencia del Asia central estaba presente ya en la arquitectura sasánida, pero en Samarra esta influencia se reflejó en la forma de trabajar el estuco con ornamentaciones de arabescos que rápidamente se difundiría por todo el mundo islámico. La influencia de los monumentos abbasíes se puede observar en los edificios construidos durante este período en otras regiones del imperio, pero especialmente en Egipto e Ifriqiya. La mezquita de Ibn Tulun (262/876-265/879), en El Cairo, es una obra maestra notable por su planta y por su unidad de concepción. Se inspiró en el modelo de la Mezquita Mayor abbasí de Samarra, sobre todo en su alminar en espiral. En Kairuán, la capital de Ifriqiya, los vasallos de los califas abbasíes, los aglabíes (184/800-296/909), ampliaron la Mezquita Mayor de Kairuán, una de las más venerables mezquitas *aljamas* del Magreb y cuyo *mihrab* está revestido con azulejos de Mesopotamia.

El reinado de los fatimíes (296/909-567/1171) representa un período notable en la historia de los países islámicos del Mediterráneo: el norte de África, Sicilia, Egipto y Siria. De sus construcciones arquitectónicas permanecen algunos ejemplos como testimonio de su gloria pasada: en el Magreb central, la Qal'a de los Bani Hammad y la mezquita de Mahdia; en Sicilia la Cuba (*Qubba*) y la Zisa

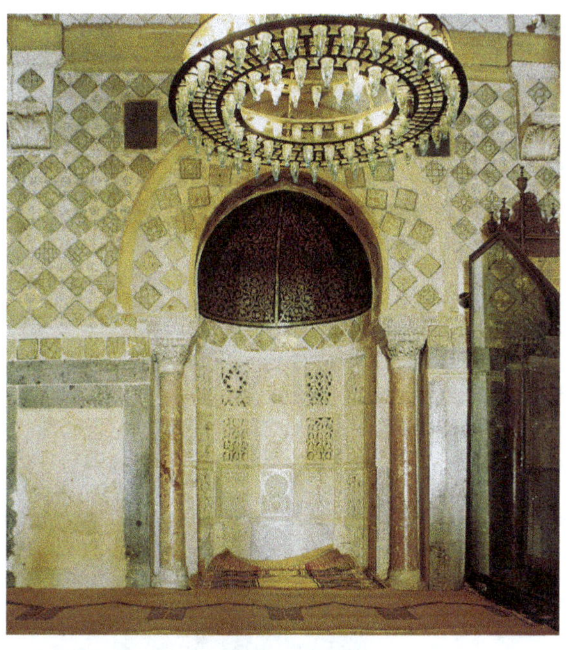

Mezquita de Kairuán, mihrab, Túnez.

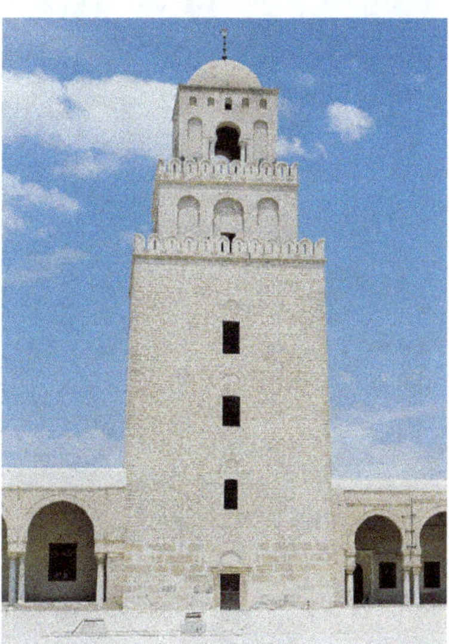

Mezquita de Kairuán, alminar, Túnez.

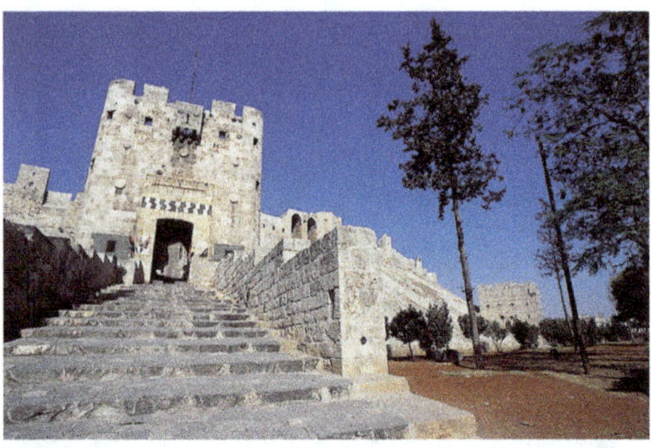
Ciudadela de Alepo, vista de la entrada, Siria.

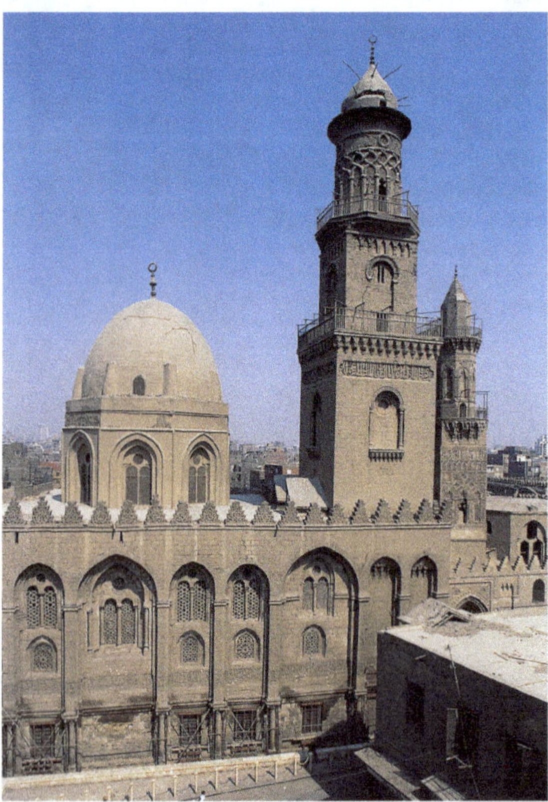
Complejo Qaluwun, El Cairo, Egipto.

(*al-'Aziza*), en Palermo, construidos por artesanos fatimíes bajo el reinado del rey normando Guillermo II; en El Cairo, la mezquita de al-Azhar es el ejemplo más prominente de la arquitectura fatimí egipcia.

Los ayyubíes (567/1171-648/1250), quienes derrocaron a la dinastía fatimí de El Cairo, fueron importantes mecenas de la arquitectura. Establecieron instituciones religiosas (*madrasas*, *janqas*) para la propagación del Islam sunní, así como mausoleos, establecimientos de beneficencia social e imponentes fortificaciones derivadas del conflicto militar con los cruzados. La ciudadela siria de Alepo es un ejemplo notable de su arquitectura militar.

Los mamelucos (648/1250-923/1517), sucesores de los ayyubíes que resistieron con éxito a los cruzados y a los mongoles, consiguieron la unidad de Siria y Egipto, y construyeron un imperio fuerte. La riqueza y el lujo que reinaban en la corte del sultán mameluco de El Cairo fueron la causa principal de que los artistas y arquitectos llegaran a desarrollar un estilo arquitectónico de extraordinaria elegancia. Para el mundo islámico, el período mameluco señala un momento de renovación y renacimiento. El entusiasmo de los mamelucos por la fundación de instituciones religiosas y por la reconstrucción de las existentes los sitúa entre los más grandes impulsores del arte y la arquitectura en la historia del Islam. Constituye un ejemplo típico de este período la

Mezquita de Hassan (757/1356), una mezquita funeraria de planta cruciforme en la que los cuatro brazos de la cruz están formados por cuatro *iwans* que circundan un patio central.

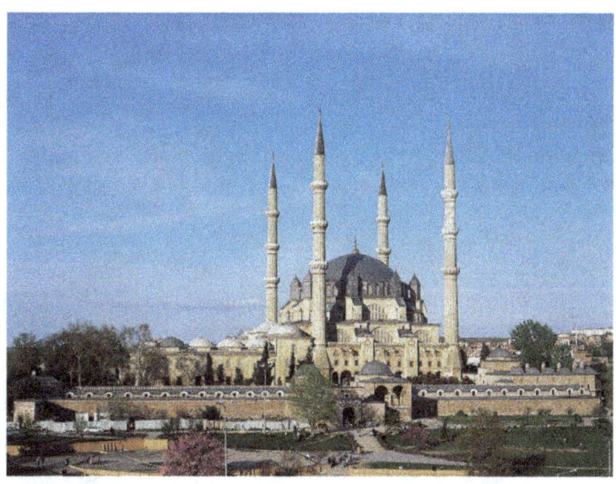

Mezquita Selimiye, vista general, Edirne, Turquía.

Anatolia fue el lugar de nacimiento de dos grandes dinastías islámicas: los selyuquíes (571/1075-718/1318), quienes introdujeron el Islam en la región, y los otomanos (699/1299-1340/1922), quienes pusieron fin al imperio bizantino con la toma de Constantinopla, consolidando su hegemonía en toda la región.

El arte y la arquitectura selyuquíes dieron lugar a un floreciente estilo propio a partir de la fusión de las influencias provenientes de Asia central, Irán, Mesopotamia y Siria con elementos derivados del patrimonio de la Anatolia cristiana y la antigüedad. Konya, la nueva capital de la Anatolia central, al igual que otras ciudades, fue enriquecida con numerosos edificios construidos en este nuevo estilo selyuquí. Son numerosas las mezquitas, *madrasas*, *turbes* y *caravansarays* que han llegado hasta nuestros días, lujosamente decorados por estucos y azulejos con diversas representaciones figurativas.

A medida que los emiratos selyuquíes se desintegraban y Bizancio entraba en declive, los otomanos fueron ampliando rápidamente su territorio y trasladaron la capital de Iznik a Bursa y luego otra vez a Edirne. La conquista de Constantinopla en 858/1453 por el sultán Mehmet II imprimió el necesario impulso para la transición desde un estado emergente a un gran imperio, una superpotencia cuyas fronteras llegaban hasta Viena, incluyendo los Balcanes al oeste e Irán al este, así como el norte de África desde Egipto hasta Argelia. El Mediterráneo se convirtió, pues, en un mar otomano. La carrera por superar el esplendor de las iglesias bizantinas heredadas, cuyo máximo ejemplo es Santa Sofía, cul-

Cerámica del palacio Kubadabad, museo Karatay, Konya, Turquía.

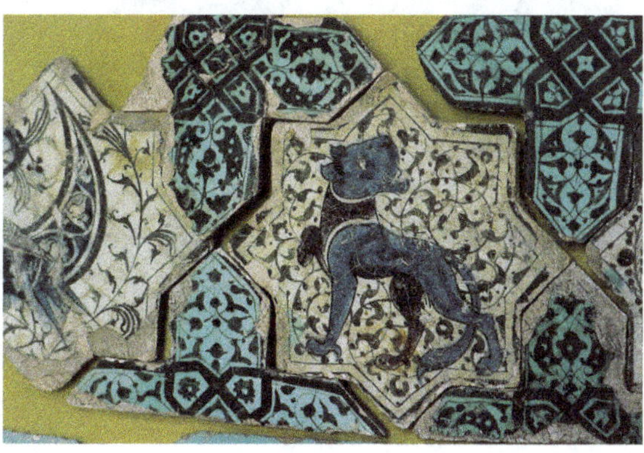

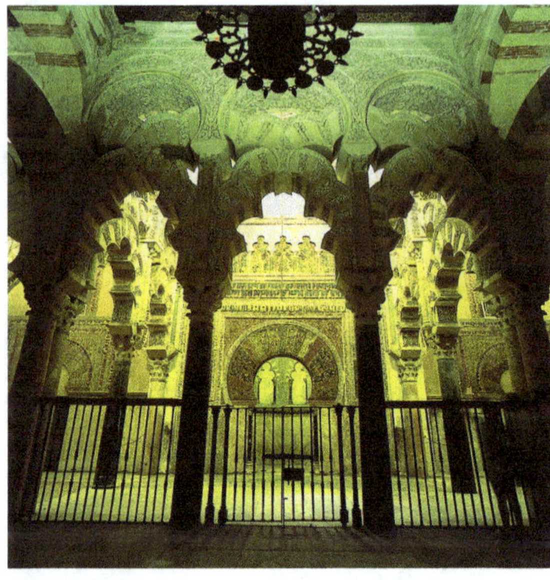

Mezquita Mayor de Córdoba, mihrab, España.

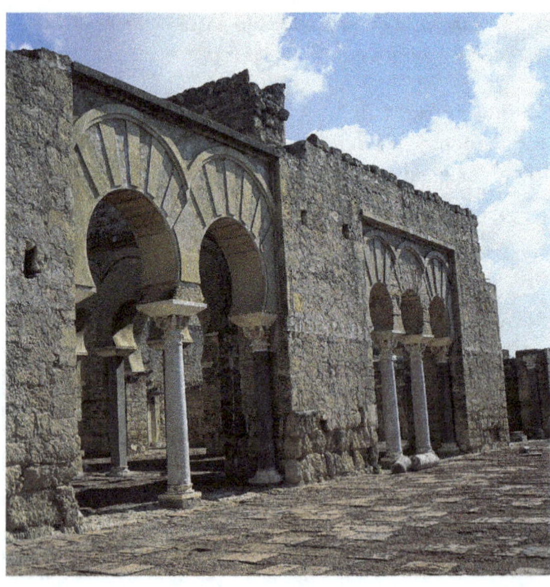

Madinat al-Zahra', Dar al-Yund, España.

minó en la construcción de las grandes mezquitas de Estambul. La más significativa de ellas es la mezquita Süleymaniye, concebida en el siglo X/XVI por el famoso arquitecto otomano Sinán, que constituye el ejemplo más significativo de armonía arquitectónica en edificios con cúpula. La mayoría de las grandes mezquitas otomanas formaba parte de extensos conjuntos de edificios llamados *külliye*, compuestos por varias *madrasas*, una escuela coránica, una biblioteca, un hospital (*darüssifa*), un hostal (*tabjan*), una cocina pública, un *caravansaray* y varios mausoleos. Desde principios del siglo XII/XVIII, durante el llamado Período del Tulipán, el estilo arquitectónico y decorativo otomano reflejó la influencia del Barroco y el Rococó franceses, anunciando así la etapa de occidentalización de las artes y la arquitectura islámicas.

Situado en el sector occidental del mundo islámico, al-Andalus se convirtió en la cuna de una forma de expresión artística y cultural de gran esplendor. Abderramán I estableció un califato omeya independiente (138/750-422/1031) cuya capital era Córdoba. La Mezquita Mayor de esta ciudad habría de convertirse en predecesora de las tendencias artísticas más innovadoras, con elementos como los arcos superpuestos bicolores y los paneles con ornamentación vegetal, que pasarían a formar parte del repertorio de formas artísticas andalusíes.

En el siglo V/XI, el Califato de Córdoba se fragmentó en una serie de principados incapaces de hacer frente al progresivo avance de la Reconquista, iniciada por los estados cristianos del noroeste de la Península Ibérica. Estos reyezuelos, o Reyes de Taifa, recurrieron a los almorávides en 479/1086 y a los almohades en 540/1145, para repeler el avance cristiano y restablecer parcialmente la unidad de al-Andalus.

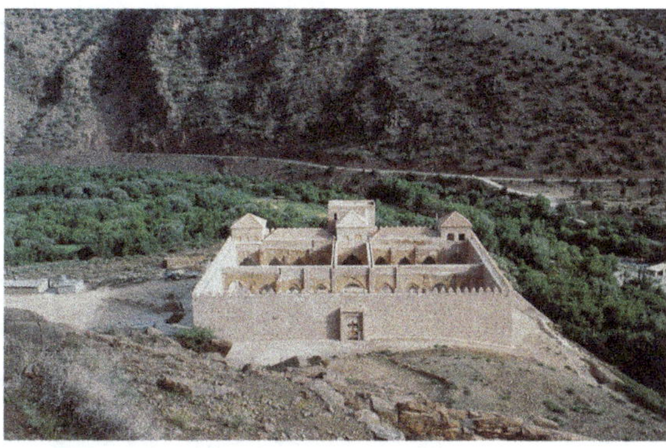

Mezquita de Tinmel, vista aérea, Marruecos.

A través de su intervención en la Penísula Ibérica, los almorávides (427/1036-541/1147) entraron en contacto con una nueva civilización y quedaron inmediatamente cautivados por el refinamiento del arte andalusí, como lo refleja su capital Marrakech, donde construyeron una gran mezquita y varios palacios. La influencia de la arquitectura de Córdoba y otras capitales como Sevilla se hizo sentir en todos los monumentos almorávides desde Tlemcen o Argel hasta Fez.

Bajo el dominio de los almohades (515/1121-667/1269), quienes extendieron su hegemonía hasta Túnez, el arte islámico occidental alcanzó su momento de máximo apogeo. Durante este período, se renovó la creatividad artística que se había originado bajo los soberanos almorávides y se crearon varias obras maestras del arte islámico. Entre los ejemplos más notables se encuentran la Mezquita Mayor de Sevilla, con su alminar, la Giralda; la Kutubiya de Marrakech; la mezquita de Hassan de Rabat; y la Mezquita de Tinmel, en lo alto de las Montañas del Atlas marroquí.

Tras la disolución del imperio almohade, la dinastía nazarí (629/1232-897/1492) se instaló en Granada y alcanzó su esplendor en el siglo VIII/XIV. La civilización de Granada había de convertirse en un modelo cultural durante los siglos venideros en España (el arte mudéjar) y sobre todo en Marruecos, donde esta tradición artística disfrutó de gran popularidad y se ha conservado hasta nuestros días en la arquitectura, la decoración, la música y la cocina. El famoso palacio y fuerte de *al-Hamra'*

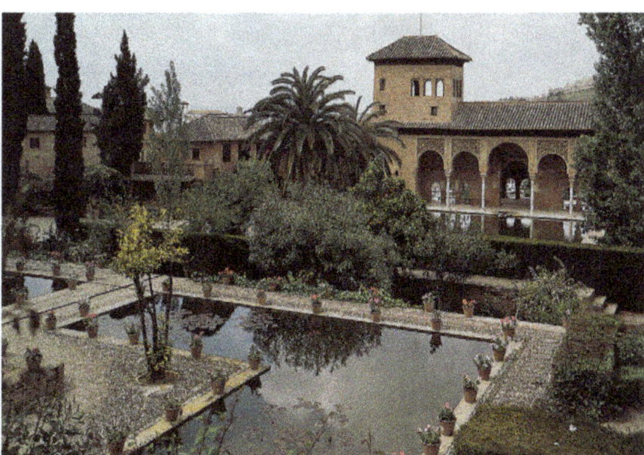

Torre de las Damas y jardines, la Alhambra, Granada, España.

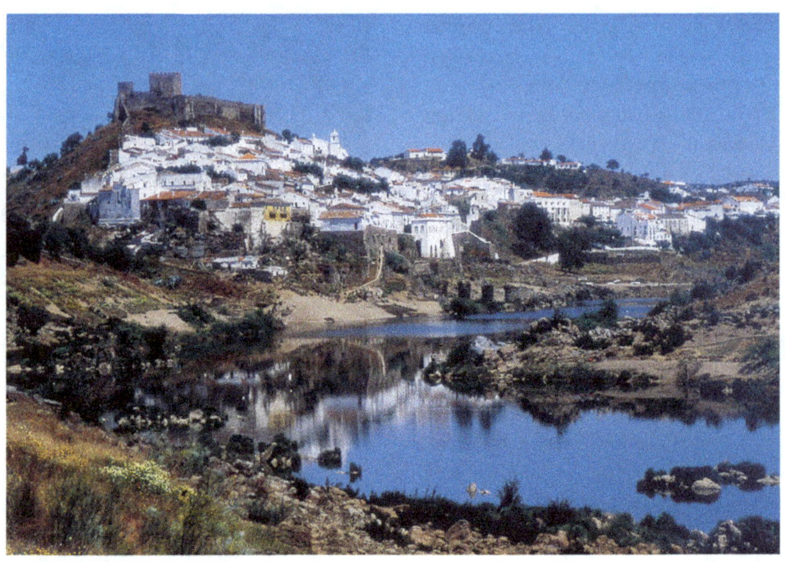

Mértola, vista general, Portugal.

(la Alhambra) de Granada señala el momento cumbre del arte andalusí y posee todos los elementos de su repertorio artístico.

En Marruecos, los meriníes (641/1243-876/1471) sustituyeron en la misma época a los almohades, mientras que en Argelia reinaban los Abd al-Wadid (633/1235-922/1516) y en Túnez los hafsíes (625/1228-941/1534). Los meriníes perpetuaron el arte andalusí, enriqueciéndolo con nuevos elementos. Embellecieron la capital Fez con numerosas mezquitas, palacios y *madrasas*, considerados todos estos edificios, con sus mosaicos de cerámica y sus paneles de *zelish* decorando los muros, como los ejemplos más perfectos del arte islámico. Las últimas dinastías marroquíes, la de los saadíes (933/1527-1070/1659) y la de los alauíes (1070/1659-hasta hoy), prosiguieron la tradición artística de los andalusíes exiliados de su tierra nativa en 897/1492. Para construir y decorar sus monumentos, estas dinastías siguie-

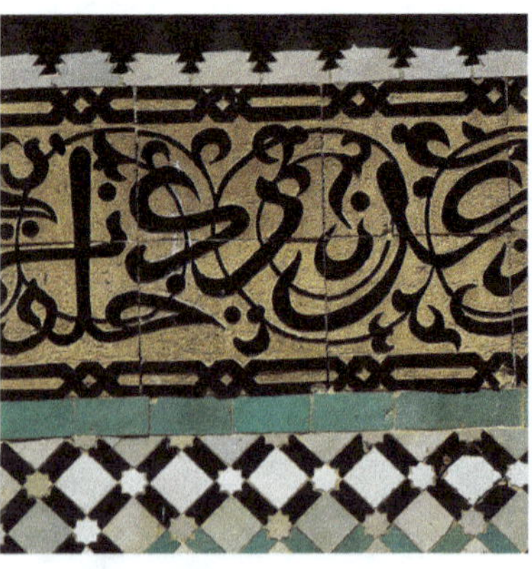

Friso epigráfico con caracteres cursivos sobre azulejos, madrasa Buinaniya, Mequinez, Marruecos.

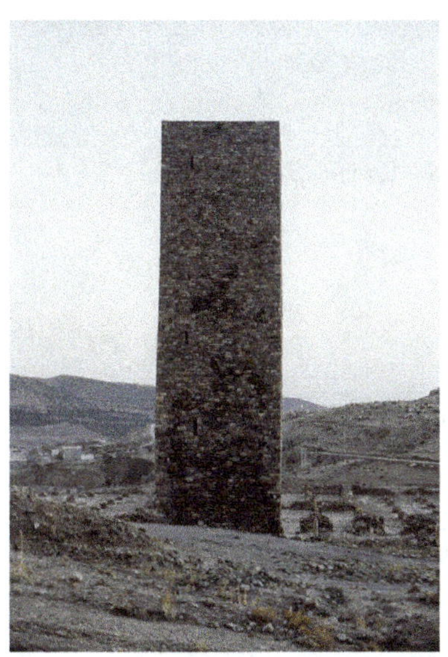

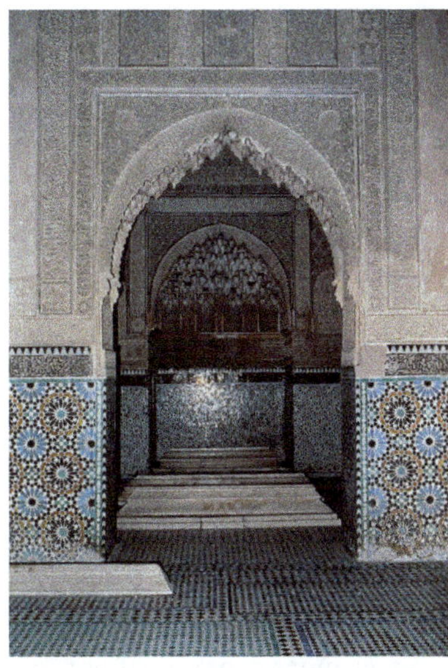

Qal'a de los Bani Hammad, alminar, Argelia.

Tumba de los Saadíes, Marrakech, Marruecos.

ron recurriendo a las mismas fórmulas y a los mismos temas decorativos que las dinastías precedentes, y añadieron toques innovadores propios de su genio creativo. A principios del siglo XI/XVII, los emigrantes andalusíes (los moriscos) que establecieron sus residencias en las ciudades del norte de Marruecos, introdujeron allí numerosos elementos del arte andalusí. Actualmente, Marruecos es uno de los pocos países que ha mantenido vivas las tradiciones andalusíes en la arquitectura y el mobiliario, modernizadas por la incorporación de técnicas y estilos arquitectónicos del siglo XX.

LA ARQUITECTURA ISLÁMICA

En términos generales, la arquitectura islámica puede clasificarse en dos categorías: religiosa, como es el caso de las mezquitas y los mausoleos, y secular, como en los palacios, los *caravansarays* o las fortificaciones.

Arquitectura religiosa

Mezquitas

Por razones evidentes, la mezquita ocupa el lugar central en la arquitectura islámica. Representa el símbolo de la fe a la que sirve. Este papel simbólico fue comprendido por los musulmanes en una etapa muy temprana, y desempeñó un papel importante en la creación de adecuados signos visibles para el edificio: el alminar, la cúpula, el *mihrab* o el *mimbar*.

La primera mezquita del Islam fue el patio de la casa del profeta en Medina, desprovista de cualquier refinamiento arquitectónico. Las primeras mezquitas construidas por los musulmanes a medida que se expandía su imperio eran de gran sencillez. A partir de aquellos primeros edificios se desarrolló la mezquita congregacional o mezquita del viernes (*yami'*), cuyos elementos esenciales han permanecido inalterados durante casi 1400 años. Su planta general consiste en un gran patio rodeado de galerías con arcos, cuyo número de arcadas es más elevado en el lado orientado hacia la Meca (*qibla*) que en los otros lados. La Mezquita Mayor omeya de Damasco, cuya planta se inspira en la mezquita del Profeta, se convirtió en el prototipo de muchas mezquitas construidas en diversas partes del mundo islámico.

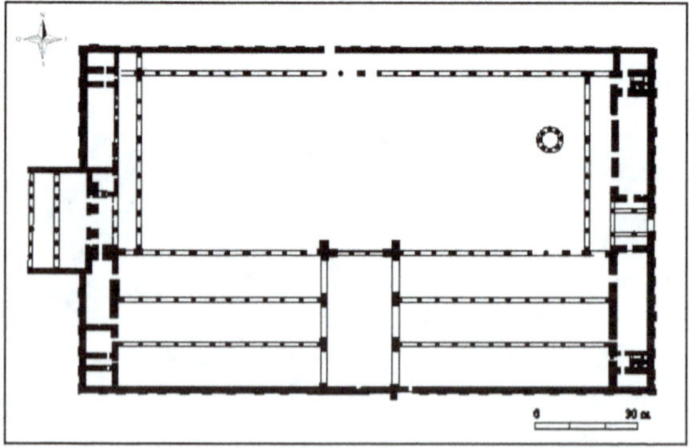

Mezquita omeya de Damasco, Siria.

Otros dos tipos de mezquitas se desarrollaron en Anatolia y posteriormente en los dominios otomanos: la mezquita basilical y la mezquita con cúpula. La primera tipología consiste en una simple basílica o sala de columnas inspirada en las tradiciones romana tardía y bizantina siria, introducidas con ciertas modificaciones durante el siglo V/XI. En la segunda tipología, que se desarrolló durante el período otomano, el espacio interior se organiza bajo una cúpula única. Los arquitectos otomanos crearon en las grandes mezquitas imperiales un nuevo estilo de construcción con cúpulas, fusionando la tradición de la mezquita islámica con la edificación con cúpula en Anatolia. La cúpula principal descansa sobre una estructura de planta hexagonal, mientras que las crujías laterales están cubiertas por cúpulas más pequeñas. Este énfasis en la creación de un espacio interior dominado por una única cúpula se convirtió en el punto de partida de un estilo que habría de difundirse en el siglo X/XVI. Durante este período, las mezquitas se convirtieron en conjuntos sociales multifuncionales formados por una *zawiya*, una *madrasa*, una cocina pública, unas termas, un *caravansaray* y un mausoleo dedicado al fundador. El monumento más importante de esta tipología es la mezquita Süleymaniye de Estambul, construida en 965/1557 por el gran arquitecto Sinán.

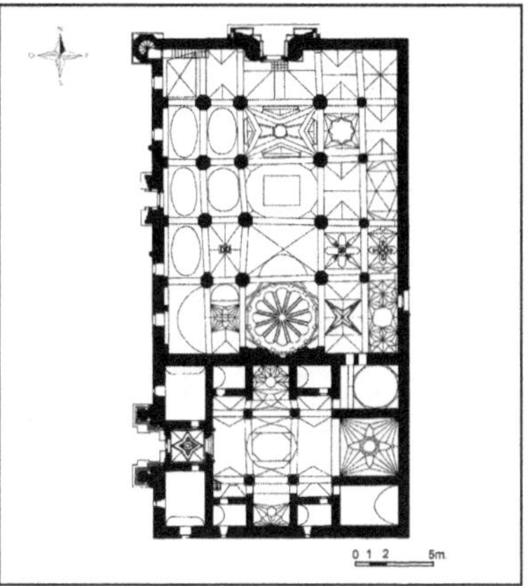

Mezquita Mayor de Divriği, Turquía.

El alminar desde lo alto del cual el *muecín* llama a los musulmanes a la oración, es el signo más prominente de la mezquita. En Siria, el alminar tradicional consiste en una torre de planta cuadrada construida en piedra. Los alminares del Egipto mameluco se dividen en tres partes: una torre de planta cuadrada en la parte inferior, una sección intermedia de planta octogonal y una parte superior cilíndrica rematada por una pequeña cúpula. Su cuerpo central está ricamente decorado y la zona de transición entre las diversas secciones está recubierta con una franja decorativa de mocárabe. Los alminares norteafricanos y españoles, que comparten la torre cuadrada con los sirios, están decorados con paneles de motivos ornamentales dispuestos en torno a ventanas geminadas. Durante el período otomano las torres cuadradas fueron sustitui-

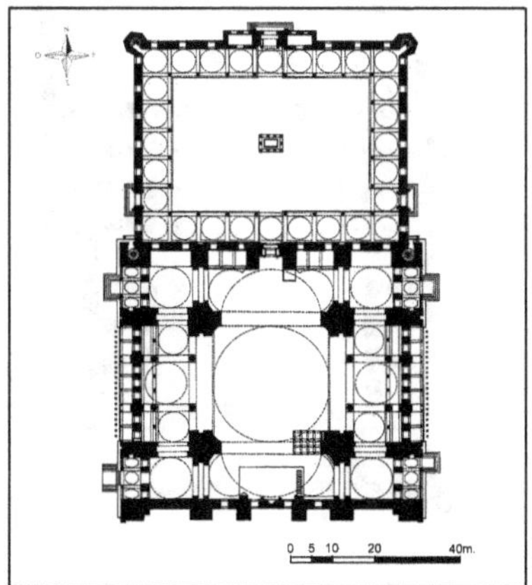

Mezquita Süleymaniye, Estambul, Turquía.

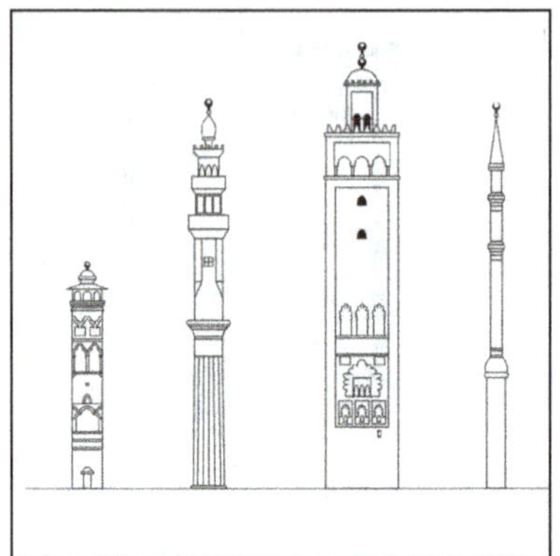

Tipología de alminares.

das por alminares octogonales y cilíndricos. Suelen ser alminares puntiagudos de gran altura y, aunque las mezquitas sólo suelen tener un único alminar, en las ciudades más importantes pueden tener dos, cuatro o incluso seis.

Madrasas

Parece probable que fueran los selyuquíes quienes construyeran las primeras *madrasas* en Persia a principios del siglo V/XI, cuando se trataba de pequeñas edificaciones con una sala central con cúpula y dos *iwans* laterales. Posteriormente se desarrolló una tipología con un patio abierto y un *iwan* central rodeados de galerías. En Anatolia, durante el siglo VI/XII, la *madrasa* se transformó en un edificio multifuncional que servía como escuela médica, hospital psiquiátrico, hospicio con comedores públicos (*imaret*) y mausoleo.

La difusión del Islam ortodoxo sunní alcanzó un nuevo momento cumbre en Siria y Egipto bajo el reinado de los zenyíes y los ayyubíes (siglos VI/XII - p. VII/XIII). Esto condujo a la aparición de la *madrasa* fundada por un dirigente cívico o político en aras del desarrollo de la jurisprudencia islámica. La fundación venía seguida de la concesión de una dotación financiera en perpetuidad (*waqf*), generalmente las rentas de unas tierras o propiedades en la forma de un pomar, unas tiendas en algún mercado (*suq*) o unas termas (*hammam*). La *madrasa* respondía tradicionalmente a una planta cruciforme con un patio central rodeado de cuatro *iwans*. Esta edificación no tardó en convertirse en la forma arquitectónica dominante, a partir de la cual las mezquitas adoptaron la planta de cuatro *iwans*. Posteriormente, fue

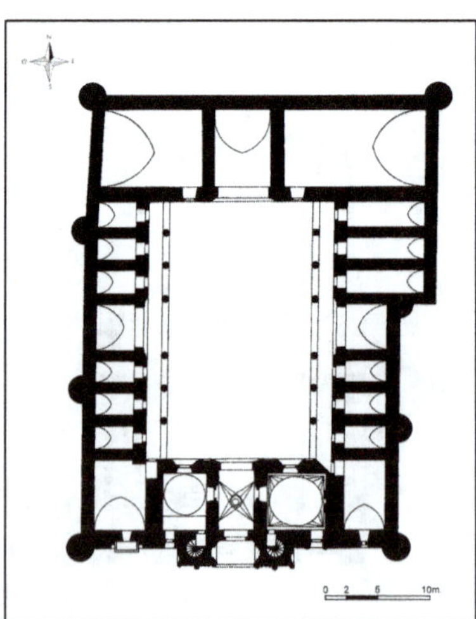

Madrasa de Sivas Gök, Turquía.

perdiendo su exclusiva función religiosa y política como instrumento de propaganda y comenzó a asumir funciones cívicas más amplias, como mezquita congregacional y como mausoleo en honor del benefactor. La construcción de *madrasas* en Egipto y especialmente en El Cairo adquirió un nuevo impulso con la llegada de los mamelucos. La típica *madrasa* cairota de esta época consistía en un gigantesco edificio con cuatro *iwans*, un espléndido portal de mocárabe (*muqarnas*) y unas espléndidas fachadas. Con la toma del poder por parte de los otomanos en el siglo X/XVI, las dobles fundaciones conjuntas —las típicas mezquitas-*madrasas*— se difundieron en forma de extensos conjuntos que gozaban del patronazgo imperial. El *iwan* fue desapareciendo gradualmente, sustituido por la sala con cúpula dominante. El aumento sustancial en el número de celdas con cúpulas para estudiantes constituye uno de los elementos que caracterizan las *madrasas* otomanas.

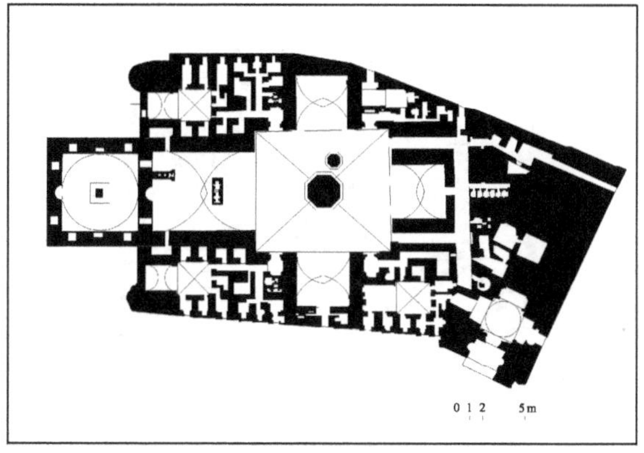

Mezquita y madrasa Sultán Hassan, El Cairo, Egipto.

Una de las varias tipologías de edificios que puede relacionarse con la *madrasa* en virtud tanto de su función como de su forma es la *janqa*. Este término, más que a un tipo concreto de edificio, se refiere a una institución que aloja a los miembros de una orden mística musulmana. Los historiadores han utilizado también los siguientes términos como sinónimos de *janqa*: en el Magreb, *zawiya*; en el mundo otomano, *tekke*; y en general, *ribat*. El sufismo dominó de forma permanente el uso de la *janqa*, que se originó en el este de Persia durante el siglo IV/X. En su forma más simple, la *janqa* era una casa donde un grupo de discípulos se reunía en torno a un maestro (*chayj*) y estaba equipada con instalaciones para la celebración de reuniones, la oración y la vida comunitaria. La fundación de *janqas* floreció bajo el dominio de los selyuquíes en los siglos V/XI y VI/XII, y se benefició de la estrecha asociación entre el sufismo y el *madhab chafi'i* (doctrina), favorecida por la elite dominante.

Mausoleos

La terminología utilizada por las fuentes islámicas para referirse a la tipología del mausoleo es muy variada. El término descriptivo corriente de *turba* hace referencia a la función del edificio como lugar de enterramiento. Otro término, el de *qubba*, hace hincapié en lo más identificable, la cúpula, y a menudo se

Qasr al-Jayr al-Charqi, Siria.

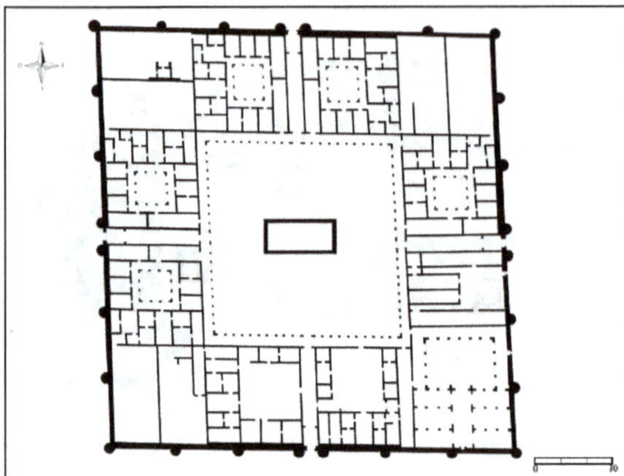

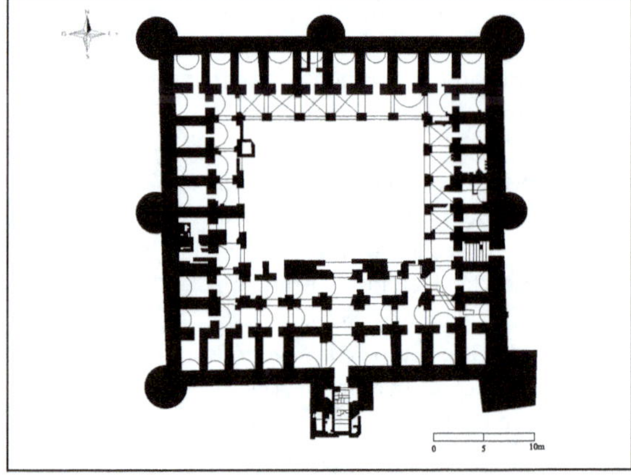

Ribat de Susa, Túnez.

aplica a una estructura donde se conmemora a los profetas bíblicos, a los compañeros del Profeta Muhammad o a personajes notables, ya sean religiosos o militares. La función del mausoleo no se limita exclusivamente a la de lugar de enterramiento y conmemoración, sino que desempeña también un papel importante para la práctica "popular" de la religión. Son venerados como tumbas de los santos locales y se han convertido en lugares de peregrinación. A menudo, estas edificaciones suelen estar ornamentadas con citas coránicas y dotadas de un *mihrab* que los convierte en lugares de oración. En algunos casos, el mausoleo forma parte de alguna edificación contigua. Las formas de los mausoleos islámicos medievales son muy variadas, pero la forma tradicional tiene la planta cuadrada y está rematada por una cúpula.

Arquitectura secular

Palacios

El período omeya se caracteriza por los palacios y las casas de baños situados en remotos parajes desérticos. Su planta básica proviene de los modelos militares romanos. Aunque la decoración de estas edificaciones es ecléctica, constituyen los mejores ejemplos del incipiente estilo decorativo islámico. Entre los medios utilizados para llevar a cabo esta notable diversidad de motivos decorativos se encuentran los mosaicos, las pinturas murales y las esculturas de piedra o estuco. Los palacios abbasíes de Irak, tales como los de Samarra y Ujaydir, responden al mismo esquema en planta que sus predecesores omeyas, pero sobresalen por su mayor tamaño, el uso de un gran *iwan*, una cúpula y un patio, así como por el recurso generalizado a las decoraciones de estuco. Los palacios del período islámico tardío desarrollaron un estilo característico diferente, más decorativo y menos monumental. El ejemplo más notable de palacio real o principesco es La Alhambra. La amplia superficie del palacio se fragmenta en una serie de unidades independientes: jardines, pabellones y patios. Sin embargo, el rasgo más sobresaliente de La Alhambra es la decoración, que brinda una atmósfera extraordinaria al interior del edificio.

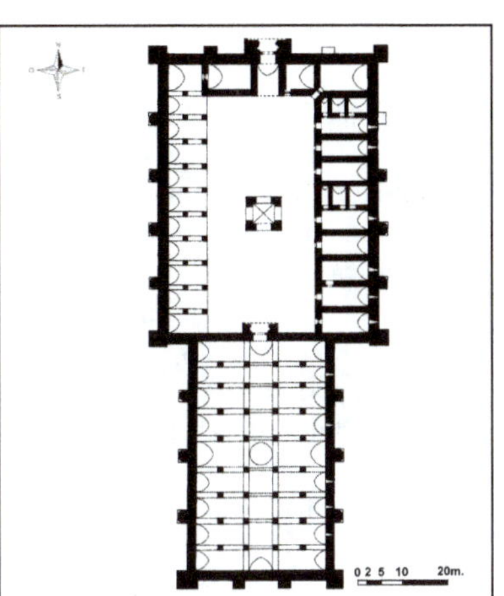

Jan Sultan Aksaray, Turquía.

Caravansarays

El *caravansaray* suele hacer referencia a una gran estructura que ofrece alojamiento a viajeros y comerciantes. Generalmente es de planta cuadrada o rectangular, y ofrece una única entrada monumental saliente y torres en los muros exteriores. En torno a un gran espacio central rodeado por galerías se organizan habitaciones para los viajeros, almacenes de mercancía y establos.
Esta tipología de edificio responde a una amplia variedad de funciones, como lo demuestran sus múltiples denominaciones: *jan*, *han*, *funduq* o *ribat*. Estos términos señalan diferencias lingüísticas regionales más que distinciones funcionales o tipológicas. Las fuentes arquitectónicas de los diversos tipos de *caravansarays* son difíciles de identificar. Algunas derivan tal vez del *castrum* o campamento militar romano, con el que se relacionan los palacios omeyas del desierto. Otras tipologías, como las frecuentes en Mesopotamia o Persia, se asocian más bien a la arquitectura doméstica.

Organización urbana

Desde aproximadamente el siglo III/X, cualquier ciudad de cierta importancia se dotó de torres y muros fortificados, elaboradas puertas urbanas y una prominente ciudadela (*qal'a* o alcazaba) como asentamiento del poder. Estas últimas son construcciones realizadas con materiales característicos de la región circundante: piedra en Siria, Palestina y Egipto, o ladrillo, piedra y tapial en la Península Ibérica y el norte de África. Un ejemplo singular de arquitectura militar es el *ribat*. Desde el punto de vista técnico, consistía en un palacio fortificado destinado a los guerreros islámicos que se consagraban, ya fuera

provisional o permanentemente, a la defensa de las fronteras. El *ribat* de Susa, en Túnez, recuerda los primeros palacios islámicos, pero difiere de ellos en su distribución interior con grandes salas, así como por su mezquita y alminar.
La división en barrios de la mayoría de las ciudades islámicas se basa en la afinidad étnica y religiosa, y constituye por otra parte un sistema de organización urbana que facilita la administración cívica. En cada barrio hay siempre una mezquita. En el interior o en sus proximidades hay, además, una casa de baños, una fuente, un horno y una agrupación de tiendas. Su estructura está formada por una red de calles y callejones, y un conjunto de viviendas. Según la región y el período, las casas adoptan diferentes rasgos que responden a las distintas tradiciones históricas y culturales, el clima o los materiales de construcción disponibles.
El mercado (*suq*), que actúa como centro neurálgico de los negocios locales, es de hecho el elemento característico más relevante de las ciudades islámicas. La distancia del mercado a la mezquita determina su organización espacial por gremios especializados. Por ejemplo, las profesiones consideradas limpias y honorables (libreros, perfumeros y sastres) se sitúan en el entorno inmediato de la mezquita, mientras que los oficios asociados al ruido y el mal olor (herreros, curtidores, tintoreros) se sitúan progresivamente más lejos de ella. Esta distribución topográfica responde a imperativos basados estrictamente en criterios técnicos.

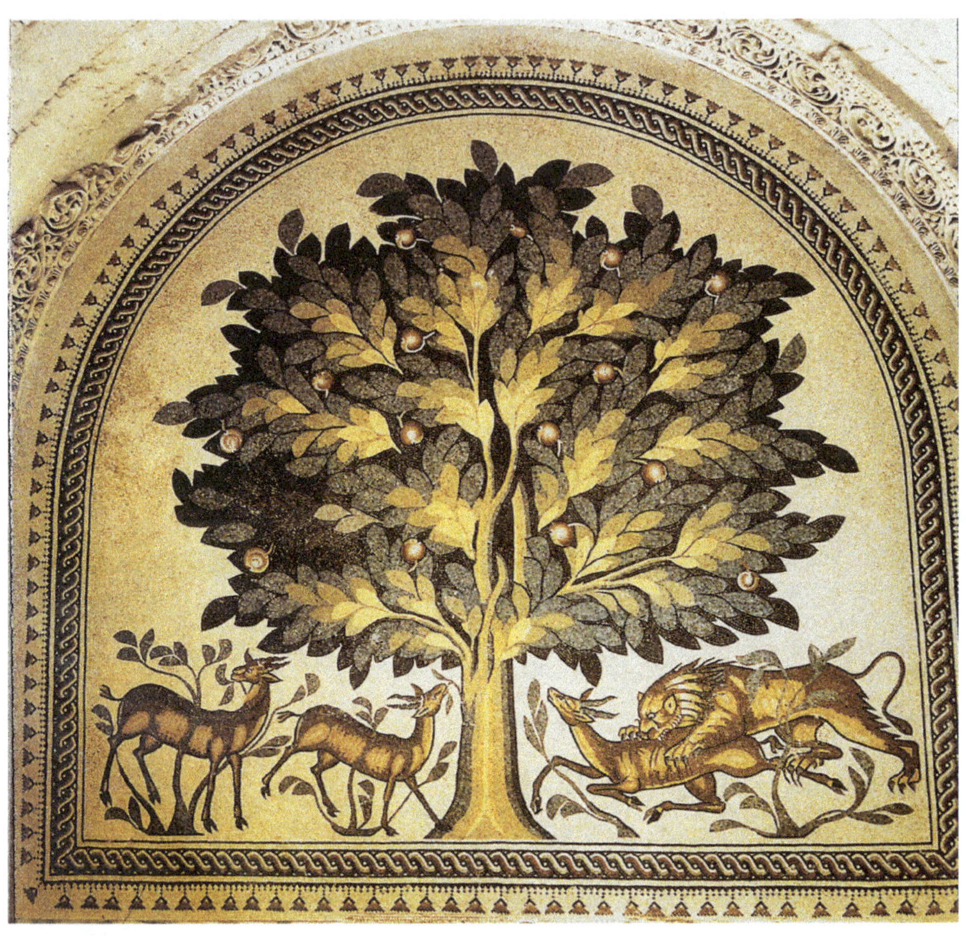

Jirbat al-Mafyar, mosaico del suelo cerca del vestíbulo del baño, Jericó, (Ettinghausen, 1977).

INTRODUCCIÓN HISTÓRICA Y ARTÍSTICA

Mohammad al-Asad

El dominio de la dinastía omeya duró menos de noventa años (41/661-132/750), pero durante este periodo relativamente breve transformó el mapa cultural y político tanto del Mundo Mediterráneo como del Asia occidental y central. Impulsados por la nueva religión del Islam, crearon un vasto imperio que se extendía desde el sur de Francia, en Occidente, hasta la India y las fronteras de China, en Oriente. Fue el imperio más grande que el mundo había conocido hasta entonces, mayor que el de los romanos y sólo equiparable a los modernos imperios británico y ruso. Aunque los omeyas construyeron este imperio en muy poco tiempo, sus efectos fueron duraderos, y la amplia mayoría de las tierras que en el siglo II/VIII constituían el imperio omeya musulmán, hoy en día siguen siendo parte del mundo islámico.

Los inicios de la dinastía omeya están muy ligados al nacimiento del Islam. De hecho, la dinastía omeya apareció menos de cuarenta años después de que el Profeta Muhammad (570-11/632) estableciera el primer Estado Musulmán en el año 1/622. La religión islámica nació en el año 611 en La Meca, ciudad situada en la región del *Hiyaz*, al oeste de la Península Arábiga. Según la tradición, el Profeta Muhammad recibió la llamada de la revelación de Alá a través del arcángel Gabriel. En un principio, el número de seguidores de Muhammad fue muy reducido. De hecho, los habitantes de La Meca lo persiguieron a él y a sus acólitos, entre otras razones porque los ciudadanos se beneficiaban del papel fundamental de la ciudad como centro del paganismo árabe y veían el mensaje de Muhammad sobre la "unicidad de Dios" como una amenaza para su modo de vida y sus intereses económicos.

Fueron los habitantes de Medina, ciudad situada unos 400 km al noreste de La Meca, el primer colectivo importante que aceptó al Profeta Muhammad y la religión del Islam. Medina era víctima de las disputas entre las dos principales tribus árabes, los Aws y los Jazrash, y sus ciudadanos vieron en el Profeta a un hombre con disciplina, poder y espiritualidad, capaz de brindar unidad a la ciudad. En consecuencia, aceptaron a Muhammad como dirigente político y espiritual, y lo invitaron a trasladarse a Medina desde su ciudad natal. Así lo hizo en el año 1/622, junto con un pequeño grupo de seguidores.

Este acontecimiento es conocido como la *Hégira* ("emigración", en árabe) y señala el inicio del calendario musulmán. Difícilmente podía saberse en aquel momento que del seno de aquella diminuta ciudad-estado y bajo el estandarte de la nueva religión del Islam iba a surgir una de las más poderosas fuerzas militares, políticas y culturales de la historia.

Desde Medina, el Profeta y sus seguidores

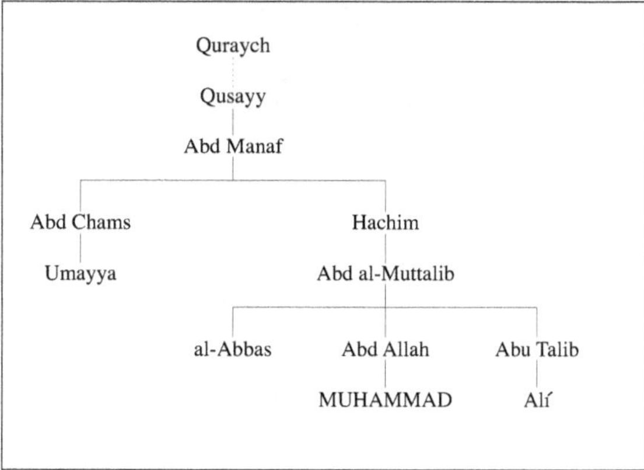

Relación genealógica de los omeyas con el Profeta Muhammad.

consiguieron difundir el Islam por toda la Península Arábiga. En el año 8/630, entró en su ciudad natal de La Meca como conquistador victorioso, y en el momento de su muerte, en el año 11/632, toda la Península Arábiga se hallaba bajo el dominio del Islam.

Los califas ortodoxos

Después de la muerte del profeta Muhammad, había que elegir un sucesor entre sus seguidores más próximos. Un grupo de ellos eligió a Abu Bakr, su más antiguo y leal compañero. Y así, Abu Bakr se convirtió en el primer califa (del árabe *jalifa*, que significa "sucesor") del Islam. De hecho, demostró ser el más capacitado sucesor del Profeta. Sobresalió por su benignidad y modestia, y además fue un líder eficaz. Algunas tribus árabes habían roto su alianza con el Islam tras la muerte del Profeta, pero Abu Bakr consiguió imponer su autoridad, salvando así el recién creado estado musulmán de una pronta desintegración. Durante sus dos fugaces años en el poder, las fuerzas musulmanas comenzaron a internarse por los territorios sirios del Imperio Bizantino, y los territorios iraquíes y persas del Imperio Sasánida. Antes de su muerte, ocurrida en el año 13/634, Abu Bakr nombró sucesor suyo a Umar Ibn al-Jattab, otro compañero del Profeta, y los líderes de la comunidad musulmana aceptaron de forma unánime la designación.

Umar resultó ser también un líder competente y sobresalió por su piedad, sencillez y sentido de la justicia. Durante diez años de reinado, prosiguió la expansión musulmana fuera de Arabia. El Imperio Sasánida sucumbió y, a través de una serie de derrotas que dieron como resultado la pérdida de Siria y Egipto bajo el avance musulmán, el Imperio Bizantino también quedó profundamente debilitado. Umar sentó las bases de un sistema administrativo eficiente (ref. El sistema administrativo omeya) que permitió a los árabes musulmanes gobernar a las complejas comunidades bajo su égida.

Este sistema garantizaba a los grupos cristianos, judíos y zoroástricos que vivían bajo el dominio musulmán un grado considerable de autonomía para gestionar sus asuntos, aunque estaban obligados a pagar un tributo anual al tesoro musulmán. De hecho, la mayoría de los habitantes de estas regiones, que habían sufrido mucho bajo las crueles y corruptas administraciones bizantina y sasánida, recibieron con los brazos abiertos a los nuevos dirigentes árabe-musulmanes.

Umar fue asesinado en el año 23/644, tras lo cual se eligió como califa a Uzman Ibn Affan, compañero y yerno del Profeta. Durante sus doce años de reinado, prosiguieron con vigor las incursiones musulmanas en los territorios bizantinos y el Asia central. Uzman fue conocido por su talante afable y su piedad pero, al contrario que sus predecesores, fue incapaz de mantener la unidad entre la elite árabe-musulmana. Algunos le acusaron de favorecer a sus parientes en los nombramientos para los puestos importantes, y las consiguientes tensiones condujeron finalmente a su asesinato en el año 35/656.

Como sucesor de Uzman se eligió a Alí Ibn Abi Talib. Muy estimado entre sus correligionarios por su piedad, Alí era además primo y yerno del Profeta. Sin embargo, al igual que había ocurrido con Uzman, las tensiones en el seno de la elite árabe-musulmana se acrecentaron durante su mandato. Sus rivales políticos le acusaron de no haber castigado a los responsables del asesinato de Uzman, y un grupo de ellos puso en cuestión su derecho al califato.

El más importante rival de Alí fue Mu'awiya Ibn Abi Sufyan, gobernador de Siria y miembro de la familia omeya, una rica estirpe de La Meca a la que también había pertenecido Uzman. Mu'awiya acusaba a Alí de haber condonado el asesinato de Uzman y se negó a reconocer su mandato. En el año 36/657 se enfrentaron en la batalla de Siffin, a orillas del Éufrates, pero la contienda terminó en punto muerto. La pugna entre Alí y Mu'awiya no llegó a su fin hasta que se produjo el asesinato de Alí en el año 41/661 a manos de un miembro del movimiento *Jariyí*, una secta religiosa musulmana puritana y muy combativa que se oponía tanto a Alí como a Mu'awiya. El hijo mayor de Alí, Hassan, aceptó a regañadientes el nombramiento de califa, mientras Mu'awiya recibía simultáneamente la misma designación.

Mu'awiya llegó a un acuerdo con Hassan para que este renunciara al título de califa a cambio de una generosa pensión a cuenta del tesoro musulmán. En consecuencia, Mu'awiya se convirtió en el único dirigente del imperio musulmán y fue proclamado califa en una ceremonia en Jerusalén en el año 41/661. Eligió Damasco como capital (Alí había trasladado ya la capital del estado musulmán desde Medina a la ciudad de Kufa, al sur de Irak). Así fue como nació la dinastía omeya.

Los califas ortodoxos Abu Bakr, Umar, Uzman y Alí son conocidos entre los musulmanes como los califas Bien Guiados y su mandato es considerado como la edad de oro del Islam. Eran todos compañeros del Profeta conocidos por su piedad y fueron elegidos para sus cargos por los líderes de la comunidad musulmana. Por el contrario, Mu'awiya, quien no se convirtió al Islam hasta después de la conquista de La Meca en el año 8/630, sustituyó el sistema electoral de gobierno establecido durante el mandato de los califas ortodoxos por un modelo de autoridad más absolutista, basado en la sucesión hereditaria.

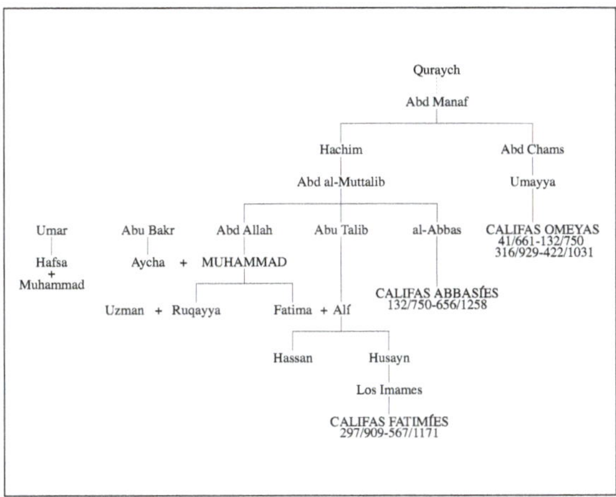

Conexiones entre linajes de califas.

Los omeyas

Al igual que sus predecesores los califas ortodoxos, Mu'awiya era miembro de la tribu Quraych, originaria de La Meca, a la que había pertenecido el Profeta Muhammad. Sin embargo, no estaba tan estrechamente ligado al Profeta como Alí, que era su primo, aunque pertenecía a la misma rama familiar Quraych de los omeyas que Uzman. Estas relaciones desempeñaron un papel muy importante en el

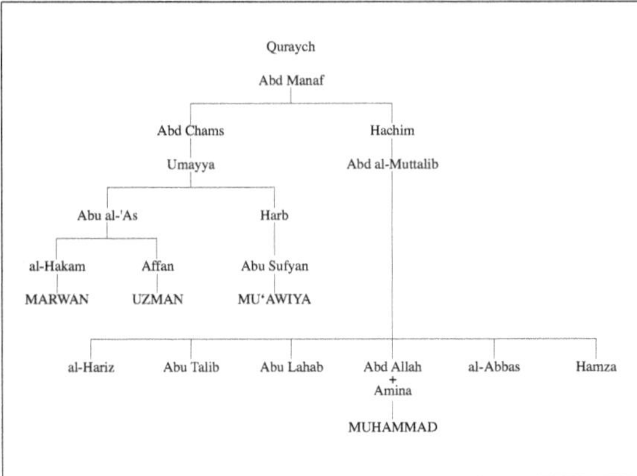

Genealogía del Profeta Muhammad y de los omeyas.

ascenso de la dinastía omeya y en su caída final, nueve décadas más tarde.

Una de las principales objeciones de Mu'awiya al califato de Alí era que no había castigado a los asesinos de Uzman. Por otra parte, la mayoría pensaba que Alí, primo y yerno del Profeta, y sus descendientes, los nietos del Profeta, eran los únicos herederos legítimos del califato. Según este grupo, Mu'awiya fue un usurpador del califato, y fue a raíz de esta oposición que surgió la relevante secta islámica *Chi'a* (de *Chi'at Ali*, el "partido de Alí"). La *Chi'a* se convirtió en una fuerza importante que contribuyó a acabar con la dinastía omeya.

Mu'awiya, no obstante, consiguió mantener con firmeza las riendas del poder durante sus dos décadas de mandato. Era un político hábil que prefería la persuasión al uso de la fuerza. Antes de convertirse en califa, había sido gobernador de Siria durante casi veinte años. En el transcurso de aquel periodo había transformado al conjunto de anárquicos guerreros tribales que luchaban a sus órdenes en un ejército operativo y disciplinado, capaz de enfrentarse con eficacia a las fuerzas bizantinas del norte. Como califa, estableció un sistema administrativo eficiente basado en los modelos bizantinos, y se rodeó de asesores y administradores competentes, tanto musulmanes como cristianos. Gobernó con el asesoramiento de los notables de las tribus árabes e incluso constituyó un organismo consultivo formado por estos notables.

Uno de los actos más controvertidos de Mu'awiya fue la introducción del modelo hereditario de sucesión al califato, mediante el nombramiento de su hijo Yazid como su sucesor. La ascensión al poder por derecho de nacimiento era un mecanismo ajeno a la tradición árabe tribal y a la práctica inicial musulmana de elección de califa, pero Mu'awiya consiguió convencer finalmente a los notables de las tribus de que aceptaran a su hijo como sucesor. Para asegurarse su consentimiento, Mu'awiya concedió a los notables de las tribus el derecho a confirmar al sucesor por él elegido. Posteriormente, este proceso de confirmación demostró no ser sino una mera formalidad.

Mu'awiya murió en el año 60/680 y fue sucedido por su hijo Yazid (para la sucesión cronológica de los califas de la dinastía omeya, ver la lista). Aunque fue un dirigente capaz, su mandato no se libró de la contestación. Husayn, el segundo hijo de Alí, puso en cuestión la legitimidad de Yazid como califa, y en el año 60/680, él y un pequeño grupo de miembros de su familia y acólitos de Medina emprendieron la marcha hacia Kufa contra Yazid. En la población de Karbala, el grupo fue interceptado por las fuerzas omeyas, y cuando Husayn se negó a rendirse (algunos relatos establecen que se le ordenó regresar a Medina), él y sus seguidores fueron masacrados. El acontecimiento no tuvo la menor importancia militar y muy poca significación política, pero en su momento se convirtió en el hecho singular de mayor importancia para los musulmanes chiíes. La fecha de la batalla pasó a ser un día de duelo, y Karbala se transformó en lugar sagrado. El derrocamiento final de los omeyas fue debido, en parte, a la determinación por parte de la *Chi'a* de vengar el asesinato de Husayn.

Abd Allah Ibn al-Zubayr, nieto de Abu Bakr a través de su hija Asma', rechazó también la legitimidad del mandato de Yazid. Este envió un contingente de tropas a hacerle frente, pero la expedición se interrumpió debido a la prematura muerte de Yazid en Damasco. El comandante del ejército de Yazid regresó a Siria para hacer frente a cualquier problema que pudiera derivarse de la muerte del dirigente y, de hecho, estallaron las pugnas. El hijo de Yazid, Mu'awiya II, era débil, y su breve reinado estuvo marcado por una considerable inestabilidad política. Esto brindó a Ibn al-Zubayr la oportunidad de insistir en su derecho al califato y conseguir, finalmente, ser declarado califa en la Península Arábiga, Irak, Irán, Egipto e incluso partes de Siria, la plaza fuerte de los omeyas.

El dominio omeya se salvó, sin embargo, gracias a la subida al poder del anciano Marwan Ibn al-Hakam, quien pertenecía a la rama marwaní de la dinastía omeya. Marwan consiguió consolidar su poder sobre Siria antes de su muerte y fue sucedido por su hijo Abd al-Malik, considerado el más importante de los dirigentes omeyas después de Mu'awiya. Después de una lucha prolongada, Abd al-Malik consiguió sofocar la revuelta de Ibn al-Zubayr por medio de su despiadado gobernador al-Hayyay, quien derrotó y dio muerte a Ibn al-Zubayr en La Meca en el año 73/692. Así los omeyas recuperaron el control.

La importancia del reinado de Abd al-Malik va más allá del restablecimiento del poder omeya y de la consecución de la estabilidad. Cuando consiguió restablecer con firmeza el control, prosiguió la expansión del imperio musulmán en todos los frentes y emprendió la importante tarea de "arabizar" los registros públicos del estado, que hasta entonces se habían mantenido en griego, en Siria, y en pelvi en Irak e Irán. Tras convertir el árabe en la única lengua oficial, Abd al-Malik hizo acuñar las primeras monedas en árabe (ref. Primeras monedas islámicas).

Cuatro de los cinco califas que sucedieron a Abd al-Malik fueron hijos suyos, mientras que el quinto fue su sobrino, Umar Ibn Abd al-Aziz. El reinado de estos cinco califas, que culminó con la muerte de Hicham Ibn Abd al-Malik, fue el gran periodo del dominio omeya. Las fronteras del imperio siguieron ampliándose a territorios de tres continentes. Fue un periodo de intensa actividad constructiva, sobre todo bajo el reinado del inme-

Rama sufyaní de la dinastía omeya en relación con el fundador de la rama marwaní.

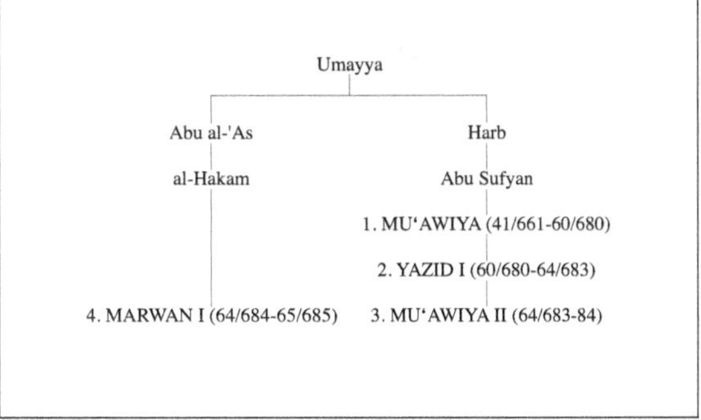

diato sucesor e hijo de Abd al-Malik, Walid I, quien hizo construir tres magníficas mezquitas en Medina, Jerusalén y Damasco. Igualmente, Walid I construyó y organizó las primeras instituciones benéficas para el cuidado de los leprosos, los cojos y los ciegos.

Hicham Ibn Abd al-Malik fue el último de los grandes dirigentes omeyas. Después de su muerte, el estado omeya se deterioró rápidamente. La oposición al dominio omeya había seguido creciendo de forma continua y uno de los principales grupos de resistencia era el formado por los no árabes convertidos al Islam. Estos conversos habían esperado alcanzar la igualdad económica y social con los árabes musulmanes, pero en la mayoría de los casos no consiguieron ninguna de las dos. De hecho, estos conversos, muchos de los cuales eran persas, solo podían, en el mejor de los casos, afiliarse como clientes a una tribu árabe manteniendo siempre un estatuto de ciudadanos de segunda categoría. Por añadidura, no siempre quedaban exentos del tributo impuesto a los no musulmanes. El número de chiíes opositores al dominio omeya creció rápidamente en Irak y Persia. Nunca perdonaron a los omeyas el tratamiento otorgado a Alí y a Husayn, y los consideraban demasiado mundanos e impíos para regir el mundo musulmán.

Estas diversas facciones que se oponían a los omeyas por causas económicas, sociales, religiosas y políticas se unieron bajo la dirección de la familia de los abbasíes. Esta familia descendía de al-Abbas, tío del profeta Muhammad. Aunque Alí era hijo de otro tío (Abu Talib), los abbasíes consideraban que estaban mucho más cercanos a la familia del Profeta que los omeyas y que tenían un mayor derecho al califato.

Los omeyas no consiguieron resistir esta alianza contra ellos, liderada por los abbasíes. En primer lugar, las tribus árabes de Siria, que constituían el principal apoyo de los omeyas, se escindieron en dos grupos rivales, los árabes de Arabia del Sur, o el Yemen, y los de Arabia del Norte. Lucharon unos contra otros, incluso durante el crítico periodo en que los abbasíes estaban organizando su campaña contra los omeyas.

Para empeorar las cosas, los tres califas que sucedieron a Hicham eran unos incompetentes y, en conjunto, su reinado no duró ni un año. Walid II, por ejemplo, estaba más interesado en el vino, la poesía y la música que en los asuntos de estado. Cuando el más capacitado Marwan II subió al poder, la situación se había deteriorado más allá de toda posibilidad de arreglo y Marwan pasó los seis años de su reinado librando lo que era claramente una batalla perdida de antemano.

Los abbasíes eran conducidos por Abu al-Abbas, biznieto de al-Abbas, tío a su vez del Profeta. La revuelta armada de los abbasíes se inició en Persia, en la región de Jurasán, en el año 126/744, y fue liderada por Abu Muslim, representante persa de dicha dinastía. Kufa cayó en el año 131/749 y Abu al-Abbas se declaró califa. Marwan II fue derrotado en una batalla cerca del Tigris en el año 132/750. Poco después cayó Damasco, y Marwan II se convirtió en fugitivo hasta que los abbasíes lo localizaron y asesinaron en Egipto unos meses después. De hecho, llevaron a cabo una campaña sistemática de exterminio de todos los miembros de la familia omeya. Un príncipe omeya, Abd al-Rahman, nieto de Hicham, consiguió escapar a España, donde estableció una brillante dinastía. Pero, en el corazón del mundo islámico,

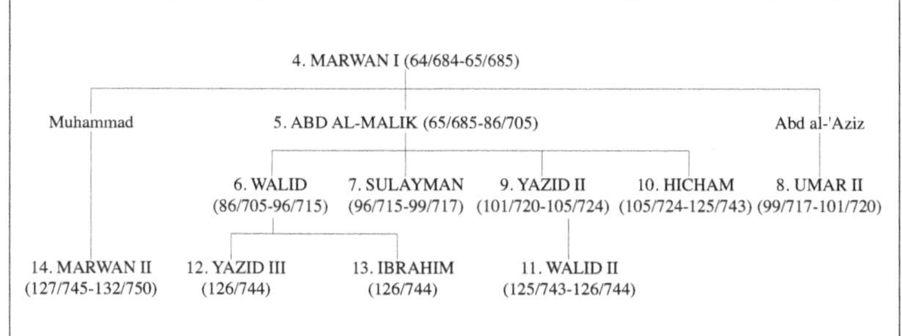

Relación genealógica entre los califas marwaníes de la dinastía omeya.

los omeyas sufrieron un fin sanguinario y trágico.

Aunque los principales acontecimientos de la historia omeya que se han relatado son considerados históricamente correctos, siguen existiendo múltiples lagunas y dificultades a la hora de encajar el pasado y el presente para establecer una historia coherente del periodo omeya. La ausencia de fuentes contemporáneas precisas se ve agravada por el hecho de que casi ninguno de los primeros textos históricos es anterior al año 235/850, es decir, un siglo después de la caída de la dinastía. Dado que estos textos fueron escritos durante el periodo abbasí, casi toda la información que poseemos referida a los omeyas debe ser tratada con prudencia.

Aun así, se ha conseguido ahondar mucho en el conocimiento del periodo omeya y de los inicios de la historia islámica, que dieron como resultado algunos cambios muy duraderos: la expansión del estado musulmán, la fundación de un imperio eficientemente administrado con el Islam como religión y el árabe como lengua, nuevas monedas y un eficiente sistema postal que mantenía conectados todos los territorios del vasto imperio musulmán. Para conseguir esto, sustituyeron el sistema de elección por otro basado en la ascensión hereditaria al califato. Los omeyas fueron herederos de lo antiguo y fundadores de una civilización que iba a ser la fuente de grandes contribuciones en diferentes campos del conocimiento a lo largo de los siglos siguientes, especialmente durante el II/VIII y el III/IX, al extender por tres continentes sus saberes y sus artes más avanzadas.

Las áreas bajo su control representaban el patrimonio cultural acumulado de Grecia y Roma (en Siria, Asia Menor, Egipto y el norte de África), así como de los asirios, babilonios, aqueménidas, partos y sasánidas (en Irak, Irán y Asia central). A esta "nueva cultura" añadieron las fuerzas unificadoras de la fe islámica y la lengua árabe. Como nuevos señores, los omeyas asimilaron sin problemas y rápidamente estas culturas, de modo que la nueva Cultura Islámica se desarrolló bajo su dominio y protección. Los omeyas eligieron la Gran Siria, conocida también como *Bilad al-Cham* (Líbano, Siria, Jordania, Palestina e Israel) como centro político. Mu'awiya, el fundador de la dinastía y gobernador de Siria durante casi veinte años antes de convertirse en califa, estableció en Siria su sede de poder. *Bilad al-Cham* era una provincia muy rica y de considerable opulencia agrícola, que había demostrado previamente su importancia durante los imperios griego, romano y bizantino. Sin embargo, Siria encontró un rival en Irak, convertida gradualmente durante la época omeya en la región más importante de todo el imperio islámico. Una vez garantizada la estabilidad bajo el reinado de Abd al-Malik, comenzó a explotarse el potencial agrícola de Irak. Las riquezas agrarias iraquíes no habían merecido atención antes de la llegada del Islam, ya que se encontraban localizadas en las proximidades de la frontera entre los estados bizantino y sasánida. A partir de la época de Abd al-Malik, estas áreas pasaron a convertirse en parte del imperio, y el gobernador de Abd al-Malik en Irak, al-Hayyay (quien había sofocado previamente la revuelta de Ibn al-Zubayr en el *Hiyaz*) hizo construir allí una extensa red de irrigación para explotar los terrenos agrícolas. En consecuencia, las riquezas obtenidas en Irak acabaron superando a las de Siria, e Irak fue convirtiéndose gradualmente en el centro económico del imperio omeya. Una constatación de la creciente importancia de Irak fue que el último califa omeya, Marwan II, trasladó su capital de Damasco a Harran, en Mesopotamia. El hecho de que los sucesores abbasíes se establecieran en Irak, primero en Kufa y poco después en la recién fundada ciudad de Bagdad, refleja más la conclusión de una tendencia iniciada durante el periodo omeya que el establecimiento de una nueva política.

Como parte de la Gran Siria, los territorios de lo que hoy en día es Jordania eran de considerable interés para los omeyas, sobre todo porque constituían el vínculo geográfico de su capital, Damasco, con la región del *Hiyaz*, de gran importancia religiosa y política.

El número relativamente elevado de palacios y fincas solariegas que los omeyas construyeron en la *badiya* (o semidesierto) jordana es testimonio de la importancia de la zona para los omeyas. Ha habido mucha discusión en torno a estas edificaciones, sobre las que trataremos a lo largo de esta exposición.

El papel de Jordania en la historia de los omeyas se pone de manifiesto en los eventos que tuvieron lugar en dos pequeñas poblaciones situadas al sur del país: Udhruh y al-Humayma. Mientras que los acontecimientos de Udhruh influyeron en el hecho de que Mu'awiya se convirtiera en califa y, por tanto, en la fundación de la dinastía omeya, los ocurridos en al-Humayma contribuyeron a su desmoronamiento.

La batalla de Siffin entre Alí y Mu'awiya, en las proximidades del Éufrates, no tuvo un resultado claro. Algunas fuentes indican que Mu'awiya convenció a Alí de que cada uno de ellos debía elegir a un árbitro que dictaminara quién debía convertirse en califa. Fue en Udhruh donde tuvo lugar la famosa sesión pública de arbitraje. Los historiadores modernos han puesto en cuestión la veracidad de los relatos contradictorios que aparecen en estas fuentes históricas, diciendo que reflejan la visión historiográfica sesgada de los abbasíes. Al parecer, el intento de arbitraje no produjo muchos resultados y, al margen de la veracidad de las diversas crónicas, los acontecimientos de Udhruh dejaron a Alí en una posición más débil y ascendieron a Mu'awiya, por entonces gobernador de Siria y teóricamente al menos bajo las órdenes de Alí, a una posición casi equiparable a la de este.

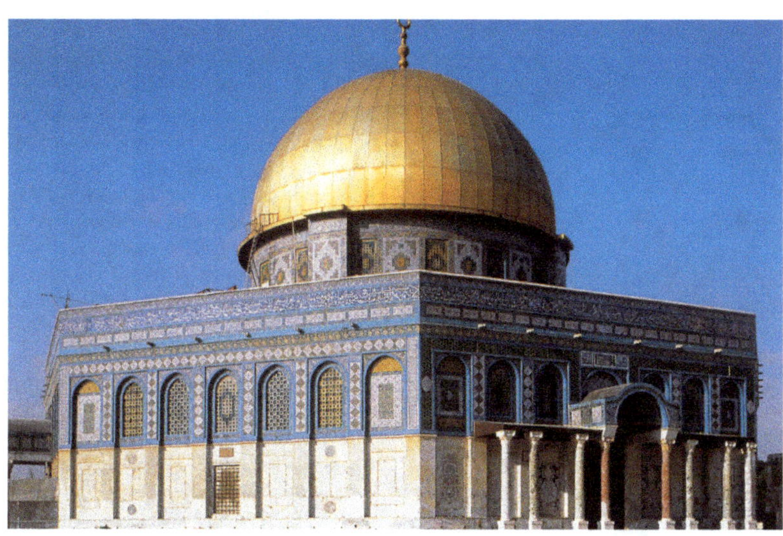

Cúpula de la Roca, vista general, Jerusalén.

Los acontecimientos ocurridos en al-Humayma fueron de muy diferente naturaleza. Aunque la revuelta armada de los abbasíes contra los omeyas se inició en Jurasán, en Irán, la familia abbasí consiguió finalmente ocupar la plaza fuerte omeya de *Bilad al-Cham* y convertirla en su propia sede. Al-Humayma era una población bastante aislada y, por tanto, aparentemente sin importancia. Sin embargo, se encontraba estratégicamente situada en las proximidades de las rutas de peregrinación y comercio que conectaban *Bilad al-Cham* con el *Hiyaz*.

El arte omeya

Aunque un gran número de las obras de arte y arquitectura de los omeyas se han perdido, algunos ejemplos muy importantes han sobrevivido al paso del tiempo. Esto es especialmente cierto en el caso de la arquitectura, de la cual han llegado hasta nosotros más de sesenta monumentos. Como los textos históricos del periodo omeya se han perdido, estos monumentos son las únicas pruebas contemporáneas que restan. La amplia mayoría de los monumentos construidos, así como de los que se conservan, se encuentra en Siria, y ninguna de las ruinas que permanecen en pie pertenece a los primeros treinta años del dominio omeya. Las ruinas más antiguas datan, aproximadamente, del año 70/690, cuando Abd al-Malik restauró el orden en el estado omeya, y de los sesenta años que siguieron, un periodo de tremenda actividad constructiva.

Los prestigiosos historiadores de arte Oleg Grabar y Richard Ettinghausen dividieron el arte y la arquitectura omeyas en cinco grupos: la Cúpula de la Roca, las primeras mezquitas *aljamas,* las mezquitas de Walid, los edificios seglares y las artes menores. Como era de esperar, cuatro de las cinco categorías corresponden a obras

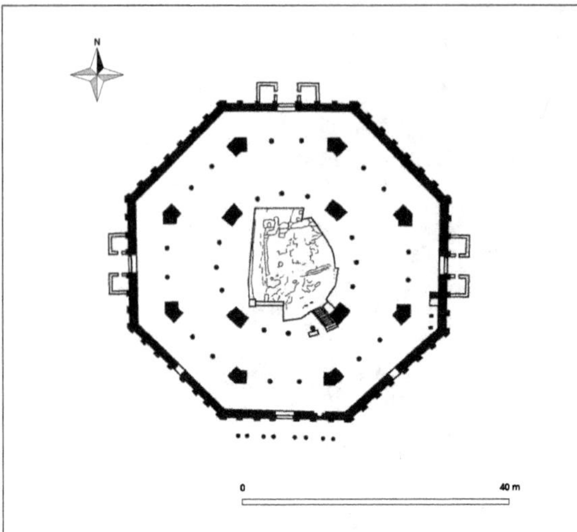

Cúpula de la Roca, Jerusalén (Burckhardt, 1976).

arquitectónicas. Sin duda, los omeyas, empezando por Abd al-Malik, eran apasionados constructores. Es preciso señalar que las artes más impulsadas por ellos fueron precisamente las relacionadas con la arquitectura: los mosaicos, los frescos y la escultura figurativa.

Mezquitas

La Cúpula de la Roca de Jerusalén, construida por Abd al-Malik Ibn Marwan y terminada en el año 72/691-692, es el monumento más antiguo que se conserva del arte islámico. El edificio se encuentra majestuosamente situado sobre una amplia plataforma artificial conocida como *al-Haram al-Charif*, "el Noble Santuario", que se prolonga dominando el perfil urbano de Jerusalén. Se cree que su emplazamiento fue el del Templo de Salomón y posteriormente del templo construido el 18 a. C. por Herodes el Grande (m. 4 a. C.). El general romano y luego emperador Tito (m. 81) destruyó el Templo de Herodes en el año 71, y el solar permaneció abandonado hasta que los musulmanes se apoderaron de Jerusalén en el año 16/637. Poco después construyeron una sencilla mezquita en la parte sur de la plataforma.

El edificio, construido sobre una formación rocosa natural, es octogonal y está dominado por una gran cúpula central que se eleva a una altura aproximada de 25 m. El diámetro del octógono es de unos 60 m, y el de la cúpula, unos 20 m. Para los musulmanes, señala el lugar desde donde el Profeta ascendió a los cielos durante su milagroso Viaje Nocturno. La Roca posee también otros significados de importancia para los musulmanes, cristianos y judíos. Se la asocia tradicionalmente con la historia de la creación y con el cuasi sacrificio de Isaac por parte de su padre Abraham. Algunas fuentes musulmanas de la antigüedad indican que Abd al-Malik pretendió que la Roca sustituyera a la *Ka'ba* de La Meca como principal lugar de peregrinación para los musulmanes. Esta opinión, sin embargo, parece reflejar las tendencias sesgadas de la época abbasí, y los historiadores modernos han demostrado que carece de rigor.

Gran parte del edificio ha llegado a nuestros días tal como lo construyó Abd al-Malik. Su planta y su volumetría general permanecen más o menos como a finales del siglo I/VII. La cúpula y su decoración, sin embargo, son el resultado de las obras posteriores de reconstrucción y restauración. Los muros interiores y exteriores estaban cubiertos originalmente de mosaicos, de los cuales han sobrevivido unos 280 m^2, pero los mosaicos exteriores fueron arrancados y sustituidos por azulejos en el siglo X/XVI.

El edificio responde a los modelos bizantinos en su arquitectura y decoración, y refleja también alguna influencia sasánida en las joyas, coronas, palmetas y flores representadas en los mosaicos. No obstante, como ocurre con el arte omeya en general, estos motivos tomados en préstamo aparecen en forma de nuevas variaciones y composiciones. La Cúpula de la Roca ya muestra varios de los rasgos que habían de convertirse en característicos de las posteriores tradiciones del arte y la arquitectura islámicos. Esto es evidente en los mosaicos desprovistos de cualquier escena humana o animal, lo cual es un reflejo temprano del rechazo musulmán a las representaciones de seres humanos y animales en los edificios religiosos.

La escritura aparece ya en la Cúpula de la Roca como parte integrante de la decoración del edificio: las largas inscripciones de los mosaicos del interior consisten principalmente en versos del Corán. La caligrafía de la Cúpula de la Roca es uno de los textos islámicos más antiguos que se conservan, aunque su función fuera meramente decorativa. No obstante, cumplían también un papel conmemorativo, ya que el texto afirma que Abd al-Malik terminó el edificio en el año 72/691-692.

Un detalle interesante es que el califa abbasí al-Ma'mun (r. 197/813-218/833) hizo sustituir por su nombre el de Abd al-Malik, pero conservando intacta la fecha original. Por otra parte, las inscripciones servían a un propósito político. Muchos de sus versos coránicos tratan de la relación del Islam con la Cristiandad. El que se eligiera para erigir este edificio una de las ciudades más sagradas para los cristianos pone de manifiesto la revelación y la victoria finales del

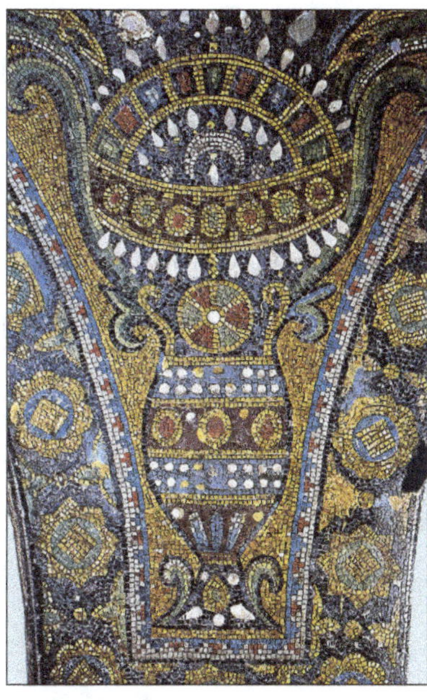

Cúpula de la Roca, detalle de los mosaicos del interior, Jerusalén (Ettinghausen, 1977).

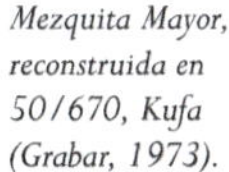

Mezquita Mayor, reconstruida en 50/670, Kufa (Grabar, 1973).

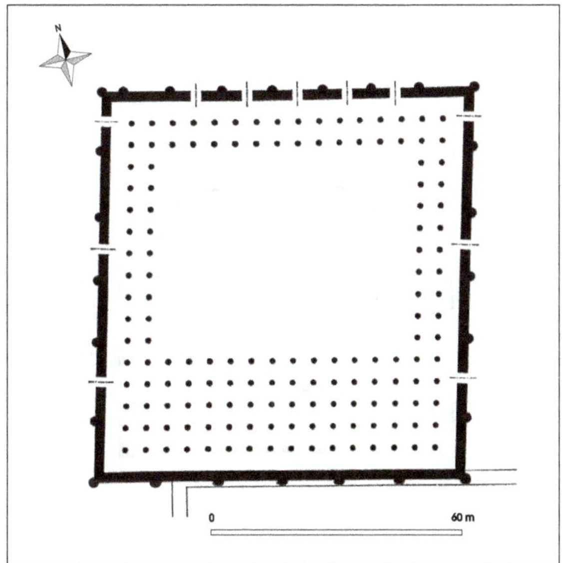

Casa y mezquita del Profeta, Medina (Grabar, 1973).

Mezquita del Profeta, reconstruida en el año 91/710, Medina (Grabar, 1973).

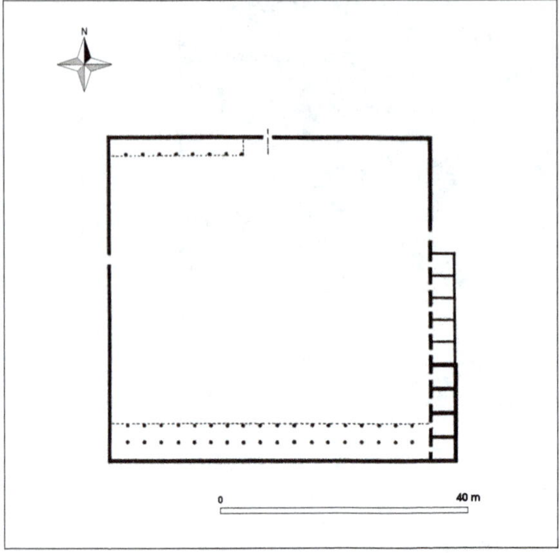

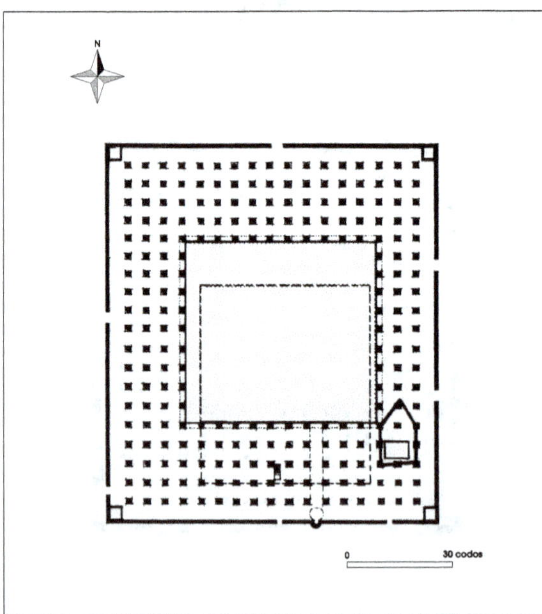

Islam sobre las otras dos religiones monoteístas.

Finalmente, el edificio muestra el inicio de la nueva relación entre la arquitectura y la decoración de superficies, que iba a convertirse en rasgo característico de las posteriores tradiciones de la arquitectura islámica. En general, la tradición griega, desde el Helenismo hasta el arte y la arquitectura bizantinos, utilizaba este tipo de decoración para realzar las formas arquitectónicas. En la Cúpula de la Roca, esta ornamentación plana juega un papel visual que iguala, y en ocasiones sobrepasa, la forma arquitectónica que envuelve.

Gran parte de nuestro conocimiento sobre la arquitectura de las mezquitas del periodo omeya se basa en las construidas por Walid I. Casi ninguno de los edificios religiosos anteriores al reinado de Walid ha sobrevivido, por lo cual la información disponible al respecto se basa principalmente en textos escritos. Los omeyas construyeron, reconstruyeron o ampliaron las mezquitas *aljamas* existentes en los centros ya establecidos y en las poblaciones musulmanas de nueva fundación, tales como Basra, Kufa y Wasit en Irak, Fustat (ahora parte de El Cairo) en Egipto y Kairuán en Túnez.

Las mezquitas *aljamas* previas a Walid eran generalmente de planta cuadrada y consistían en un patio abierto rodeado por una sala de oraciones cubierta a un lado (el orientado hacia La Meca, conocido también como la *qibla*) y galerías porticadas cubiertas por los otros tres lados. La sala de oración respondía a lo que se denomina una planta hipóstila, consistente en filas de columnas distribuidas a lo largo de una retícula cuadrada o rectangular. Cuando el número de columnas es grande, esta retícula produce un efecto de gran impacto al evocar un bosque. El origen de esta planta se remonta a la casa del Profeta Muhammad, construida en Medina cuando emigró desde La Meca en el año 1/622. Estas mezquitas aljamas funcionaban como mezquitas mayores en sus respectivas ciudades y eran algo más que simples edificios religiosos. Desempeñaban también un papel político y social, al desarrollarse en ellas una amplia variedad de actividades, tales como la enseñanza o la administración de justicia.

En estas mezquitas parecen haberse desarrollado dos características importantes, aunque sus orígenes exactos permanecen inciertos. El primero es la *maqsura*, recinto especial reservado al dirigente y situado en el centro del muro de la *qibla*. Por una parte, la *maqsura* tenía la función de proteger la vida del príncipe y, por otra parte, la de glorificarlo, al separarlo de sus súbditos. Se cree también que la torre del alminar, el símbolo arquitectónico islámico más utilizado, apareció durante este periodo. Según algunos textos, provino de Egipto o Siria, pero su fecha de origen sigue siendo incierta.

El reinado de Walid corresponde a un periodo de gran expansión y consolidación. Él fue responsable, completa o parcialmente, de las tres mezquitas monumentales de Damasco (96/715), Medina (91/710) y Jerusalén (96/715). Desgraciadamente, las mezquitas de Medina y Jerusalén fueron reconstruidas en gran parte, y lo que se puede contemplar hoy en día es muy diferente de lo edificado por Walid.

La mezquita de Damasco, sin embargo, conserva en gran medida su carácter original, a pesar de que el incendio de 1310/1893 la dañó considerablemente.

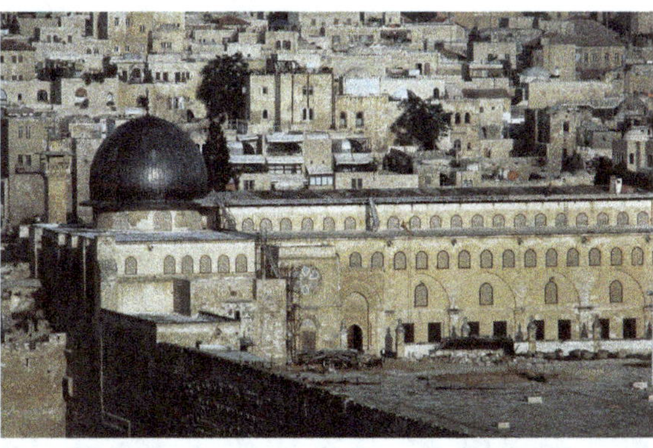

Mezquita al-Aqsa, vista general, Jerusalén.

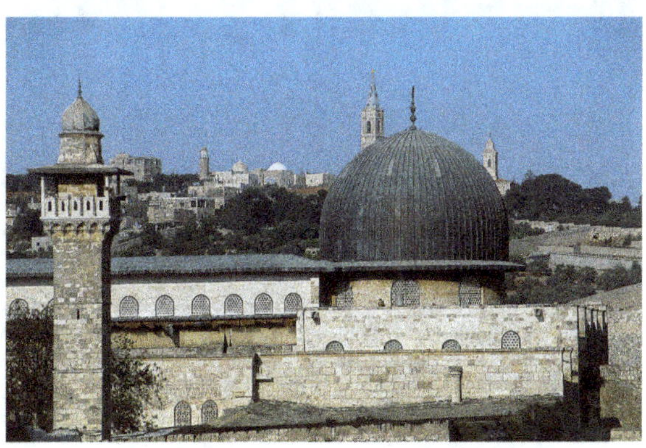

Mezquita al-Aqsa, vista de la cúpula, Jerusalén.

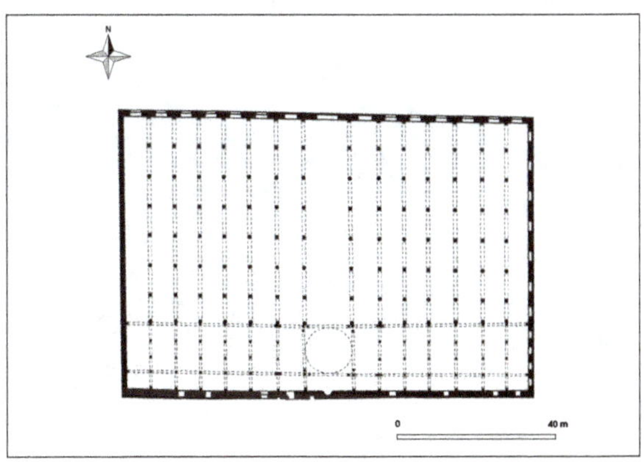

Mezquita al-Aqsa, 96/715, Jerusalén (Grabar, 1973).

Mezquita omeya, vista del patio, Damasco.

Mezquita omeya, vista de la cúpula desde el patio, Damasco.

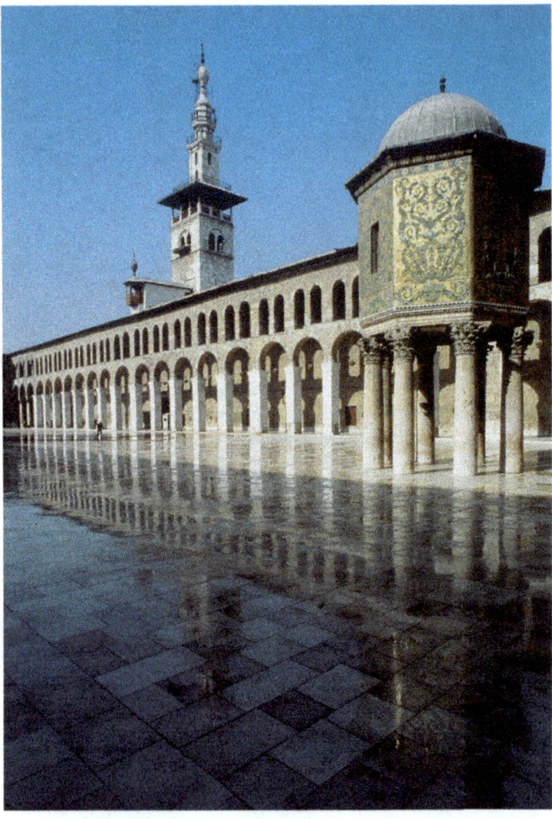

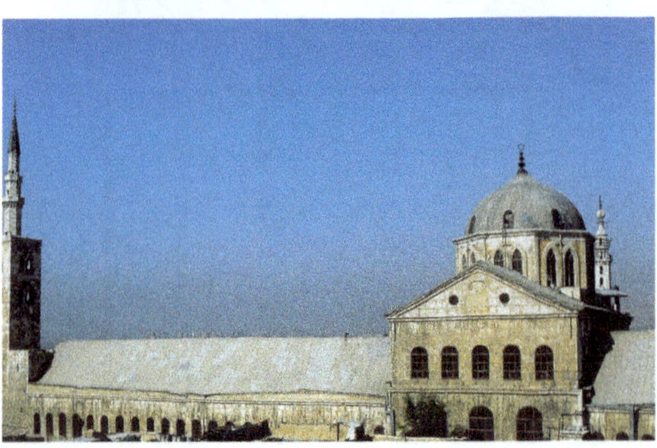

Sobre el solar donde se encuentra, se alzaba anteriormente el Templo Romano de Júpiter, y durante la era bizantina se convirtió en la Iglesia de Juan el Bautista (su santuario se encuentra aún en la mezquita). En un principio, los musulmanes compartieron el edificio con los cristianos, de forma que una parte del mismo era usada como iglesia y otra como mezquita. Posteriormente, Walid adquirió la totalidad del solar para construir su mezquita.

El edificio mide 100 x 157 m y sigue siendo uno de los más grandes del mundo islámico. Muestra una interesante combinación de planta basilical romano-bizantina, con su nave central orientada longitudinalmente y naves laterales, y de mezquita hipóstila, con una sala de columnas y un eje transversal destinado a organizar las filas de orantes.

La mezquita tiene tres alminares, dos en las esquinas del lado sur (*qibla*) y uno en mitad del lado norte. El tercer alminar puede no pertenecer a la época de Walid. Los remates de los alminares son añadidos posteriores, pero los dos del lado sur se alzan sobre los cimientos de unas torres romanas de esquina, y se encuentran sin duda entre los alminares más antiguos que se conservan.

La mezquita posee también el *mihrab* cóncavo más antiguo que se conserva del Islam. El *mihrab* es el nicho que señala el muro de la *qibla*, y suele estar situado en su centro. Hay textos que indican que el *mihrab* más antiguo del Islam es el que Walid ordenó construir en la mezquita de Medina, pero no se conservan restos del mismo. Los investigadores modernos han interpretado que los primeros *mihrabs* señalaban el lugar desde donde el Profeta pronunciaba el sermón de los viernes.

Mezquita omeya, detalle del mosaico del patio, Damasco (Ettinghausen, 1977).

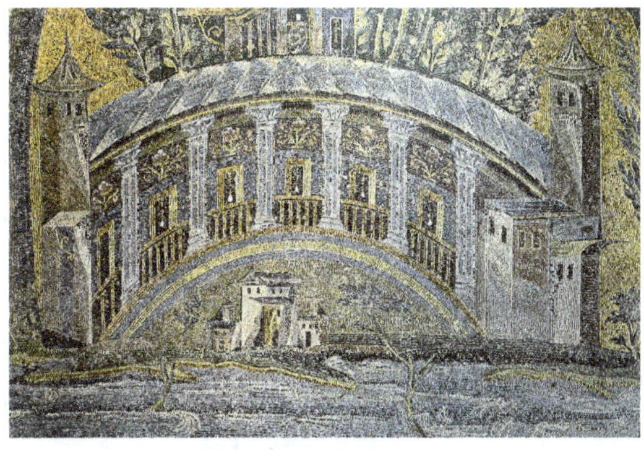

Mezquita omeya, detalle del mosaico del patio, Damasco (Ettinghausen, 1977).

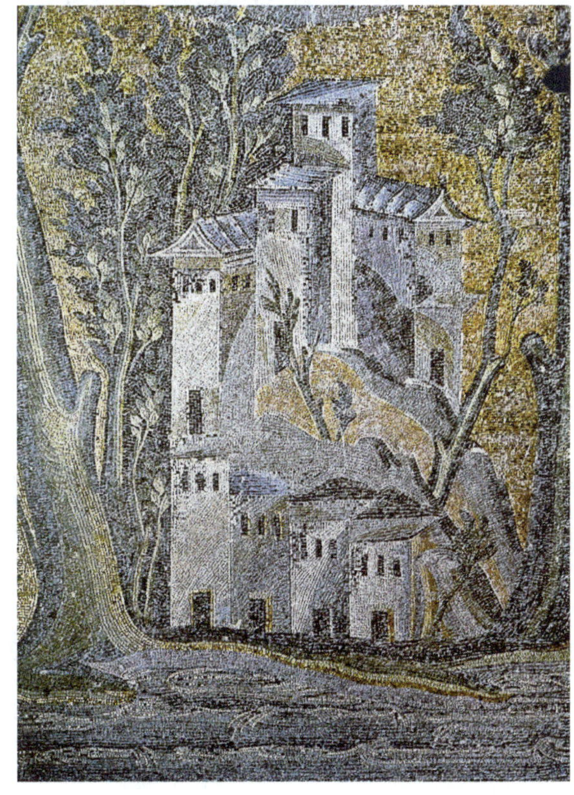

Lo más impresionante son los mosaicos de los muros, que cubren cientos de metros cuadrados y representan paisajes con ríos, árboles y edificios. Están más cerca de las pinturas murales pompeyanas del segundo estilo que de los posteriores mosaicos bizantinos, más estilizados. Al igual que en los mosaicos de la Cúpula de la Roca, no hay referencia alguna a figuras humanas o animales. Su excepcional calidad ha suscitado un considerable debate sobre si fueron ejecutados por artesanos locales o por artistas traídos de Constantinopla, y las interpretaciones sobre su contenido son de lo más variadas. Hay quien sugiere que representan escenas de Damasco y otras ciudades sirias, mientras que otros las ven como escenas que simbolizan la paz, la seguridad y la prosperidad reinantes bajo los omeyas; una tercera interpretación explica las escenas como evocaciones del paraíso. Probablemente las tres interpretaciones contienen parte de verdad. Los enrejados de mármol que cubren las ventanas de la mezquita muestran diseños geométricos entrelazados y anuncian lo que iba a convertirse en pauta decorativa dominante en el Islam.

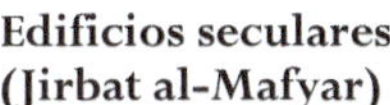

Edificios seculares (Jirbat al-Mafyar)

Casi ninguno de los edificios seculares construidos en las ciudades durante el periodo omeya ha sobrevivido. De sus palacios de Damasco tampoco queda nada. Se han excavado los restos de *Dar al-Imara*, o casa del gobernador, de Kufa y de los llamados palacios omeyas de Jerusalén, pero se trata de poco más que cimientos, que ofrecen escasa información. Una de las ruinas mejor conservadas

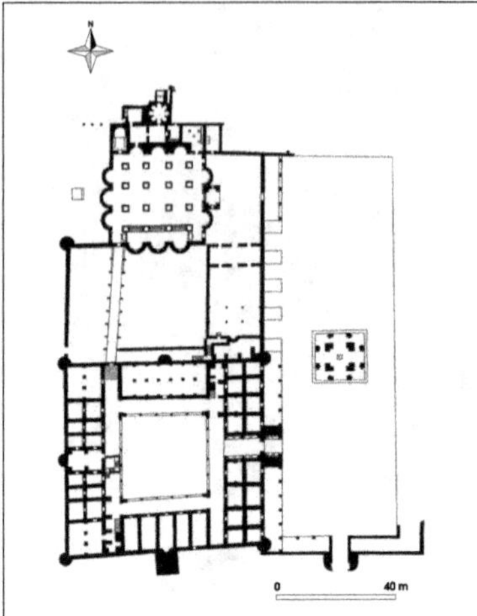

Jirbat al-Mafyar, h. 126/744, Jericó (Grabar, 1973).

es el Palacio Omeya de la Ciudadela de Ammán, a la que nos referiremos más adelante.

Por el contrario, sí ha llegado hasta nuestros días un buen número de haciendas construidas por los omeyas fuera de los centros urbanos, en el campo y la *badiya* de Siria. Dado que muchos de estos edificios se encuentran en Jordania, constituyen una parte importante del patrimonio arquitectónico jordano y serán convenientemente reseñados en detalle más adelante en este libro. Sin embargo, sí es conveniente detenerse ahora en una de las haciendas omeyas más importantes y más curiosas, la de Jirbat al-Mafyar, cerca de Jericó, en Palestina.

Se cree que fue el más bien excéntrico califa Walid II quien construyó Jirbat al-Mafyar. Igualmente se considera que comenzó la construcción antes de asumir el título de califa y que no la había completado cuando murió, en el año 126/744. El conjunto consiste en una mezquita, un castillo y unos sofisticados baños, y supuestamente refleja lo que se dice respecto al carácter de Walid II. Se supone también que un pequeño estanque o piscina situado en el interior del complejo es el que mencionan algunos textos históricos posteriores. En ellos se afirma que Walid II hacía llenar aquel estanque con vino y luego se zambullía dentro, bebiendo tanto como para hacer bajar considerablemente el nivel.

Dos de los rasgos más sobresalientes de Jirbat al-Mafyar son los suelos de mosaico y los relieves de estuco. Los extensos mosaicos se encuentran en las termas, y sus 39 paneles continuos configuran la mayor superficie de mosaico que se conserva de la Antigüedad. Consisten principalmente en dibujos geométricos y son de gran calidad, pero la obra maestra de todos ellos es un panel que se encuentra en una habitación apartada, fuera de las termas. A diferencia de los otros mosaicos, este panel, exquisitamente diseñado y ejecutado, muestra una escena figurativa con dos gacelas que mordisquean las hojas de un árbol y un león que ataca a una tercera gacela al otro lado. La representación de borlas alrededor del panel indica que se trata de un motivo extraído de un tejido. Este panel ha sido interpretado como una alegoría del poder omeya: señala el contraste entre la beatitud existente bajo el dominio omeya y la ira del califa omeya contra sus enemigos.

Mientras el mosaico refleja la influencia bizantina, el estuco esculpido de Jirbat al-Mafyar se inspira en modelos sasánidas. El estuco, barato y fácil de esculpir o tallar, fue muy utilizado por el arte sasánida. Una de las muchas esculturas que se conservan del conjunto es una estatua de un príncipe de pie en un pedestal con dos leones, ataviado con el

Molde de hierro de un elefante de al-Fudayn, Museo Arqueológico de Jordania (Núm. Inv. J 16514), Ammán.

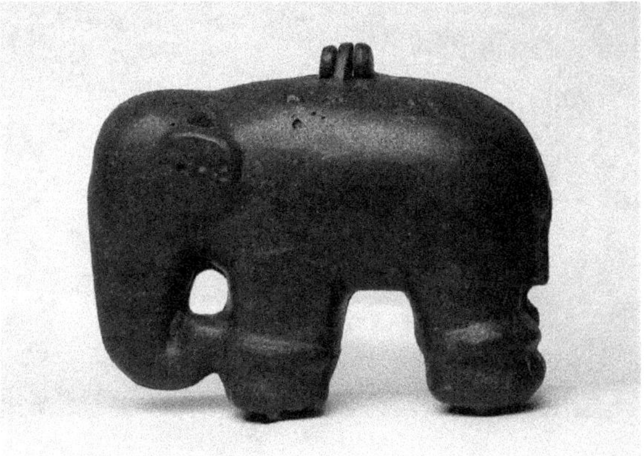

ropaje tradicional sasánida, que sostiene una daga o espada, atributo de su condición real. Sin embargo, la calidad de esta obra y de las demás esculturas de estuco no es tan alta como la de los mosaicos. Esto no resulta sorprendente si se tiene en cuenta que Siria en aquel tiempo seguía siendo famosa como centro de producción de mosaicos, pero no por sus esculturas en piedra ni por sus estucos. Aún así, la presencia de estas esculturas demuestra la creciente influencia de Irak e Irán durante los últimos tiempos del reinado omeya.

Las artes decorativas omeyas, conocidas también como "artes menores", tales como el trabajo en metal, la artesanía textil, la cerámica y el trabajo en marfil, son mucho más difíciles de estudiar que la arquitectura omeya. Como muchos objetos siguieron produciéndose más o menos según la tradición de los periodos anteriores, resulta difícil datarlos o identificarlos con precisión cuando se encuentran fuera de su contexto original. Así, en ocasiones es casi imposible dilucidar si una determinada obra es omeya, bizantina, sasánida o incluso copta. Por otra parte, expresiones tales como la artesanía textil, la tapicería, el trabajo en metal, la cerámica vidriada y la iluminación de libros, que habrían de adquirir gran importancia en ulteriores periodos islámicos, estaban empezando a aparecer bajo los omeyas. Las artes decorativas en general desempeñaron un papel secundario con respecto a la arquitectura, mientras que los mosaicos y la escultura figurativa casi siempre formaban parte integral de la arquitectura durante los omeyas. Una excepción importante es la moneda omeya, desarrollada a partir de la época de Abd al-Malik, en la que se rechazaron las representaciones figurativas, determinando en gran parte la evolución de las monedas musulmanas de periodos posteriores (ref. Primeras monedas islámicas).

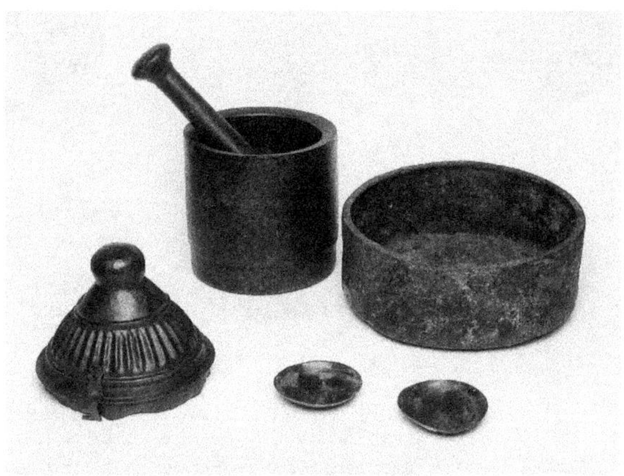

Utensilio de cocina de bronce de Umm al-Walid, Museo Arqueológico de Madaba (Núms. Inv. 672-674, 787, 795).

Los omeyas crearon la primera tradición artística del Islam. En algunos de los ejemplos de arte y arquitectura omeyas se encuentran las bases para gran parte de lo que habría de producirse en periodos posteriores. Esto es especialmente evidente en el caso de la arquitectura de

al-Fudayn, Museo Arqueológico de Jordania (Núm. Inv. J 19308), Ammán.

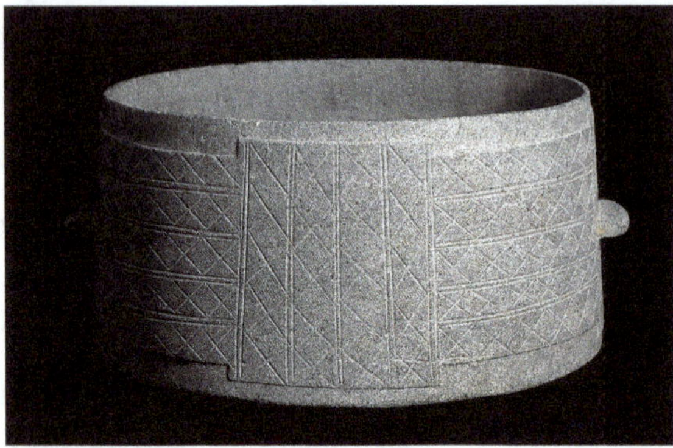

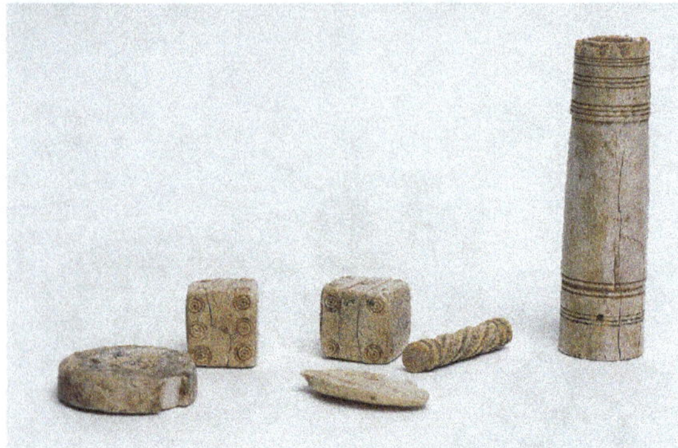

Objetos de marfil de al-Fudayn, Depto. de Antigüedades (Núm. Inv. 209), Mafraq.

las mezquitas. Muchos rasgos que han acabado convirtiéndose en parte integrante de la mayoría de las mezquitas, tales como el *mihrab* y el alminar, deben sus orígenes al periodo omeya. Del mismo modo, los dibujos geométricos característicos del arte islámico provienen de ejemplos de este periodo, como las filigranas de mármol de la Mezquita de Damasco o los mosaicos de Jirbat al-Mafyar. Lo mismo puede decirse del uso de la escritura en las obras de arte y arquitectura, como es el caso de las franjas epigráficas del interior de las galerías de la Cúpula de la Roca. Por otra parte, ciertas formas artísticas que aún predominaban durante el periodo omeya, como el mosaico y la escultura figurativa, desempeñaron un papel secundario y a menudo ni siquiera se mantuvieron en las posteriores tradiciones islámicas.

El historiador de arte Robert Hillenbrand resumía las características del arte omeya con los calificativos de ecléctico, experimental y propagandista. El arte omeya fue ecléctico en el sentido de que hizo confluir en Siria las artes del Mundo Helenístico occidental y el arte oriental de Mesopotamia, Irán y Asia central. Fue experimental al crear combinaciones de formas y temas con gran libertad con respecto a las convenciones previamente establecidas. Y fue propagandista porque muchos de sus ejemplos proclamaban el poder y la grandeza del Estado Árabe Musulmán Omeya y sus califas.

LOS OMEYAS: LOS INICIOS DEL ARTE ISLÁMICO

Ghazi Bisheh

Los cinco recorridos de Museo Sin Fronteras han sido seleccionados para ofrecer al visitante una panorámica de las culturas y artes que florecieron en Jordania durante el periodo omeya (41/661-132/750). La etapa de los omeyas constituye también la fase de formación del arte islámico. Los cambios culturales y sociales no son repentinos, sino que se producen gradualmente y pueden ser debidos a un proceso deliberado de elección. De hecho, la conquista árabe-musulmana se llevó a cabo sin que se produjera una destrucción masiva ni un cambio demográfico drástico y, por tanto, no dio lugar a ningún trastorno de importancia. Con el fin de entender el proceso de cambio, es preciso conocer someramente las condiciones políticas, sociales y económicas predominantes durante las pocas décadas que precedieron a la conquista de Siria o *Bilad al-Cham* (la región que incluye actualmente Jordania, Palestina y Siria).

En el año 610, Heraclio derrocó a Focas y asumió el papel de emperador en defensa del Imperio Bizantino y la fe cristiana. Un año más tarde, los sasánidas de Persia arrasaron el norte de Siria, y en 614 conquistaron Palestina con Jerusalén incluida y trasladaron las reliquias de la Cruz Verdadera a la capital sasánida de Ctesiphon. En el año 628, Heraclio reconstruyó su ejército y llevó la guerra al corazón del Imperio Sasánida, donde consiguió convencer a los persas de que retiraran sus tropas del territorio bizantino ocupado. En el año 630 Heraclio hizo su entrada triunfal en Jerusalén, portando las reliquias recuperadas de la Cruz Verdadera. De este modo, Siria experimentó casi quince años de ocupación e influencia cultural persas antes de su liberación por parte de Heraclio. De hecho, desde su subida al trono en el año 610, Heraclio no había tenido un momento de tregua, y las prolongadas guerras y las controversias religiosas que habían asolado Siria durante mucho tiempo se tradujeron en una gran inestabilidad política. La principal amenaza a la autoridad bizantina en Siria había sido la de los sasánidas de Mesopotamia. Para hacer frente a esta amenaza, los bizantinos confiaron no sólo en la potencia de sus legiones, sino también en un sistema de alianzas con las poderosas

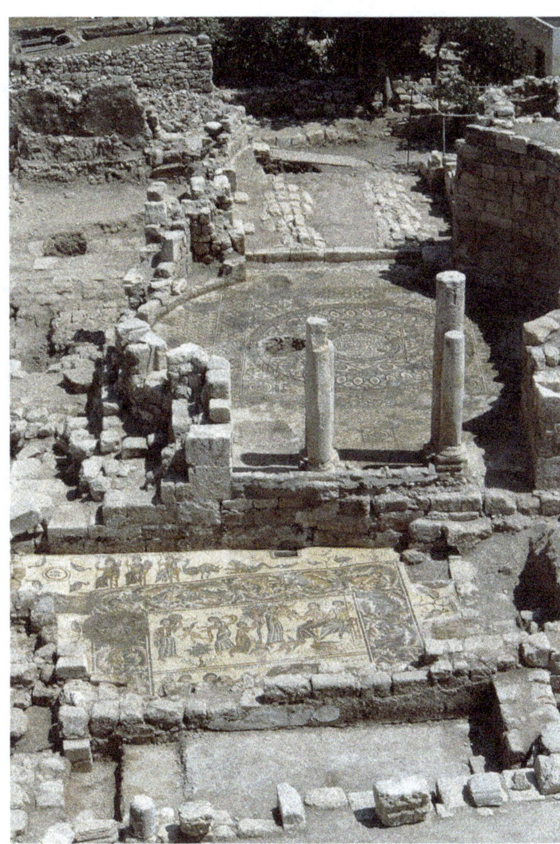

Sala de Hipólito e iglesia de la Virgen María, Madaba.

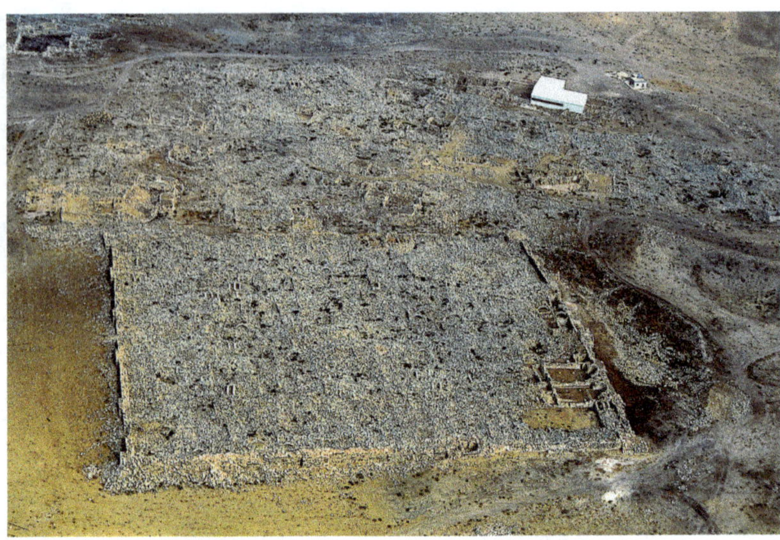

Umm al-Rasas, vista aérea (Piccirillo, 1993).

tribus árabes, tales como los Banu Salih en el siglo V y los gassaníes en el siglo VI. Durante el reinado de Justiniano (527-565), Bizancio abandonó los campamentos legionarios y las fortificaciones que garantizaban la seguridad de las regiones situadas a lo largo de la Vía Trajana, la *Vía Nova Traiana* (ref. Mercaderes y peregrinos), retirando sus tropas y confiando la defensa de las fronteras a sus aliados árabes, los gassaníes. Durante este periodo se produjo un incremento en el número de pequeñas ciudades y pueblos, así como una proliferación de iglesias y granjas con instalaciones agrícolas tales como prensas de vino y aceite. Es posible que el campo floreciera a costa de las grandes ciudades, que a partir del siglo VI disminuyeron en tamaño y fueron asoladas por una serie de desastres naturales tales como terremotos y diversas epidemias (ref. Jerash). También es plausible que la retirada del ejército regular bizantino de la frontera fortificada (*limes*) y la encomienda a las tribus gassaníes del control de las mismas condujera a una relajación de las leyes imperiales y una reducción de los impuestos que habían contribuido a la fiebre constructora de iglesias en ciudades y pueblos tales como Madaba, Umm al-Rasas (Mayfa'a), Rihab, Jirbat al-Samra y Umm al-Yimal. Es importante tener presente que el siglo VI conoció la "arabización" de muchas regiones de Siria, incluidas Jordania y Palestina. Las tribus árabes originarias de Yemen eran principalmente cristianas y muchas de ellas eran aliadas del Imperio Bizantino. Durante el periodo omeya, estas tribus fueron reclutadas por el ejército sirio, se convirtieron en el pilar principal de la dinastía reinante, y adquirieron una posición privilegiada en cuanto a poder y riqueza. Esto puede explicar en parte el surgimiento de residencias palaciegas en el distrito de Belqa (ref. El sistema administrativo

omeya), en sitio tales como al-Muwaqqar, al-Qastal, Umm al-Walid y Jan al-Zabib (ref. Residencias palaciegas).
Y fue así como, menos de una década después de la expulsión de los persas, Siria fue de nuevo arrasada, esta vez por los ejércitos árabe-musulmanes, dentro de la oleada que llevó a la conquista islámica de Egipto, Irak e Irán. En el año 41/661, Damasco se convirtió en la capital del primer Imperio Islámico y estableció la sede del recién fundado gobierno omeya (ref. Introducción histórica y artística).
Hasta hace poco, la opinión más difundida consideraba que la invasión persa y la subsiguiente conquista árabe-musulmana durante el siglo I/VII fue una época de cambios y transformaciones fundamentales. Las grandes líneas de este periodo se manifiestan en la alteración del espacio urbano: la disminución de las ciudades, la invasión de las calles por estructuras provisionales, el uso de *spolia* (piedras extraídas de monumentos anteriores) para las nuevas edificaciones, sobre todo las iglesias, y la incapacidad de mantenimiento de las infraestructuras y equipamientos tales como el alcantarillado, los acueductos y las termas. Sin embargo, cada vez parece más claro que estos cambios y transformaciones se produjeron gradualmente a partir de sus inicios en el siglo VI. Los sucesivos acontecimientos históricos aceleraron el proceso, y está claro que estos cambios no fueron el resultado de simples adaptaciones causales de las estructuras existentes, sino de decisiones conscientes, tomadas en respuesta a un nuevo concepto de ciudad. Cuando los obispos sustituyeron a los concejos ciudadanos y asumieron la posición de liderazgo, su labor fue, en palabras de un gran estudioso, en aras de un ideal que ya no era la "buena vida" de la ciudad clásica sino el fomento del "bienestar" espiritual de la comunidad. La fiebre constructora de iglesias, a la que se asistió en el siglo VI y principios del I/VII en las ciudades y pueblos de Jordania, no sólo transformó la apariencia

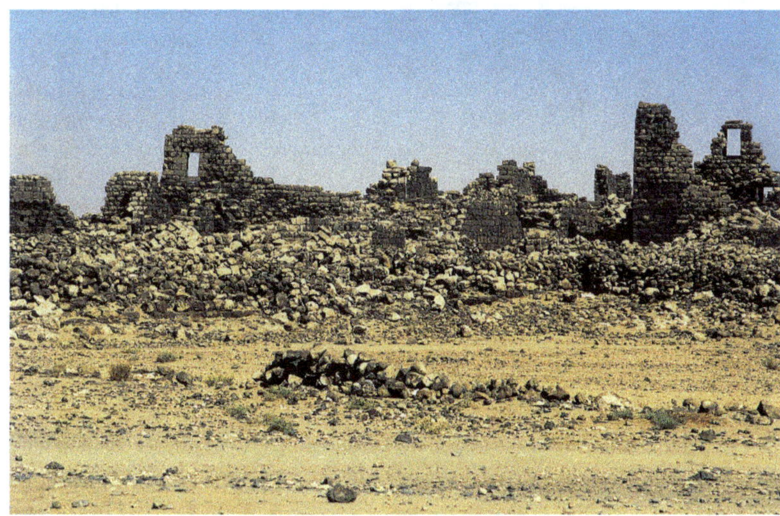

Umm al-Yimal, vista general.

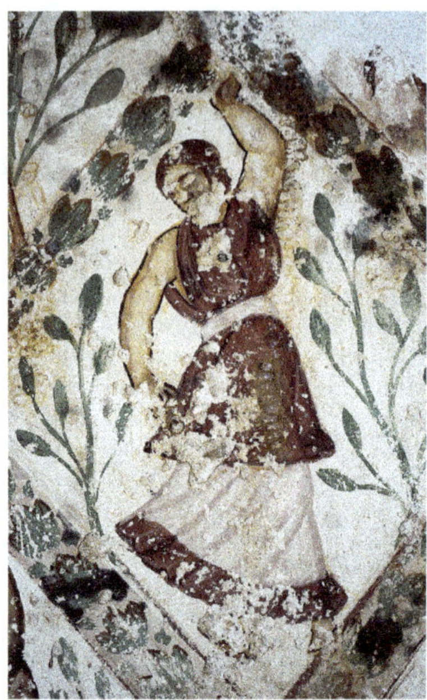

Qusayr 'Amra, bailarina al-Badiya (J. L. Nou).

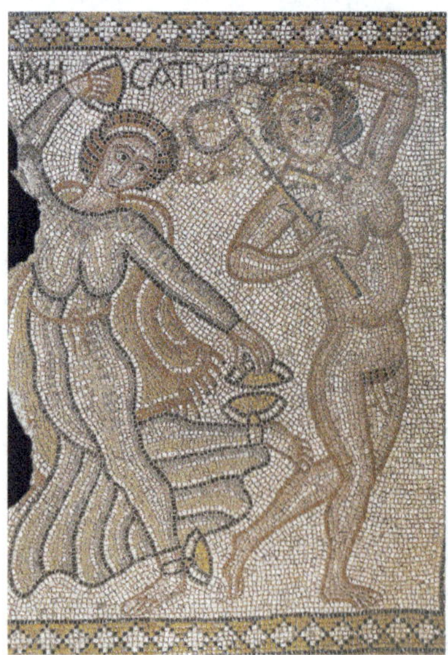

Procesión báquica, Museo Arqueológico, Madaba (Piccirillo, 1993).

física de las ciudades, sino que también contribuyó a la formulación de la identidad cristiana de la ciudad, dando lugar a una "estructura cívica" eclesiástica que permaneció fundamentalmente intacta durante el periodo omeya. No sólo las iglesias siguieron siendo lugares de adoración, sino que se construyeron nuevos templos, pavimentados, igual que antes, con mosaicos de colores, como se puede ver en Madaba (Iglesia de la Virgen), Ma'in, al-Quwaisme y 'Ayn al-Kanise, sobre el Monte Nebo. Lo más notable de estas iglesias es el uso continuado de inscripciones griegas con la indicación del año del calendario bizantino y la era de la *Provincia Arabia* en los paneles dedicatorios. Dicho uso indica claramente la continuidad y la escasa asimilación de la nueva norma musulmana por parte de las comunidades cristianas locales. El fenómeno de la construcción de iglesias durante el primer periodo islámico, que contraviene la opinión legal y la formulación de la jurisprudencia musulmana, plantea un dilema terminológico. ¿Deben estudiarse bajo la cabecera de Arte Islámico los mosaicos realizados durante el periodo omeya para uso de las comunidades cristianas? ¿Y qué se entiende por Arte Islámico en este caso? ¿O sería más adecuado denominarlo Arte Cristiano-Islámico? Quizás lo más razonable sea seguir la sugerencia de un prominente estudioso del Arte y la Arquitectura Islámicos y utilizar la palabra "islámico" para referirse a la cultura de la civilización en la cual la clase dominante profesaba la fe del Islam y en cuyo seno se produjeron diversos fenómenos de mestizaje cultural.

Uno de los cambios producidos por la conquista árabe-musulmana fue la emigración de las tribus de origen árabe a nuevos asentamientos, lo que hizo aumentar el número de tribus ya establecidas en Siria. El número de emigrantes árabes, sin embargo, no fue más que una pequeña fracción de la población total de la región, mientras que el campo se mantuvo en su mayor parte cristiano, muy poblado y agrícolamente próspero, excepto en las regiones lindantes con la frontera bizantina del noreste de Siria. Los artesanos, los especialistas en diversos oficios y los agricultores siguieron su vida normal, aunque fuera bajo diferentes señores, mientras que los asuntos de las ciudades y los pueblos siguieron siendo controlados, como antes, por los obispos y su clero. Lo más importante, sin embargo, es que la conquista árabe-musulmana barrió las fronteras entre Irán y Mesopotamia, por un lado, y con el Mundo Mediterráneo, por el otro, ofreciendo así la oportunidad de combinar los recursos de dos civilizaciones diferentes y de impulsar, por primera vez desde las conquistas de Alejandro Magno, la homogeneización de Oriente Próximo. El establecimiento de la dinastía omeya en Siria, una provincia con una larga tradición artística, y de su capital en Damasco, significó que sus principales influencias artísticas fueran clásicas, o más exactamente, elementos clásicos orientalizados. Los denominados Castillos Omeyas del Desierto, con sus mosaicos, frescos y estucos tallados demuestran que los omeyas habían hallado una forma de convivencia con la civilización siria. La fachada exuberante del imperio omeya quedó hecha pedazos ante el embate de los revolucionarios abbasíes, quienes trasladaron la sede del gobierno a Irak, donde la ciudad de la paz, Bagdad (ref. Introducción histórica y artística), acabó convirtiéndose en capital de la nueva dinastía reinante.

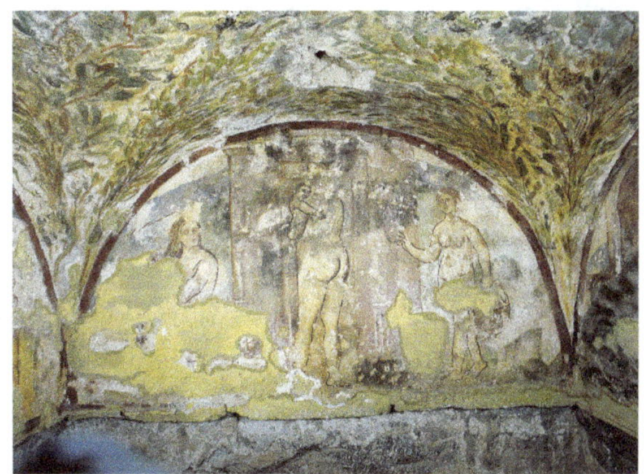

Qusayr 'Amra, escena de baño, al-Badiya (J. L. Nou).

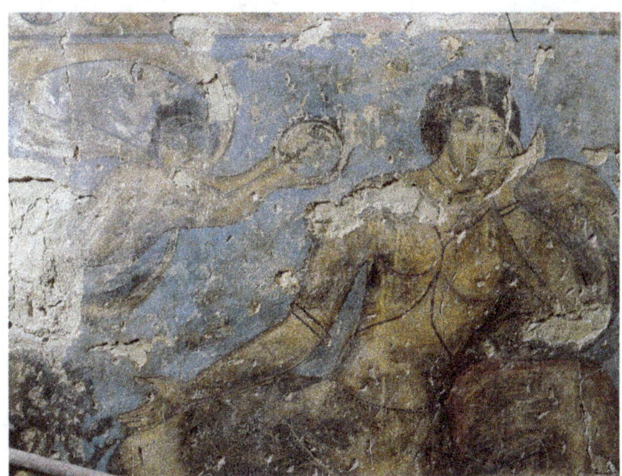

Qusayr 'Amra, mujer en un banquete recibiendo una corona, al-Badiya (J. L. Nou).

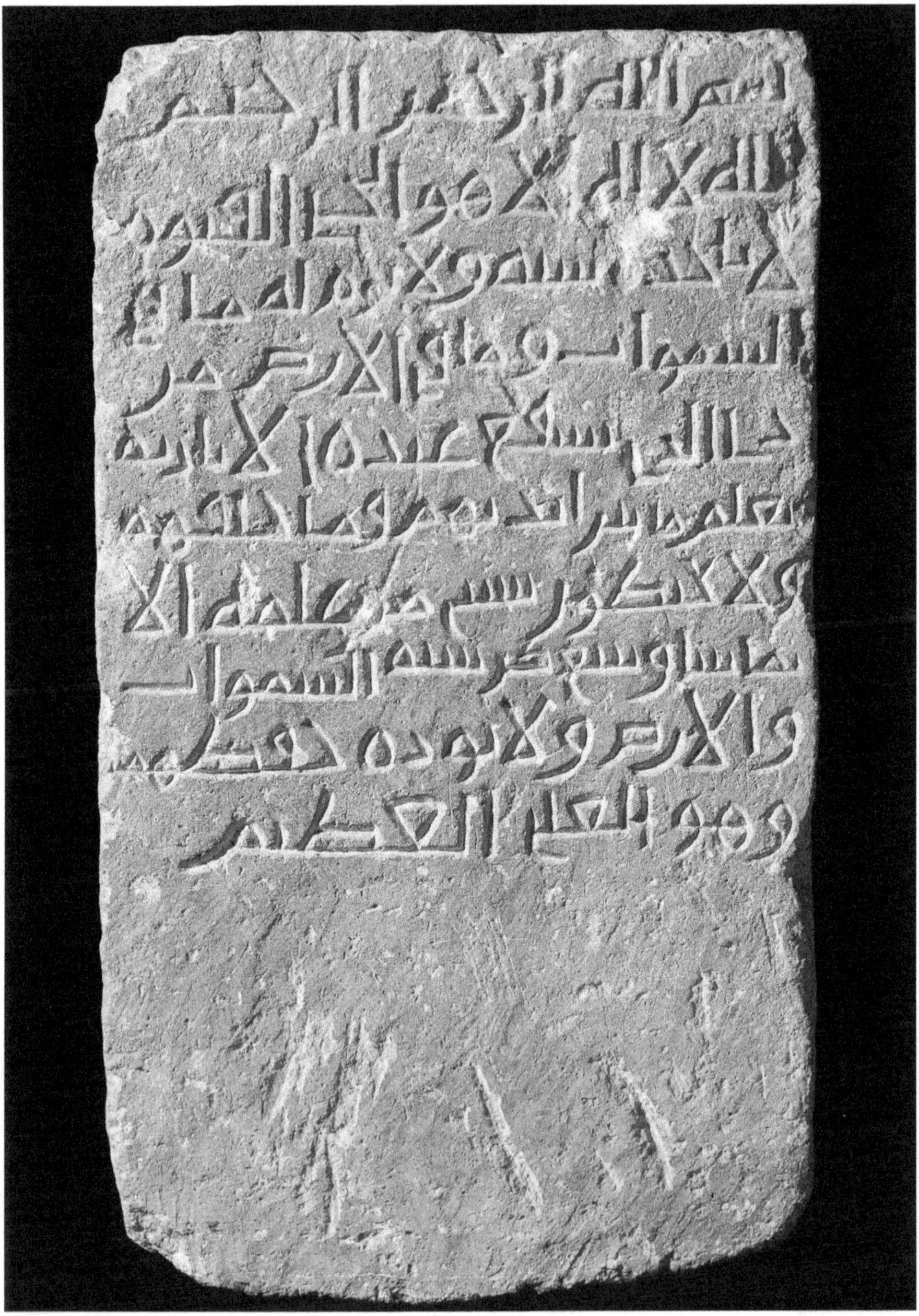

بسم الله الرحمن الرحيم
الله لا اله الا هو الحي القيوم
لا تأخذه سنة ولا نوم له ما في
السموات وما في الارض من
ذا الذي يشفع عنده الا باذنه
يعلم ما بين ايديهم وما خلفهم
ولا يحيطون بشيء من علمه الا
بما شاء وسع كرسيه السموات
والارض ولا يؤده حفظهما
وهو العلي العظيم

Ammán, sede del gobernador

Fawzi Zayadine, Ina Kehrberg, Ghazi Bisheh

I.1 CIUDADELA DE AMMÁN
- I.1.a Palacio omeya
- I.1.b Museo Arqueológico de Jordania

I.2 CENTRO URBANO (*SUQ* O CENTRO COMERCIAL)
- I.2.a *Ninfeo*
- I.2.b Mezquita *aljama* omeya (Mezquita al-Husseini)

OPCIÓN PAISAJÍSTICA
Jirbat Abu Yaber (Kan Zaman)

El sistema administrativo omeya

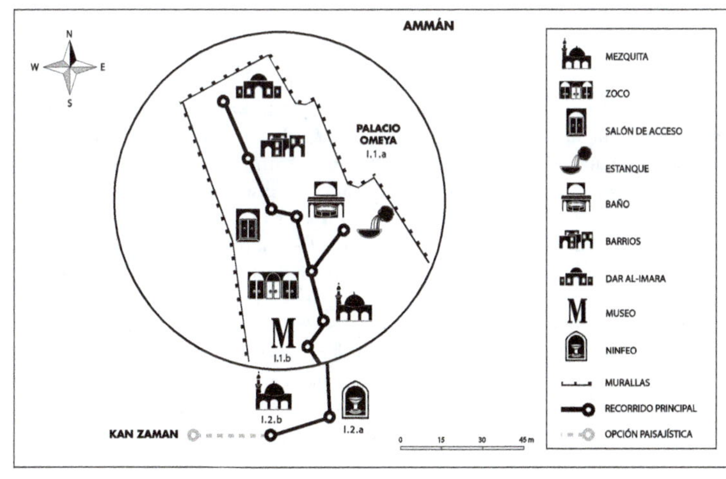

Piedra grabada con versos coránicos, Museo Arqueológico de Jordania (Núm. Inv. J 6383), Ammán.

El emplazamiento de Ammán, la antigua Rabbat Bani Ammon, fue ocupado en época tan temprana como el Neolítico Pre-Alfarero B (NPAB), alrededor del 8500-5500 a. C. Las excavaciones realizadas en 'Ayn Gazal, en la entrada norte de Ammán, sacaron a la superficie un gran asentamiento de más de 48 ha, formado por casas con cimentaciones de cascote y pavimentos de yeso pintado. Se descubrieron 32 estatuas incompletas y fragmentos de estatuas, junto con bustos y máscaras hechas de yeso moldeado y perfiladas con pintura al óxido. Estas obras singulares de los artesanos locales no tienen parangón en el Próximo Oriente, con la excepción de algunas cabezas de yeso del NPAB halladas en Jericó, y demuestran la precoz habilidad desarrollada por los escultores de este asentamiento neolítico amonita.

La ocupación de Ammán en los siguientes periodos se pone de manifiesto principalmente en la Ciudadela. Esta consiste en una colina natural a 840 m de altura sobre el nivel del mar, protegida por profundos barrancos, excepto por el norte, donde la suave pendiente de Yabal al-Hussein constituye una zona vulnerable de acceso. En este frente se construyeron murallas defensivas en el siglo XVIII a. C., a mediados de la Edad del Bronce II. La ciudad amonita se extendía hasta este promontorio rocoso, en el que se excavó un enorme depósito de agua al que se accedía mediante un túnel. Cerca de este estanque se hallaron estatuas amonitas.

En el flanco norte del promontorio, aún se mantienen en pie las murallas romanas de la ciudad. A partir de este punto la colina de la Ciudadela, que mide 400 x 250 m, se extiende de norte a sureste formando cuatro terrazas. Las excavaciones llevadas a cabo en la parte inferior de la tercera terraza han revelado una ocupación del Neolítico, aproximadamente del 5000 a. C., lo cual sugiere que la población de 'Ayn Gazal pudo haber emigrado a la Ciudadela.

La pendiente sur de la tercera terraza también está protegida por la muralla de mediados de la Edad del Bronce, reforzada por un glacis, pero quizás lo más conocido es el hecho de que quienes fundaron efectivamente la ciudad de Rabbat Bani Ammon fueron tribus amonitas, probablemente de origen amorita. Un rey de Ammon aparece mencionado en la época de los Jueces de Israel (Jueces 11: 12-33), y posteriores referencias pueden leerse en los relatos sobre Saúl y David. Pero las primeras menciones fundamentadas de los reyes ammonitas están registradas en los Anales Asirios, que comprenden desde la época de Salmanasar III, en el año 850 a. C., hasta la época de Nabucodonosor II, en el año 598 a. C.

En el periodo Aqueménida, del siglo V a. C., Tobías fue nombrado gobernador de la región amonita. La familia de los Tobíades reaparece en la época Helenística Tolemaica como dedicada a la recaudación de impuestos, lo cual era en aquellos días una posición de poder. En el siglo II a. C., un miembro de esta familia, Hircano, se hizo construir un palacio en 'Iraq al-Amir, no lejos de Ammán. En aquella época, Rabbat-Ammon fue rebautizada como Filadelfia por Tolomeo Filadelfo, en honor de su hermana y esposa Arsinoe Filadelfia. La revuelta judía de finales de la época Helenística, dirigida por los Asmoneos, trajo la destrucción a las ciudades helenizadas situadas al este del río Jordán, aunque Pompeyo las hizo reconstruir posteriormente. Se convirtieron en el núcleo de la *Decápolis*, una asociación de diez o más ciudades de Palestina, Jor-

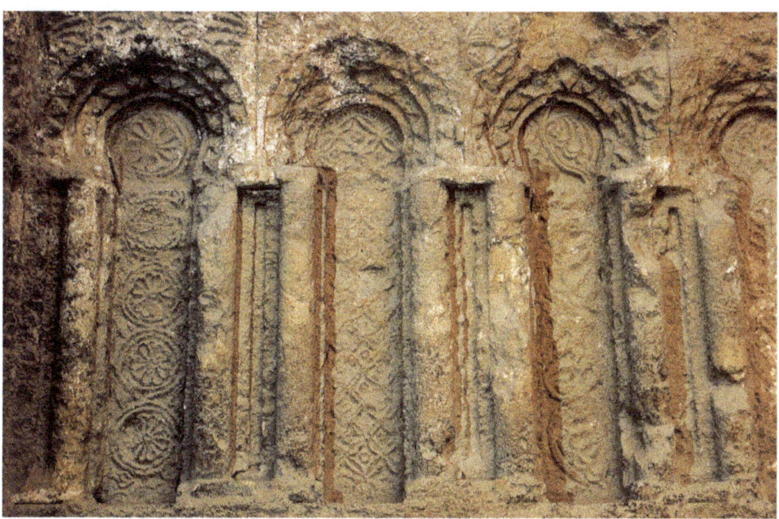

Palacio omeya, nicho ciego tallado en la puerta monumental, Ammán.

dania y Siria (ref. La *Decápolis* en el periodo omeya).

Tras la anexión del reino Nabateo por Trajano en 106 y la construcción de la *Vía Nova Traiana*, Ammán, entonces Filadelfia, comenzó a prosperar, al estar situada junto a esta vía romana entre Damasco y el Mar Rojo. En el periodo Antonino y posteriormente en el siglo II, Ammán experimentó una reorganización para convertirse en un centro urbano basado en los modelos grecorromanos, con todos los elementos correspondientes: acrópolis, templos y ciudad baja.

La Ammán bizantina floreció en los siglos IV y V, durante los que se construyeron varias iglesias decoradas con mosaicos. Un famoso historiador de la Antigüedad, Malco de Filadelfia, redactó una historia de Bizancio alrededor del año 500.

El declive de la ciudad comenzó al final del periodo bizantino, entre mediados del siglo VI y I/p. VII, lo cual contribuyó a que las tropas árabe-musulmanas, capitaneadas por Yazid Ibn Abi Sufyan, conquistaran Ammán en el año 13/634, al mismo tiempo que se conquistaba Damasco (ref. Primeras monedas islámicas y El sistema administrativo omeya). Los términos de la capitulación fueron similares a los de Bostra en el Hawran, y estipulaban que la seguridad e integridad de los ciudadanos y sus esposas, hijos y propiedades quedarían garantizadas siempre que pagaran la *yizya* o tributo personal. No es seguro que este decreto fuera respetado de forma literal, ya que es evidente, a juzgar por las excavaciones en la ciudadela superior, que el barrio bizantino fue sustituido por las residencias omeyas y el depósito de agua.

La Ciudadela había sido siempre el símbolo de Ammán y, como tal, la sede del gobernador de la ciudad, y parece lógico que los omeyas la mantuvieran como tal núcleo al servicio de su propio gobernador. Como capital de la Belqa, Ammán se

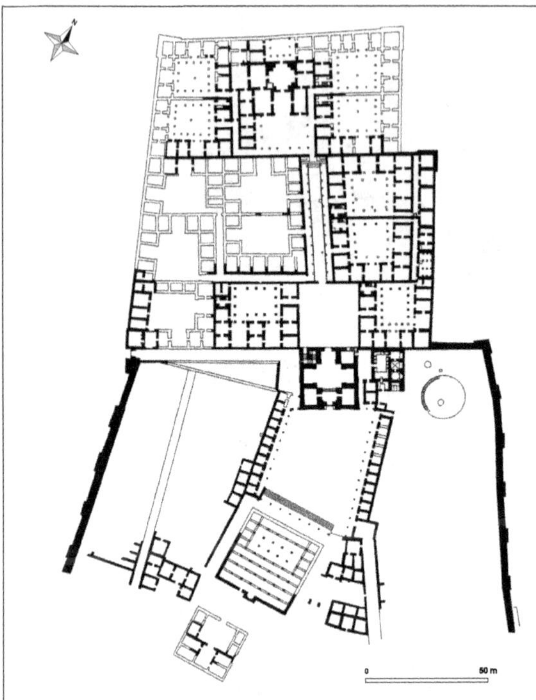

Palacio omeya de la Ciudadela, Ammán (Almagro, A. e I. Arce, CHASM I, Supl. SHAJ VII, f. c.).

convirtió así en la residencia del gobernador durante el periodo omeya (41/661-132/750). Las crónicas afirman que Walid II hizo encerrar a su primo, Sulayman Ibn Hicham, en Ammán, sin duda en su sede de la Ciudadela. Al estar bien situada desde el principio como centro geográfico y, por tanto, como sede central, la ciudad comenzó a adquirir un nuevo papel de importancia durante el periodo omeya, al convertirse en la parada más importante de la ruta entre Damasco y las ciudades santas del Islam, La Meca y Medina. Esta era de prosperidad (ref. Residencias palaciegas) tuvo un brusco final debido a las catástrofes naturales: una plaga y un terremoto ocurridos en el año 131/749. Cuando la revuelta abbasí consiguió derrocar a la dinastía omeya en el año 132/750, el distrito de Belqa, y con él Ammán, sufrieron el declive producido por el cambio de capital de Damasco a Kufa y luego a Bagdad.

F. Z.

I.1 CIUDADELA DE AMMÁN

Se extiende al norte del centro de la ciudad (el punto determinado por la mezquita al-Husseini). Se puede llegar al lugar desde cualquier sitio en taxi o servicio-taxi.
Abierta todo el día. Entrada gratuita. Información: Museo Arqueológico de Jordania, tel.: 06 4638795.

I.1.a **Palacio omeya**

Tras establecer su capital en Damasco, los omeyas reclamaron la Ciudadela de Ammán como sede de su gobernador. La terraza superior fue reorganizada y dividida en tres recintos cerrados, dominados en el centro por la Sala de Audiencia, que simultáneamente hacía las veces de Salón Monumental de Acceso. Allí se había alzado en otro tiempo, según las excavaciones, la entrada o vestíbulo de un edificio romano, reutilizado en el primer periodo bizantino y sustituido por los omeyas.
El **Salón Monumental de Acceso**, casi cuadrado (24,40 x 26,10 m) y de planta cruciforme, está cubierto por una cúpula central y cúpulas hemisféricas situadas sobre los brazos de la cruz. Sendas puertas se abren en los lados norte y sur, y dos bancos, destinados probablemente a los guardias, flanquean la puerta sur.

El interior se distribuye en torno a un patio central (10,3 m de lado) a partir del cual se extienden los cuatro brazos de la cruz. En cada una de las cuatro esquinas del edificio hay una habitación; desde la situada al suroeste arranca una escalera que conduce a la azotea, mientras que desde la sala noreste un tramo de escalones permite acceder a la puerta norte.
La decoración esculpida en la fachada de piedra del interior es magnífica y se divide en varias franjas; la parte inferior de los muros, hasta una altura de 1,60 m, consiste en dos hileras de sillares de grandes dimensiones, probablemente originarios de un edificio romano. Una cornisa moldeada separa este zócalo inferior de un friso de nichos ciegos enmarcados por parejas de pequeñas columnas adosadas, sobre las que se extienden arcos decorados con dentículos. Otra cornisa separa el friso inferior de una segunda franja de nichos ciegos, flanqueada también por columnas en miniatura y decorada con medallones de palmetas y rosetas. Un tercer friso de nichos ciegos más pequeños repite el mismo diseño, culminando la parte superior del muro. Como remate de la fachada se extiende un friso de merlones. Un canal de desagüe cubierto atraviesa el espacio central del salón de sur a norte. Otro canal situado en el recinto sur vierte a una cisterna circular, mientras que unos canalones pegados a la fachada oriental del muro conducen las aguas pluviales hasta el depósito circular.
Los primeros exploradores del siglo XIX identificaron el monumento como la Tumba de Urías, basándose en la historia bíblica en la que Urías, el Hitita, hallaba la muerte frente a los muros de Rabbat-Ammon (ref. Ammán, sede del gobernador). Pero las recientes investigaciones lo han identificado como el Acceso Monumental, a través del cual se penetraba en el conjunto edificado por el segundo recinto. Aunque los restos del edificio se remontan a un origen romano, como indican el patio pavimentado y el muro de cerramiento decorado con nichos, las

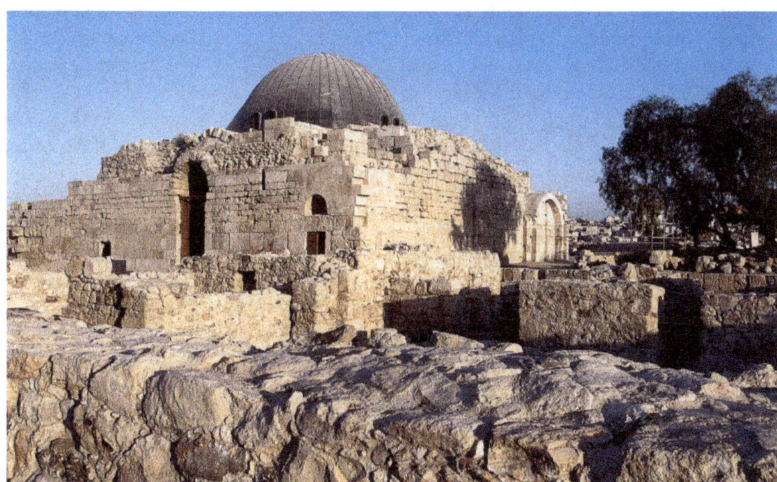

Palacio omeya, puerta monumental, Ammán.

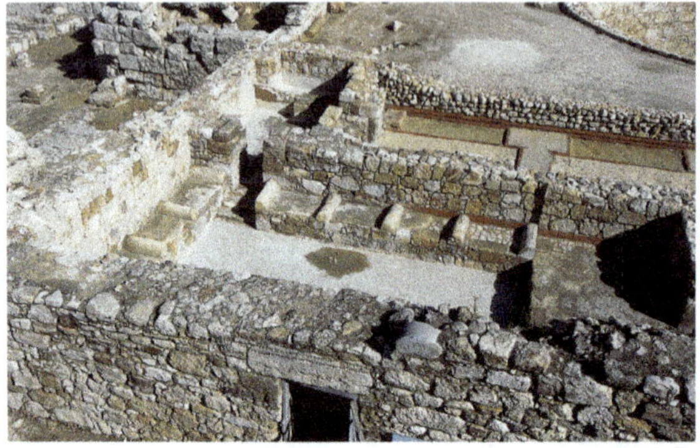

Palacio omeya, baño, Ammán.

investigaciones llevadas a cabo en el monumento han demostrado que estos restos fueron adaptados por los omeyas para utilizarlos como Sala de Audiencia, comparable a *Dar al-Imara* de Abu Muslim al-Jurasani en Merv. Una interpretación anterior del monumento como una iglesia bizantina fue rechazada debido al carácter inequívocamente persa de su decoración: las palmetas, las rosetas y los dentículos recuerdan las decoraciones de estuco de los edificios sasánidas. Sin embargo, aunque el monumento conserva una clara influencia iraní-sasánida, el inconfundible estilo sasánida debió llegar a Jordania a través de artesanos iraquíes

Palacio omeya, depósito de agua y puerta monumental, Ammán.

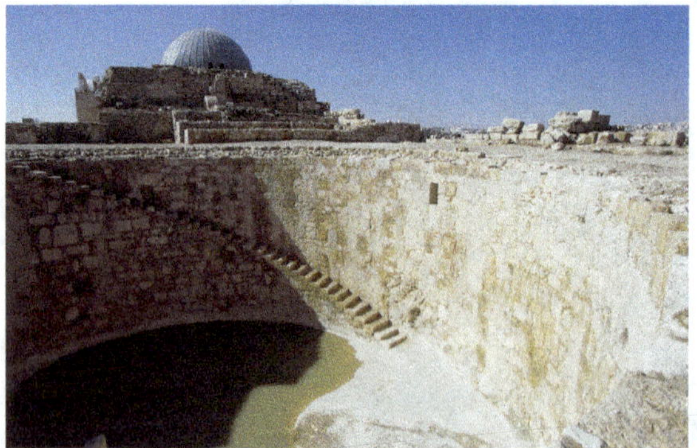

tras la conquista musulmana. De hecho, ejemplos muy similares y próximos son el Salón de Acceso al palacio omeya de Jirbat al-Minye, junto al lago Tiberíades, o la Sala de Audiencia de al-Muchatta, al sur de Ammán. Otro ejemplo equiparable es la Sala de Audiencia de Jirbat al-Mafyar, cerca de Jericó. Este palacio, conocido popularmente como el Palacio de Hicham se ha atribuido erróneamente a Hicham Ibn Abd al-Malik (105/724-125/743) quien también construyó una famosa Sala de Audiencia, similar al vestíbulo de Ammán en Rusafa, en Siria. En cualquier caso, es probable que la fecha de construcción de dicho palacio coincidiera realmente con su reinado.

Al este de la Sala de Audiencia se encuentra el **complejo de las termas**, recientemente excavadas y restauradas, y formadas por un vestuario con bancos, un *tepidarium* con estanques y un *caldarium* calentado por un horno (ref. Qusayr 'Amra).

El **depósito de agua** es una cisterna circular, situada al este de la Sala de Audiencia y al sur del recinto romano. Tiene 16 m de diámetro y al menos 5 m de profundidad. El muro de cerramiento está formado por dos secciones de 2 m de grosor: el muro interior está construido con sillares y reforzado por pilastras circulares. Dos tubos de desagüe vierten en el depósito, que está alimentado desde el oeste por los canalones de la cubierta de la Sala de Audiencia y desde el norte por una tubería proveniente del antiguo recinto romano. Este último tubo discurre por el interior de una galería cuadrada que probablemente servía como sumidero de filtración. Es posible, por tanto, que el depósito tuviera en primer lugar un antecedente romano y posteriormente uno bizantino, y hubiera sido construido a partir de los restos romanos y reutilizado, a su vez, en fecha posterior por los omeyas. El hecho de que la construcción del depósito omeya se hiciera destruyendo previamente un conjunto residencial bizantino edificado en torno a una prensa de aceite puede otorgar consistencia a dicha hipótesis.

La búsqueda prolongada y sistemática del lugar donde se encontraba la **mezquita** de la residencia del gobernador omeya en la terraza superior se vio recompensada por su descubrimiento en 1997. El monumento estaba construido sobre una plataforma artificial elevada, situada al sureste de la Sala de Audiencia. Se asciende a la misma desde el patio inferior que abre frente al salón mediante un tramo de escalones monumentales que conducen hasta un pórtico de seis columnas. La fachada norte de la mezquita estaba decorada con contrafuertes y un friso de pequeños nichos, algunos de ellos ciegos y otros abiertos. En el muro norte abría una puerta y en el lado sur otra; al este, cerca del nicho de oración, es probable que existiera una tercera puerta, reservada al *imam*.

La sala de oración es trapezoidal y mide 34,10 m de este a oeste y 33,67 m de norte a sur. Estaba pavimentada con pequeñas piedras irregulares y cubierta por una capa de mortero de cal. Muy probablemente, las caras interiores estaban enfoscadas, tal como se deduce de los pequeños fragmentos que se conservan junto al *mihrab*. Este nicho, situado en el largo muro sur de la sala de oración, tiene 2,93 m de ancho y un diámetro interior de 1,52 m. En otro tiempo, dos pequeñas pilastras flanqueaban la entrada interior del nicho. La sala de oración está formada por cuatro naves paralelas al muro de la *qibla*, con seis columnas cada una. Además, posee un patio con peristilo que rodea una cisterna subterránea.

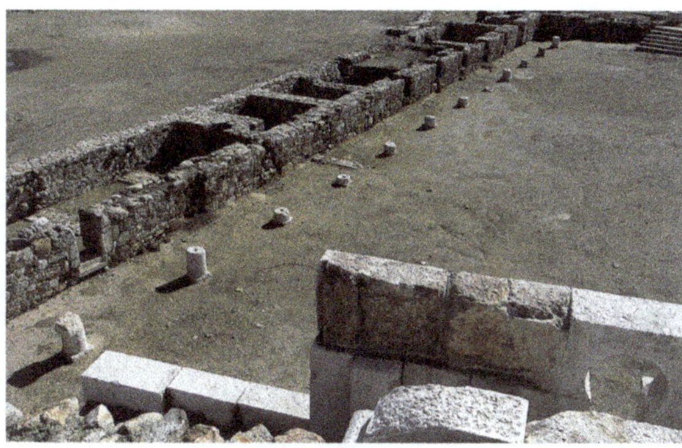

Palacio omeya, mercado, Ammán.

Delante del conjunto y a lo largo de los flancos oriental y occidental del patio se desarrollan once pequeñas salas que se usaban como tiendas. La cisterna circular situada en el centro del patio era alimentada por canales, uno de los cuales estaba unido a la mezquita y recogía las aguas pluviales. Tras la destrucción producida por el gran terremoto del año 131/749, las tiendas fueron reconvertidas en viviendas.

Frente a la entrada norte del Acceso Monumental, se extiende hacia el norte una calle flanqueada por columnas que conduce hasta la puerta del recinto. Las basas cúbicas de las columnas y los primeros tambores del fuste son monolíticos.

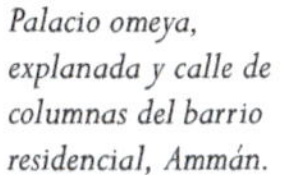

Palacio omeya, explanada y calle de columnas del barrio residencial, Ammán.

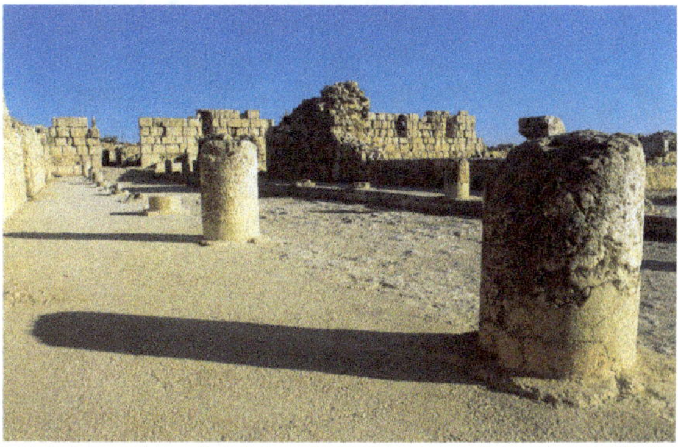

Palacio omeya, conjunto residencial, Ammán.

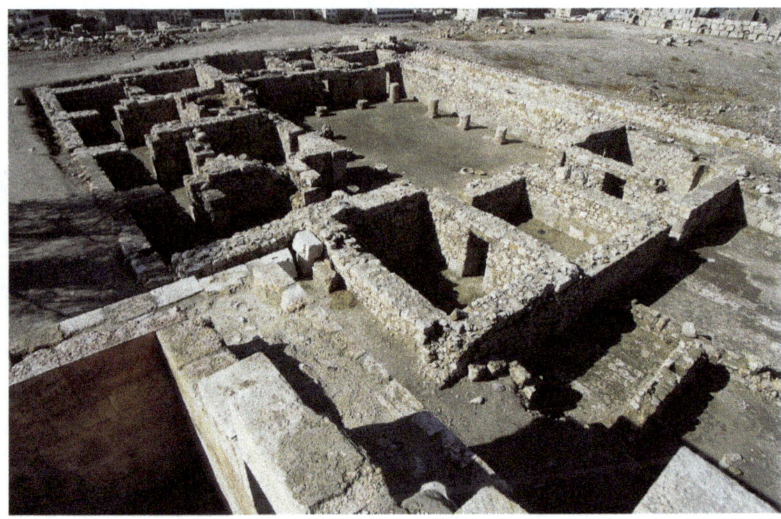

Sobre una de esas basas está grabada una cruz bizantina, lo cual demuestra que eran elementos reutilizados de anteriores edificios. El salmer que se conserva en la fachada sur del espacio de acceso indica que las columnas estaban unidas por arcos. En otro tiempo, los frentes oriental y occidental de la Calle Omeya estaban ocupados por apartamentos. Hacia el este de esta calle se desarrollaban tres patios rodeados por una galería porticada con columnas similares a las de la calle. La disposición usual consistía en cuatro habitaciones que abrían a cada patio, algunas de ellas con una terraza que conducía a la azotea o a una segunda planta. En uno de los patios, situado al oeste de la calle, fue hallado el esqueleto de un camello, víctima del terremoto del año 131/749. La puerta norte de la calle conduce a la **Residencia Principesca**. A este edifico oficial se entra a través de un vestíbulo que, en otro tiempo, estaba cubierto por una bóveda de medio cañón. El suelo de este vestíbulo está pavimentado con adoquines que constituían probablemente la base de un magnífico mosaico. La entrada del vestíbulo estaba decorada con columnas adosadas revestidas de estuco.
Desde este vestíbulo, el visitante accede a la **Sala del Trono**, una cámara cruciforme originariamente cubierta por una cúpula. Los fragmentos de los bloques decorados, recuperados del derrumbamiento, indican que esta sala fue construida con la misma técnica que el Acceso Monumental. La pequeña unidad rectangular situada al sur de la sala estaba decorada con mosaicos y funcionaba probablemente como cuarto de baño. Una puerta conduce desde la Sala del Trono hasta un pórtico orientado al norte, desde el cual se puede contemplar la ciudad y la moderna *Yabal* al-Hussein. A este lado de la Ciudadela, se conservan aún algunos restos voluminosos de los muros defensivos de la Edad del Hierro y la época romana, de varios metros de altura.

Debajo de la muralla romana y en la misma roca del promontorio se ha excavado un depósito de agua.
La Sala del Trono está flanqueada por dos series de cuatro habitaciones: las del este eran probablemente los apartamentos privados del príncipe y originalmente estaban enlucidos. En uno de los muros puede contemplarse un bloque reutilizado, probablemente de un templo, con una inscripción griega dedicada a un emperador romano en la que se menciona la Filadelfia de Coele (Siria), todo lo cual permite datarla en el siglo II.
Las cuatro habitaciones del ala oeste hacían las veces de almacenes y cocina al servicio de los apartamentos. Se supone que este edificio, que recuerda el *Dar al-Imara* de Kufa, fue la residencia del gobernador de Ammán en el periodo omeya.

F. Z.

I.1.b Museo Arqueológico de Jordania

Se encuentra en la Ciudadela de Ammán. Las exposiciones muestran artefactos arqueológicos de todos los periodos y lugares de Jordania, dispuestos en orden cronológico.
Horario: sábado a jueves: de 8 a 17; viernes y festivos: de 10 a 16; durante el Ramadán, de 9 a 16. Acceso con entrada, a excepción de los colegios. Tel.: 06 463795.

Recipiente con decoración aplicada, núm. inv. J 4982

Esta gran vasija es una pieza singular que, debido a su forma, no encaja en ninguna tipología general. La loza de color beige anaranjado y la decoración pintada a mano en rojo, sin embargo, permiten adscribirla al periodo omeya tardío. Es similar por ello a las encontradas en Umm al-Walid, que anuncian el periodo abbasí. Su carácter singular reside sobre todo en la decoración aplicada, formada por medallones de rostros estilizados con barbas, dispuestos a cada lado de un busto representado de forma realista. El relieve en miniatura muestra una mujer sentada que recuerda las imágenes de parejas imperiales de las monedas y otras representaciones clásicas presentes en los mosaicos del periodo bizantino. Las múltiples asas dispuestas bajo el lomo de la vasija tienen también un sentido más decorativo que funcional. La vasija parece haber tenido una función más bien ceremonial que doméstica o fue concebida para un propósito doméstico muy particular.

Brasero de bronce y hierro, al-Fudayn (Mafraq), núms. inv. J 15700, 15701, 15705

Este brasero de bronce del siglo II/VIII es probablemente la más famosa y completa de las piezas de calefacción halladas en Jordania. Su perfección reside en su

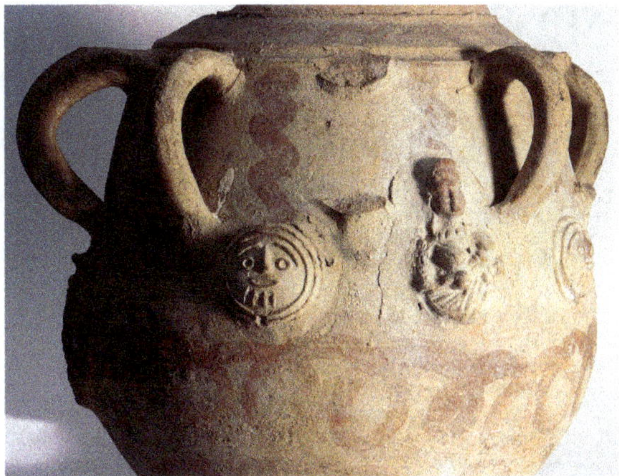

Recipiente con decoración aplicada, Museo Arqueológico de Jordania (Núm. Inv. J 4982), Ammán.

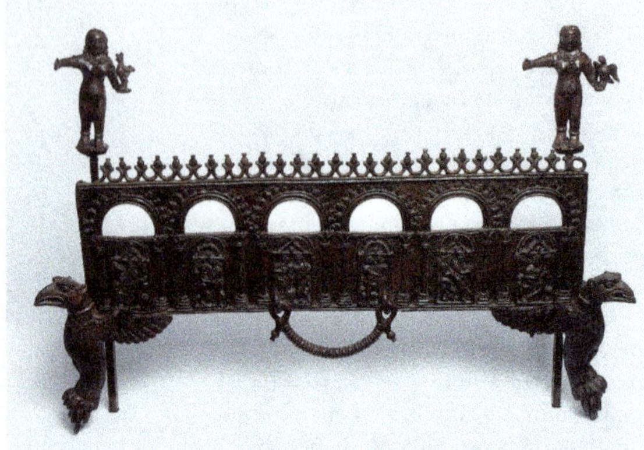

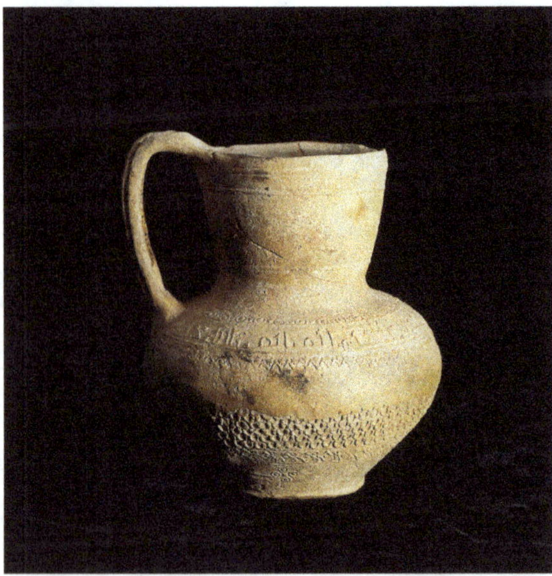

Brasero de hierro y bronce de al-Fudayn, Museo Arqueológico de Jordania (Núms. Inv. J 15700, 15701, 15705), Ammán.

Jarra de cerámica de Dayr 'Ayn 'Abata, Museo Arqueológico de Jordania (Núm. Inv. J 16694), Ammán.

acabado y en las figurillas en relieve que decoran todo su cuerpo. La combinación de hierro y bronce constituye una unión tan acertada como el diseño del artefacto en su conjunto. La decoración de arcos de los laterales recuerda las salas abovedadas del Qusayr 'Amra, y las escenas eróticas representadas en el interior recuerdan las pinturas murales de las termas. Las águilas que sostienen la pieza y las figurillas de mujeres desnudas que se elevan 47 cm sobre sus estrechos pedestales forman parte del legado iconográfico oriental, cuyos inicios en el trabajo en metal se remontan nada menos que a los bronces de Urartu del siglo IX a. C.

Jarra, Dayr 'Ayn 'Abata (Cueva de Lot), núm. inv. J 16694

Esta jarra de cerámica color crema perteneciente a finales del siglo II/VIII del periodo omeya y principios de la época abbasí fue hallada en la Iglesia de San Lot (Dayr 'Ayn 'Abata), que aún estaba en uso por entonces, como lo demuestra el pavimento renovado. Esta jarra tiene especial importancia porque presenta una franja de inscripciones en árabe alrededor del lomo, lo cual la convierte en uno de los ejemplos más antiguos de epigrafía islámica. El hecho de que la inscripción esté moldeada revela que puede tratarse de una de varias piezas similares, ya que resulta dudoso que se confeccionara un molde para inscripciones tipo "sello de rodillo" —cuya fabricación requiere mucha pericia y mucho tiempo— exclusivamente para una pieza. Lo mismo puede decirse de la ancha franja decorativa que rodea la parte inferior (frecuente también en la magnífica loza blanca omeya), lo cual indica que nos hallamos ante la obra de un alfarero de gran habilidad y versatilidad.

Lámpara de esteatita, al-Fudayn (Mafraq), núm. inv. J 19312

Este fragmento restaurado de gran tamaño, de una altura aproximada de 20 cm, perteneció a una gran lámpara del siglo II/VIII que se sostenía sobre cuatro patas. La suavidad de la esteatita la convierte en un material perfecto para el tallado, lo cual ha otorgado enorme popularidad a esta piedra a través de todas las épocas, incluida la islámica. Este fragmento muestra una decoración arquitectónica en el estilo típico de los primeros edificios islámicos, que recuerda la del brasero de bronce contemporáneo de esta pieza hallado también en al-Mafraq. La importancia de esta lámpara reside también en el hecho de que su decoración revela la técnica mediante la cual se han llevado a cabo las incisiones, así como los instrumentos utilizados: es evidente que el artesano recurrió a algún tipo de compás para grabar tanto los múltiples círculos como las rosetas y los arcos que descansan sobre los muros.

Incensario, Ciudadela de Ammán, núm. inv. J 1663

Esta pequeña réplica de una sala de audiencia o salón monumental de acceso, similar a la existente en la sede del gobernador de la misma Ciudadela, se remonta al periodo omeya y muestra todos los rasgos arquitectónicos atribuidos a las primeras edificaciones islámicas.
El basalto se utilizó mucho para tallar objetos y esculturas desde el siglo VI en adelante, aumentando su popularidad en los siglos I/VII y II/VIII fuera incluso de las regiones basálticas (Umm Qays, Hawran). Así, se puede encontrar basalto tallado en Jerach y en Ammán, donde el suministro natural

Lámpara de esteatita de al-Fudayn, Museo Arqueológico de Jordania (Núm. Inv. J 19312), Ammán.

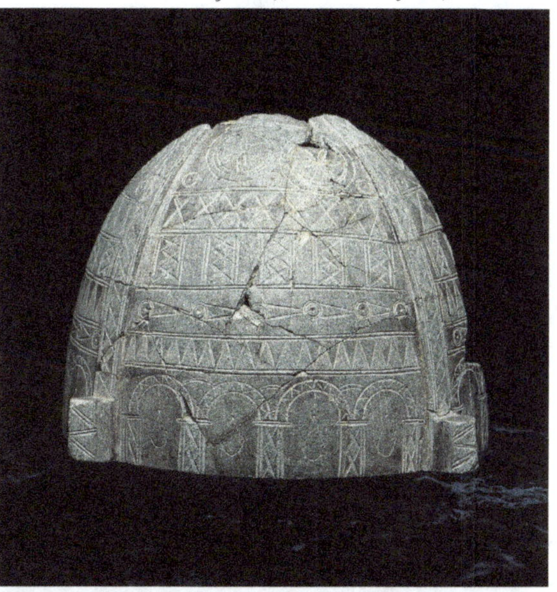

Incensario de piedra de la Ciudadela de Ammán, Museo Arqueológico de Jordania (Núm. Inv. J 1663), Ammán.

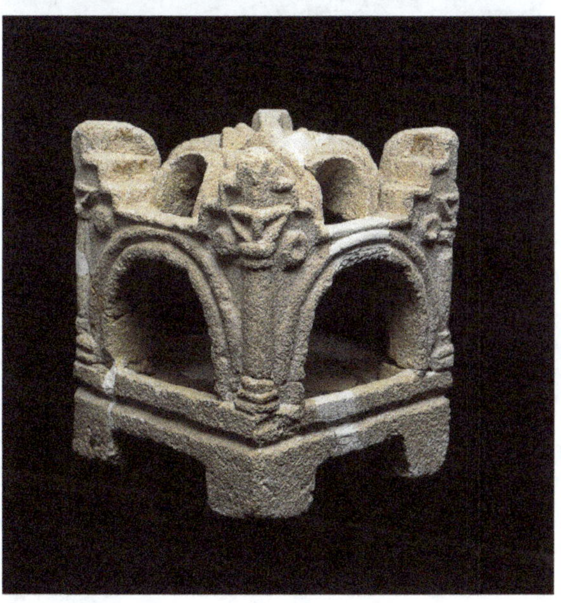

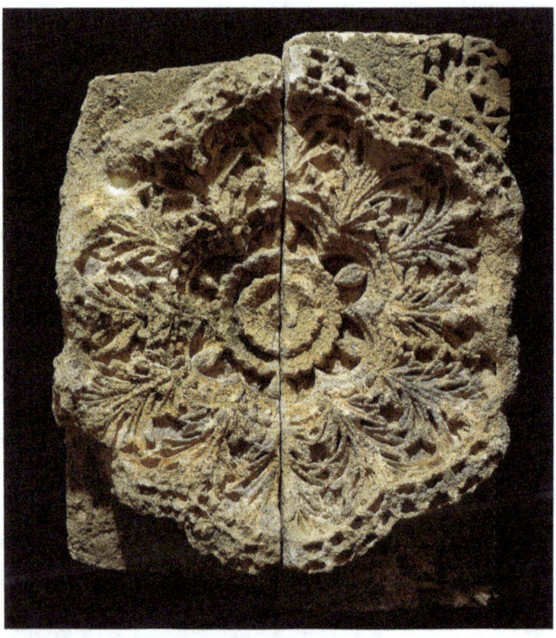

Fragmento de friso del Qasr al-Muchatta, Museo Arqueológico de Jordania (Núm. Inv. J 16585), Ammán.

de este tipo de roca es escaso. Esto parece indicar que o bien las piezas llegaron al lugar mediante intercambio comercial o bien se trajeron las piedras como material para los escultores y canteros locales.

Fragmento de friso, Qasr al-Muchatta, núm. inv. J 16585

Las fachadas esculpidas del primer *qasr* omeya, muchas de las cuales se exponen en el Museo de Pérgamo de Berlín, son famosas por su calidad ornamental de carácter casi barroco. La roseta muestra una talla a modo de calado, con hojas de acanto, que revela el legado clásico de la decoración arquitectónica presente en la mayoría de los palacios residenciales omeyas. La habilidad de los maestros canteros que tallaron las fachadas monumentales de al-Muchatta es evidente no solo en los detalles técnicos sino también en la composición: los motivos clásicos de inspiración romana (como las hojas de acanto) no se copiaban simplemente, sino que se seleccionaban y disponían con arreglo a una nueva sintaxis. Esto otorgaba a la decoración omeya una calidad bidimensional especial, que habría de convertirse en la seña de identidad de la ornamentación arquitectónica islámica.

I. K.

I.2 CENTRO URBANO *(SUQ* O CENTRO COMERCIAL)

Se puede llegar desde la Ciudadela en taxi o en servicio-taxi dirección Centro.
Algunos de los monumentos romanos de la época de la Decápolis *fueron ocupados durante el periodo omeya.*

I.2.a *Ninfeo*

Este monumento romano se encuentra en el Suq, *cerca del teatro de la calle Quraych, pero resulta menos accesible al estar oculto entre casas privadas y tiendas.*
Puede visitarse gratuitamente a cualquier hora, todos los días. Información: Oficina del Departamento de Antigüedades, en el sitio, tel.: 06 464921.

En el cruce de la calle Hashimi (nombre moderno del antiguo *cardo* romano que discurría norte-sur) y de la calle Quraych (el antiguo *decumanus* romano, que se desarrolla en dirección este-oeste) se alza el *Ninfeo* sobre la corriente eterna del

Seil Ammán. El monumento es semioctogonal y está construido sobre cuatro bóvedas a través de las cuales corría el agua del torrente por el extremo sur. Originariamente, el monumento estaba formado por cuatro pisos con tres ábsides semiabovedados, cada uno de los cuales estaba flanqueado, a su vez, por un retranqueo con doble banda de nichos festoneados. No existe evidencia de que hubiera conducciones de agua hasta los nichos, ni una salida o caño, como ocurre en el *Ninfeo* de Jerach. La comparación entre los dos edificios es, por tanto, inadecuada, y la identificación del monumento de Ammán como un *Ninfeo* es altamente cuestionable. Una inscripción dedicatoria griega hallada en el teatro de Ammán reza lo siguiente: "A las ninfas y las musas me ha dedicado Capitolino". En la mitología griega suelen aparecer asociadas las ninfas y las musas, y Capitolino, autor de la dedicatoria, pudo haber sido el gobernador de la *Provincia Arabia* a mediados del siglo III, pero no existe una relación clara con el *Ninfeo*.

Lo cierto es que el monumento, junto con el teatro y el foro, formaba parte del plan de urbanización de Ammán (Filadelfia) en el siglo II, durante el periodo romano, y fue construido a finales de aquel siglo o a principios del siglo III. Existen monumentos contemporáneos similares en Siria (Chahba, Filipopolis), designados en las inscripciones como *calibé* y dedicados a la gloria de la familia imperial.

Entre el material reutilizado para los edificios posteriores situados delante del monumento se ha descubierto un friso con bustos de personas y animales que originariamente formó parte de la columnata frontal. El ábside central del monumento también fue reutilizado en una iglesia bizantina, al igual que se reutilizó un dintel decorado con una cruz. Por otra parte, durante el periodo omeya y otros periodos islámicos posteriores, se recurrió a la reocupación del espacio mediante la construcción de pequeñas salas, probablemente tiendas, en el extremo sur, formado por un gran recinto y un patio con una cisterna en el centro. Dado que el *Ninfeo* se encuentra en el centro de Ammán y que debajo de él corre el curso de agua, no parece haber dudas de que, durante los tiempos islámicos, debió de servir como estación de

Ninfeo, vista general, centro de la ciudad de Ammán.

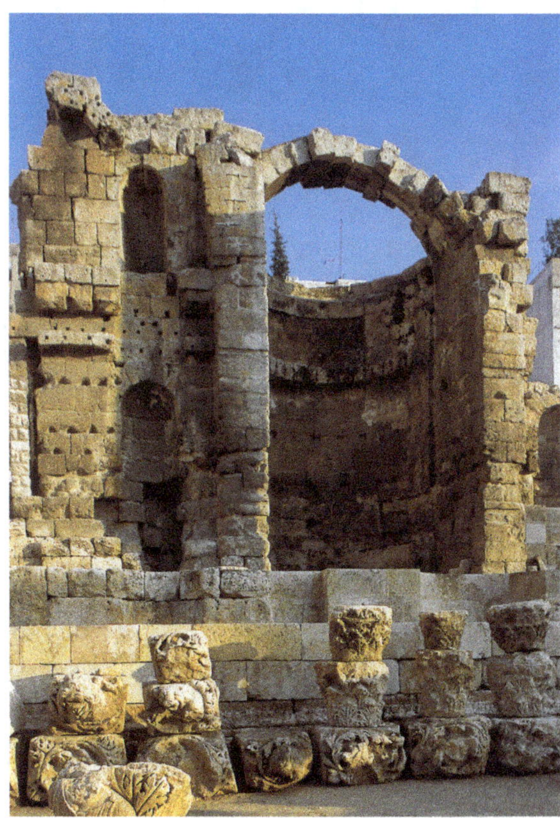

Ghazi Bisheh

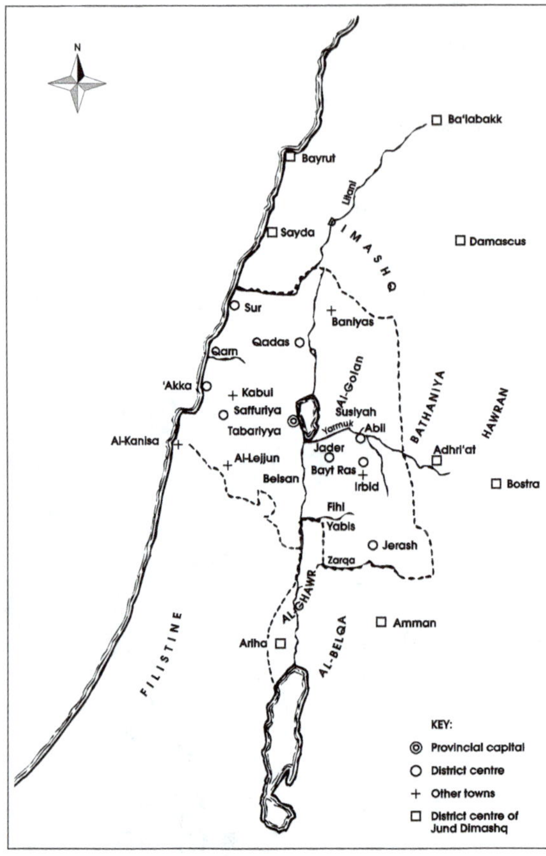

Mapa de los Aynad (A. Walmsley, Aram 4, 1 y 2, 1992).

Durante todo el siglo IV, los territorios de Palestina, el área meridional de Wad al-Hisa, en Jordania, y el desierto de Negev estuvieron divididos en tres provincias: *Palestina Prima*, con capital en Cesarea; *Palestina Secunda*, con sede en Scythopolis (Beisan) y *Palestina Tertia/ Salutaris*, cuya capital fue en un principio Petra y posteriormente Areopolis (Rabba). Los territorios situados al norte de Wad al-Hisa permanecieron dentro de la *Provincia Arabia,* cuya capital era Bostra, en Siria Meridional. Durante el siglo VI, la mayor parte de las fortificaciones fronterizas de *Palestina Tertia* fueron abandonadas, y la tarea de mantener la paz y el orden le fue encomendada a las tribus árabes aliadas, por entonces bajo la hegemonía de los gassaníes (ref. Introducción histórica y artística, y Los omeyas. Los inicios del arte islámico). Desgraciadamente, no sabemos prácticamente nada acerca de la organización administrativa existente durante la ocupación persa (614-7/629). Del mismo modo, resulta difícil entender con precisión las transformaciones estructurales que se derivaron de la dominación árabe-musulmana. Esto es debido en gran parte a la limitación de las fuentes árabes disponibles, básicamente crónicas escritas en el siglo III/IX, mucho tiempo después de la caída de la dinastía omeya.

Poco después de la conquista árabe-musulmana, Siria quedó dividida en cuatro provincias militares (*aynad*; singular: *yund*). Se trata de las siguientes, enumeradas de norte a sur: *Hims* (Emesa), *Dimachq* (Damasco), *al-Urdun* (Jordania), con centro en *Tabariyya* (Tiberíades) y *Filistea* (Palestina), con capital en *Ludd* (Diospolis). Durante el reinado de Yazid I (60/680-64/683), se estableció una quinta *yund*, conocida como *Yund Qinnisrin* (Chalkís). La localización geográfica de estas provincias militares que se desarrollaban de este a oeste desde la estepa siria a la costa mediterránea, cada una con su línea de costa y sus puertos, sugiere una disposición defensiva concebida frente a cualquier contrataque bizantino. Recientemente se ha argumentado que el sistema de *aynad* no refleja la división provincial del siglo VI, sino que sigue la reforma de la administración civil y militar de Siria llevada a cabo por Heraclio durante el periodo 7/629-13/634. Otras voces alegan que el sistema de *aynad* fue una invención árabe por completo novedosa. En cualquier caso, Jordania estaba dividida en dos *aynad: Dimachq* y *al-Urdun*. La región escarpada situada al norte de Wad al-Zarqa, conocida posteriormente como Sawad al-Urdun, pertenecía a la provincia militar de Jordania. Sus límites se correspondían con los de la provincia civil de *Palestina Secunda,* pero incluía las ciudades costeras de *Sur* (Tiro) y *'Akka* (Acre), junto con la porción occidental de la antigua *Provincia Arabia*, así como las ciudades de la *Decápolis:* Abila (*Quwailbeh*), Gadara (*Yader/Umm Qays*), Capitolias (*Bayt Ras*) y Pella (*Fihl*). Al oeste del río Jordán, las principales ciudades de la provincia eran: Séforis (*Saffuriyah*), Qadas, Tiberíades, que fue la capital, y Escitópolis (*Beisan*). Los restantes territorios que se extendían desde Adhri'at (Der'a) y Ammán hasta Ayla (Aqaba) constituían el distrito de Belqa, que a su vez formaba parte de la *Yund Dimachq*, siendo Ammán su principal ciudad. Es frecuente situar el límite sur de Belqa en Wad al-Muyib o Wad al-Hisa. Sin embargo, las crónicas cuentan que cuando el último califa omeya Marwan Ibn Muhammad se enteró de las actividades subversivas de los abbasíes en al-Humayma, escribió al gobernador de Damasco para ordenarle que fuera a al-Humayma, a recoger a Ibrahim Ibn Muhammad al-Imam. A su vez, el gobernador ordenó al *'Amil* de la Belqa, Sufyan Ibn Yazid al-Sa'di que detuviera a Ibn Muhammad al-Imam. Este último obedeció inmediatamente y se dirigió a al-Humayma, donde detuvo a Ibn Muhammad al-Imam y lo envío a Damasco. De allí fue enviado apresuradamente a la *Yazirah*, donde Marwan lo hizo matar. Esta crónica indica que al-Humayma, situada en el extremo sur, formaba parte del distrito de Belqa, que a su vez constituía una subdivisión administrativa de la *Yund Dimachq*. Por su parte, el distrito de Belqa estaba dividido en una serie de unidades administrativas más pequeñas (*kuras*): Ma'ab, un territorio abrupto situado entre al-Hisa y al-Muyib, cuya capital era *Rabba* (Areopolis); *Yibal* (Gabalitis), que comprendía las montañas de Tafilah y cuya principal ciudad era Gharandal (Arandela); al-Charat, que señalaba el límite sur de Belqa, al este del valle del Jordán, y que tenía a Udhruh (Augustópolis) y al-Humayma como ciudades principales; y *al-Gawr* ("el valle"), cuyo centro era Zugar, en al-Safi, al sur del Mar Muerto.

La localización central de Belqa convertía el distrito en un paso natural entre la Península Arábiga, donde se encuentran las ciudades santas de La Meca y Medina, y Siria, Egipto, Palestina e Irak. La enorme importancia de este distrito militar en la política de los omeyas se refleja en su inclusión dentro de los territorios de la *Yund Dimachq*.

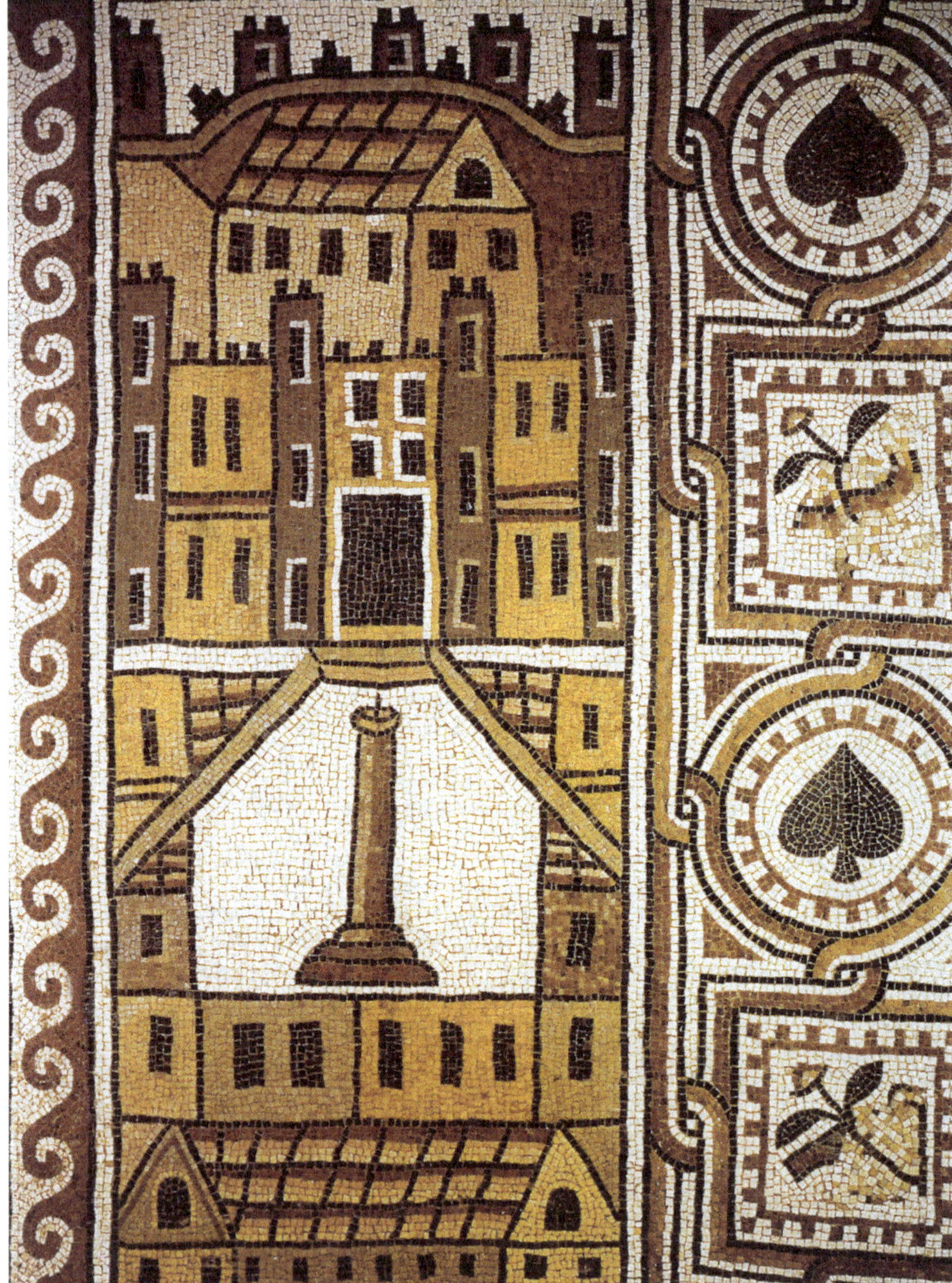

Los omeyas y sus súbditos cristianos

Ghazi Bisheh, Ina Kehrberg, Lara Tohme, Fawzi Zayadine

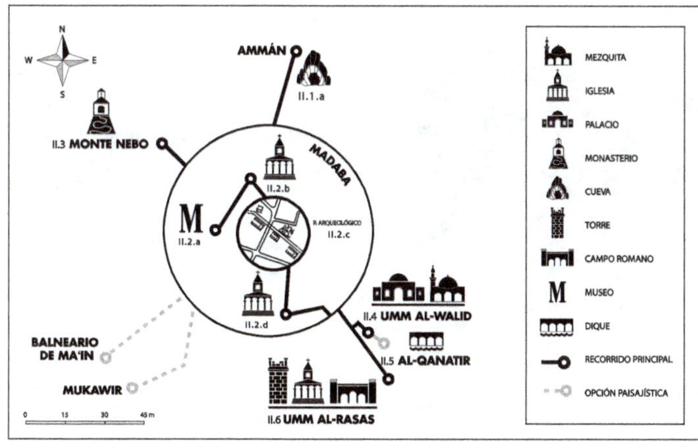

Iglesia de San Esteban, Kastron Mefaa, Umm al-Rasas (Piccirillo, 1993).

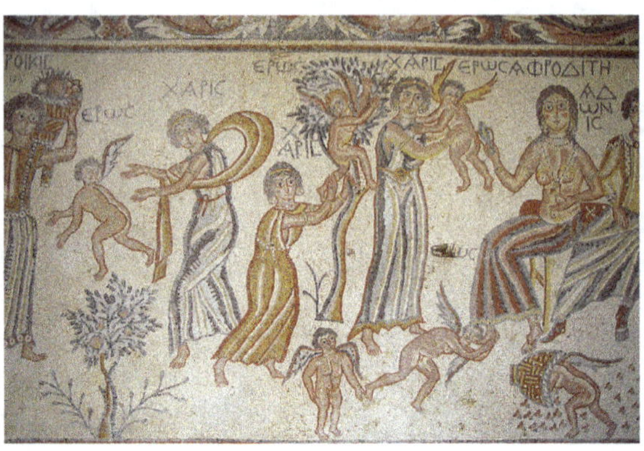

Sala de Hipólito, Afrodita, Adonis y Cupidos, Parque Arqueológico de Madaba.

Durante el siglo VI y principios del I/VII se asistió a un notable apogeo en la construcción de iglesias en Jordania. La mayoría de estas iglesias sobrevivieron asombrosamente bien a las campañas militares de la década del 10/630, cuando los árabes musulmanes penetraron en Siria (ref. Los omeyas. Los inicios del arte islámico). Las investigaciones arqueológicas llevadas a cabo en los últimos quince años han demostrado que por lo menos cincuenta y seis de estas iglesia siguieron siendo utilizadas hasta la primera mitad del siglo II/m. VIII e incluso después, y que durante el periodo omeya (41/661-132/750) al menos se construyeron ocho iglesias nuevas o se volvieron a pavimentar con mosaicos de colores. Especialmente el campo siguió siendo populoso y próspero; los campesinos y los artesanos siguieron su vida normal, aunque fuera bajo nuevos amos. Un factor que contribuyó a esta continuidad fue el Cristianismo, el elemento más importante en el mantenimiento de la cohesión y la solidaridad entre los habitantes de los pueblos y ciudades. Cada comunidad preservó sus leyes y costumbres propias, además de mantener a sus líderes. Al parecer, la estructura eclesiástica de algunos obispados, como el de Madaba, permaneció básicamente intacta hasta finales del siglo II/VIII, y la unidad de la ciudad y su territorio se mantuvo bajo la autoridad del obispo, que comprendía a ambas. Igualmente parece que en el transcurso del primer siglo del Islam, la población de Jordania siguió siendo abrumadoramente cristiana, mientras que el número de musulmanes —que formaban una elite religioso-militar— se mantuvo reducido. Así lo demuestra el gran número de iglesias que siguieron en uso durante el periodo omeya, y el pequeño número y tamaño de las mezquitas (por ejemplo, al-Qastal, Umm al-Walid, Jan al-Zabib) que se construyeron durante el mismo periodo. Tampoco se excluyó a los cristianos de los puestos de gobierno. La buena política aconsejaba una estrategia de amplia tolerancia hacia la mayoría de la población, que seguía siendo cristiana. La prioridad del nuevo régimen era mantener el orden y la cohesión social, con el fin de preservar la estabilidad y el desarrollo económicos. Esto solo se podía conseguir mediante políticas flexibles y tolerantes que, como resultado, condujeron a que los cristianos contribuyeran de manera fundamental a la formación del arte y la cultura islámicos.

Iglesia de San Esteban, vista del interior, Umm al-Rasas.

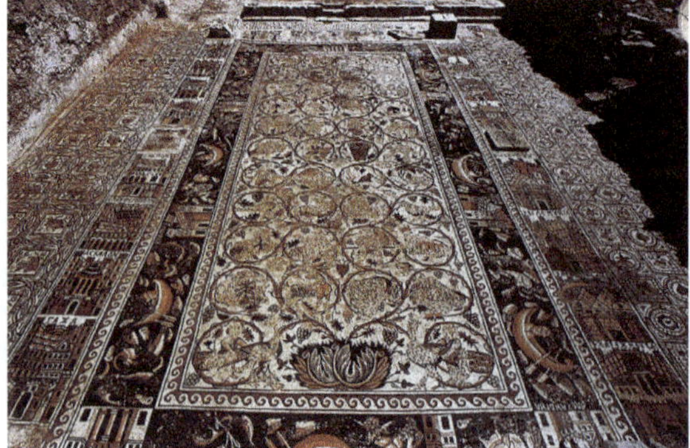

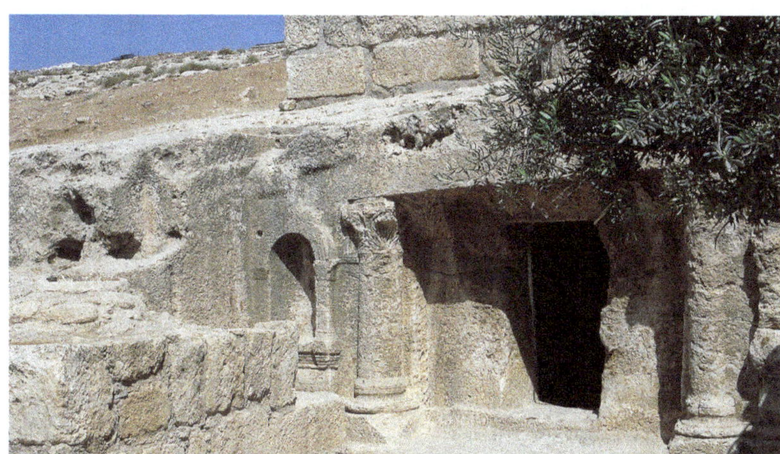

Cueva de los Siete Durmientes, vista general, Ammán (al-Rayib).

Es preciso mencionar aquí, aunque sea brevemente, el desfiguramiento de las representaciones de seres vivos en los pavimentos de mosaicos, atribuida en ocasiones a un edicto emitido por el califa omeya Yazid II en el año 102/721 (ref. Iconoclasia) Sin embargo, el hecho de que el edicto se conozca exclusivamente a través de textos cristianos producidos en Egipto y de que no aparezca citado en las fuentes islámicas más antiguas, debería llevar a contemplar dichos textos con escepticismo. Al fin y al cabo, los frescos de Qusayr 'Amra, con su rico repertorio de representaciones figurativas están cerca de Muwaqqar, la residencia oficial de Yazid II y no muestran la menor huella de mutilaciones o desperfectos intencionados.

G. B.

II.1 AMMÁN

II.1.a Cueva de los Siete Durmientes

Está situada en el pueblo de Rayib, unos 7 km al sur del centro de Ammán y unos 4 km al este de la intersección de la Autopista del Desierto con el Centro de la Televisión Jordana. La mejor forma de acceder al lugar es en taxi o coche, y el trayecto dura unos 15 minutos. Otra alternativa, aunque el viaje es más largo, consiste en tomar un servicio de taxi hacia el sur de Ammán, en la estación de autobuses de Wehdat.

La Cueva de los Siete Durmientes se encuentra en el pueblo de Rayib, al sureste de Ammán, un asentamiento excavado en la falda de una colina repleta de tumbas tardorromanas y bizantinas del tipo *arcosolia loculi*. El cuento de los Siete Durmientes, conocido en todo el mundo, aparece mencionado en fuentes sirias, latinas, griegas y romanas. Se trata de una historia piadosa en la que unos jóvenes cristianos, perseguidos por un emperador romano pagano a causa de su fe, son salvados de la muerte al sumirse en un largo sueño que dura siglos (309 años, según la tradición musulmana). Cuando se despiertan, el mundo a su alrededor se ha convertido en profundamente cristiano. Su aparición milagrosa se ofrece como prueba de la capacidad de Dios de resuci-

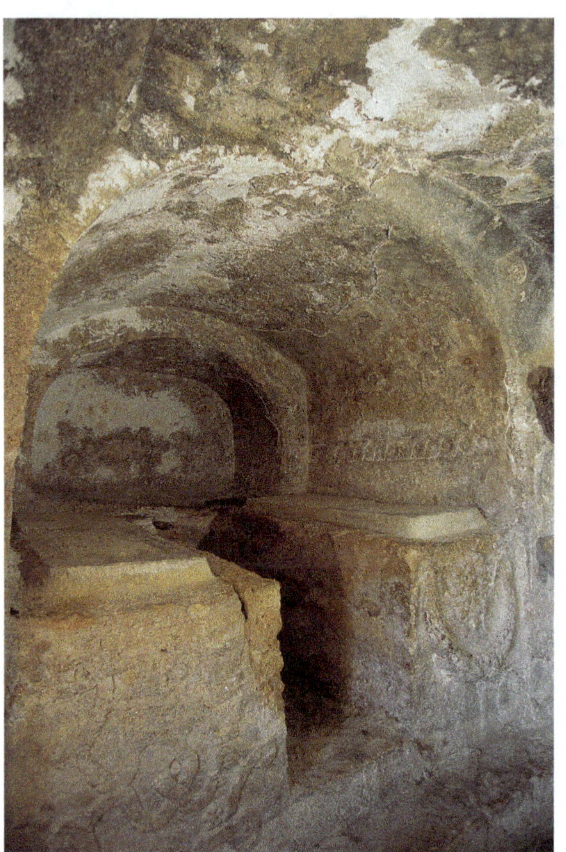

Caverna de los Siete Durmientes, retranqueado abovedado con sarcófagos decorados, Ammán (al-Rayib).

tar tanto el alma como el cuerpo. El Islam llegó a compartir esta misma parábola sobre la fe y la devoción, ya que el relato forma parte de uno de los capítulos (*Azoras*) del Corán (Corán XVIII: *Azora* de la caverna), en el que se dice: "¿O acaso piensas que los Hombres de la Caverna y al-Raqim constituyen una maravilla entre Nuestros signos? Cuando los jóvenes buscaron refugio en la caverna diciendo: 'Señor, apiádate de nosotros y llénanos de rectitud en nuestro proceder', Nosotros los hicimos dormir durante muchos años en la Caverna".

A principios del siglo VI se construyó sobre la caverna una capilla que posteriormente fue reconvertida en mezquita. Aún se pueden contemplar las basas de los pilares de la nave de la iglesia, aunque la entrada a la mezquita se abrió por el este, en el lugar donde había estado el ábside. En la zona que se extiende ante la entrada a la caverna se construyó otra mezquita, encerrando dicha zona en un recinto y añadiendo un *mihrab* en el muro sur. Esta mezquita experimentó sucesivas reconstrucciones, incluida una en el año 277/890-891. Se accede a la caverna a través de una entrada angosta y de tres escalones tallados en la roca. Encima de esta entrada se pueden contemplar cinco medallones, el central de los cuales muestra una cruz griega. A cada lado de la entrada se alzan sendas columnas semiadosadas con un capitel y un nicho festoneado. En el interior de la caverna, hay dos retranqueos abovedados, con tres sarcófagos dentro de cada uno de ellos. Los relieves que recubren estos sarcófagos representan cuadrados entrelazados que forman estrellas de ocho puntas, así como bandas ornamentales de ovas y flechas, y motivos decorativos de contarios y junquillos.

G. B.

II.2 MADABA

Se encuentra 30 km al suroeste de Ammán. Los autobuses a Madaba y otras localidades más lejanas parten de las estaciones de autobuses de Wehdat, Ragadan y 'Abdaly. La ruta discurre a lo largo de la Autopista del Aeropuerto. Existe una ruta alternativa muy atractiva, que atraviesa Na'ur y Hesban.

Información: Oficina del Ministerio de Turismo y Antigüedades (tel.: 05 543376), situada en la zona del Palacio Quemado; Oficina de Madaba del Departamento de Antigüedades, tels.: 05 544056 ó 544189.

Los orígenes de la ciudad de Madaba se remontan a los tiempos bíblicos, pero fue al convertirse en sede de un obispado bizantino y en centro de una escuela de mosaicos cuando adquirió su fama esta Ciudad de los Mosaicos. Durante el periodo romano-bizantino, Madaba formó parte de la *Provincia Arabia*, establecida por el emperador romano Trajano tras la conquista de la región por parte de Roma. Una vez conquistada por los árabes musulmanes a principios del siglo I/VII y durante el periodo omeya, Madaba pasó a formar parte de la Belqa, que estaba bajo la jurisdicción de la provincia militar de Damasco. Las evidencias arqueológicas y literarias señalan que, a partir del siglo III/IX, Madaba disminuyó tanto en población como en importancia. La reocupación de la ciudad en 1297/1880 por noventa familias cristianas provenientes de Kerak y conducidas por dos sacerdotes italianos del Patriarcado Latino de Jerusalén, supuso el inicio de las investigaciones arqueológicas.

L.T.

II.2.a Museo Arqueológico de Madaba

Se encuentra en el centro de la ciudad. El museo forma parte de un grupo de casas tradicionales y muestra diversos aspectos de la cultura jordana. La colección arqueológica proviene de la región de Madaba, y consiste específicamente en hallazgos de la época omeya procedentes de Umm al-Rasas y de Umm al-Walid.

Horario: de 9 a 17; en invierno, festivos y durante el Ramadán, de 9 a 16. Acceso con entrada, a excepción de los colegios. Información: Museo Arqueológico de Madaba, tels.: 05 544056 ó 05 544189.

Pequeña tetera de Umm al-Walid, núm. inv. 668

Esta tetera de unos 14 cm de altura, que se conserva intacta, está hecha de bronce emplomado. Su encanto reside en su aspecto zoomórfico, pues recuerda un camello que transporta una carga o una silla. El trípode mantenía la tetera sobre las brasas de carbón del brasero, calentando así el contenido que se vertía a través de la boca del camello, el caño. El recipiente de bronce pertenece al periodo de transición entre las dinastías omeya y abbasí, es decir, entre los siglos II/VIII y III/IX.

Pequeña tetera de Umm al-Walid, Museo Arqueológico de Madaba (Núm. Inv. 668).

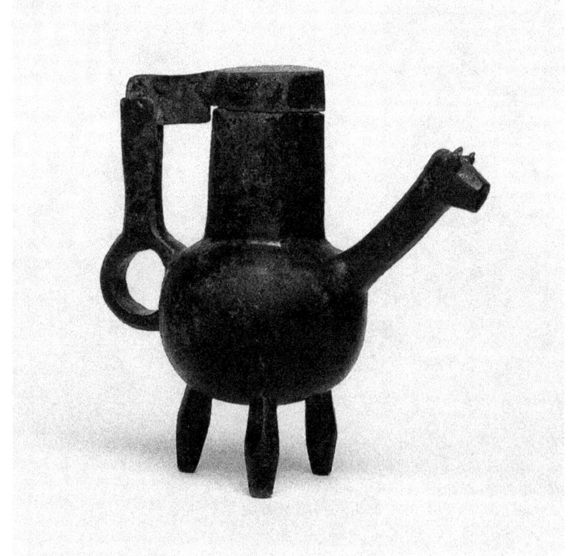

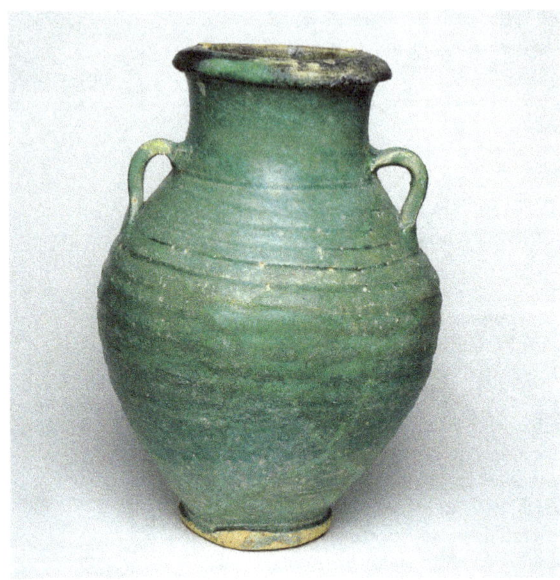

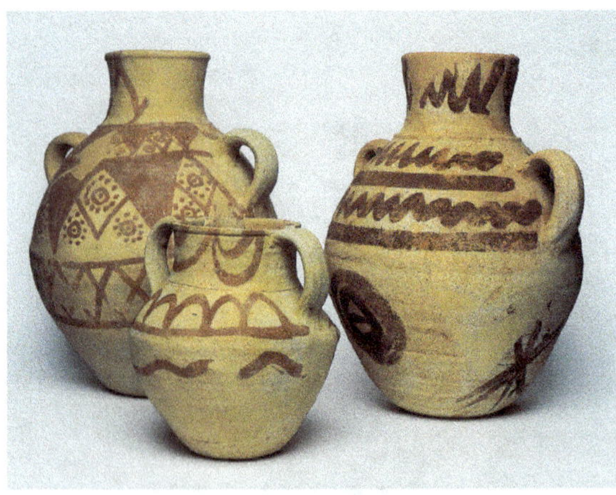

Vasija de cerámica de Umm al-Walid, Museo Arqueológico de Madaba (Núm. Inv. 793).

Vasijas pintadas a mano de Umm al-Walid, Museo Arqueológico de Madaba (Núms. Inv. 659-661).

Vasija de cerámica de Umm al-Walid, núm. inv. 793

Esta vasija omeya es única por su estado de conservación y por su grueso vidriado en verde, extremadamente infrecuente. El vidriado en verde comenzó a aparecer precisamente entonces como una novedad, y esta ánfora pudo haber formado parte de una exótica vajilla de mesa o ser una pieza de lujo, para ocasiones especiales, como puede contemplarse en las escenas pintadas en los muros del Qusayr 'Amra del mismo periodo. La forma sigue siendo típica del periodo clásico y está estrechamente relacionada con sus precedentes griegos. Probablemente se trata de una pieza de importación, quizás de Irak, país cuya excelencia en la producción de vajillas islámicas vidriadas hizo que estas se convirtieran en posesiones muy preciadas cuando comenzaron a aparecer en los mercados de todo el Mediterráneo oriental.

Vasijas pintadas a mano de Umm al-Walid, núms. inv. 659-661

Estas tres vasijas están hechas de loza beige anaranjada y decoradas con dibujos geométricos de color marrón rojizo. Este tipo de loza corresponde al final de la dinastía omeya y constituye el modelo en que habían de inspirarse los alfareros abbasíes (siglos II/VIII-III/IX). La decoración pintada a mano está aplicada generosamente a base de amplias pinceladas, mientras que la apariencia abocetada, que parece dominada por la prisa, constituye una verdadera ruptura con la antigua tradición clásica en la elaboración y decoración de la cerámica. Al mismo tiempo, y paralelamente a esta tendencia, apareció la loza vidriada, de mayor calidad, que fue ganando importancia a medida que la loza pintada perdía calidad de ejecución.

Dintel con escena de caza de Umm al-Walid

Este bajorrelieve de estuco que representa a una pantera cazando una gacela adornó anteriormente el dintel de la puerta del *qasr* omeya de Umm al-Walid. Esta singular obra de arte presenta un aspecto bidimensional y evoca en el espectador más una pintura que un relieve. El fuerte contraste entre las superficies lisas recortadas y el fondo rugoso debía de apreciarse mejor en la posición original de la "pintura", es decir, a una distancia suficiente del espectador que acentuara las formas perfiladas. Este juego deliberado de luces y sombras y el dibujo mismo de los animales recuerdan las muñecas para juegos de sombras que se hicieron inmensamente populares durante el periodo islámico. Por otra parte, la escena constituye un recordatorio de las especies animales que aún existían en la región durante la época omeya y que eran objeto de partidas de caza organizadas por la corte.

I. K.

II.2.b **San Jorge, iglesia del Mapa**

Se encuentra en el centro de la ciudad, cerca de la casa de descanso de Madaba.
Horario: de 8 a 18.

Uno de los hallazgos arqueológicos más importantes de la ciudad fue el Mapa de Mosaico de Madaba, del siglo VI, hallado en diciembre de 1313/1896 durante la construcción de la iglesia ortodoxa griega de San Jorge en el emplazamiento de una iglesia más antigua. La iglesia de San Jorge se encuentra al noroeste de la Calle Romana, parcialmente excavada (ref. Parque Arqueológico de Madaba). Originariamente, el mapa representaba una zona que se extendía desde el Delta egipcio, al sur, hasta la costa levantina, al norte, incluyendo las ciudades de Tiro y Sidón. Aunque solo ha llegado hasta nuestros días una cuarta parte del plano, el Mapa de Mosaico de Madaba constituye uno de los más importantes descubrimientos arqueológicos de Oriente Medio. La importancia del mapa reside en sus detalles y en su precisión geográfica. Se trata esencialmente de un documento de geografía bíblica basado en el *Onomasticon* de Eusebio, escrito en el siglo IV, y se concibió probablemente como una guía para los peregrinos cristianos a Tierra Santa o,

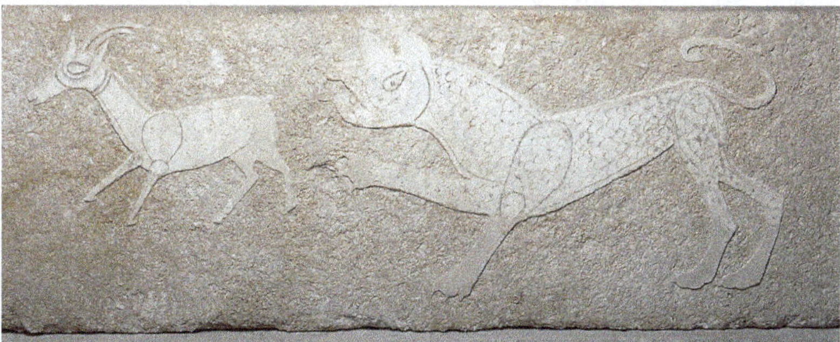

Dintel con escena de caza de Umm al-Walid, Museo Arqueológico de Madaba.

como sostiene algún estudioso, como una representación de la Tierra Prometida tal como se dice que la vio Moisés. Un total de 157 leyendas en griego acompañadas de ilustraciones permitían identificar los emplazamientos religiosos importantes. El mapa cubre el territorio de las doce tribus bíblicas de Israel y las regiones circundantes que, en tiempos de Bizancio, se consideraban los límites de la Tierra Prometida. Está orientado hacia el este, con el río Jordán y el Mar Muerto como eje central. El punto culminante del Mapa es la detallada vista de pájaro de Jerusalén. En ella, se distinguen con claridad las murallas y las puertas de la ciudad, el *cardo maximus* atravesándola por el centro de norte a sur (de izquierda a derecha en el Mapa) y los principales edificios, incluido el conjunto constantiniano del Santo Sepulcro, a mitad de camino del *cardo,* y las dos basílicas de su extremo sur. La ciudad de Jerusalén aparece representada como el centro del mundo cristiano. Los restantes detalles del Mapa son igualmente meticulosos: los peces que nadan en el río Jordán, dos barcos en el Mar Muerto, palmeras en el oasis de Jericó, el río con sus afluentes, las montañas, el mar, etc.

L. T.

II.2.c **Parque Arqueológico**

Está situado en el centro de la ciudad, 300 m al oeste de la iglesia del Mapa, y formado

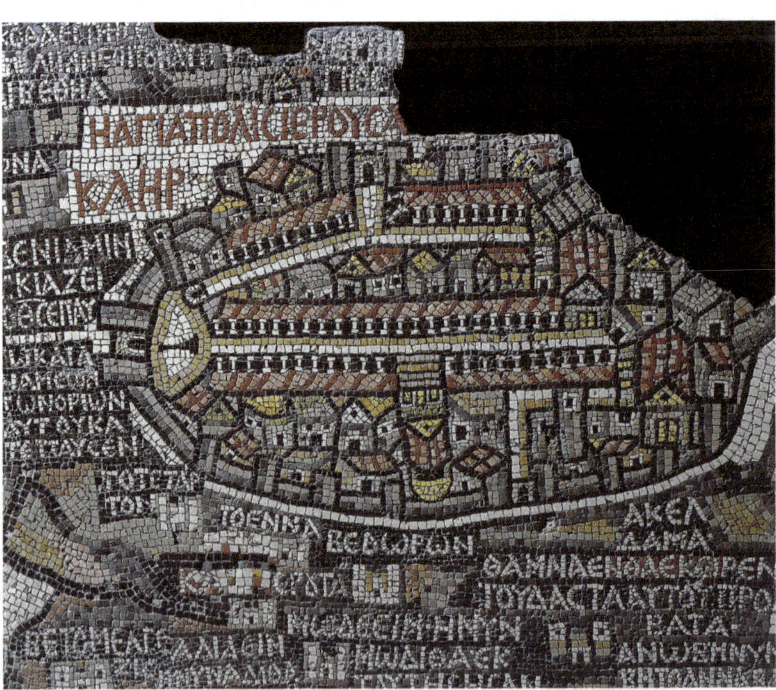

Iglesia de San Jorge, Mapa de Mosaico, representación de Jerusalén, Madaba.

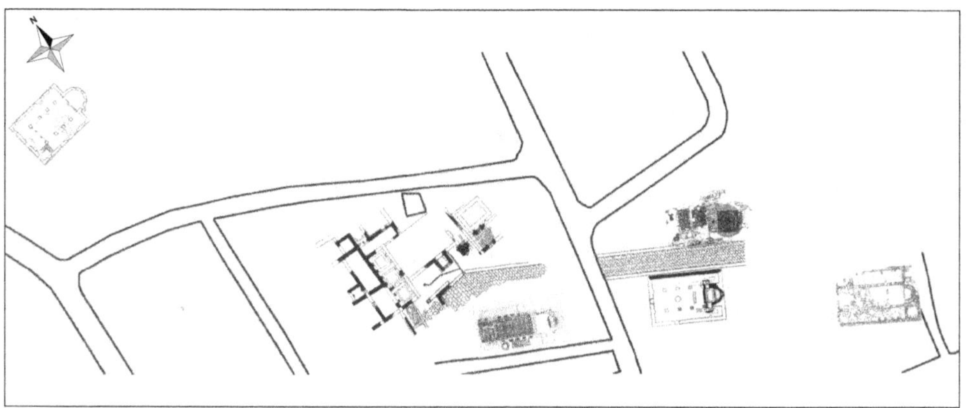

Ciudad de Madaba (Piccirillo, 1991).

por una serie de yacimientos arqueológicos. Aloja la Escuela de Mosaicos, varias iglesias y parte de la Vía Romana.
Horario: verano: de 8 a 18; invierno: de 8 a 17; festivos: de 10 a 16. La entrada incluye la visita al Parque Arqueológico, el Museo y la iglesia de los Apóstoles.
Información: Parque Arqueológico de Madaba, tel.: 05 546681.

El gran Parque Arqueológico domina el centro de la ciudad de Madaba. Discurre a la largo de la vía romana (el *decumanus*) que atraviesa la ciudad e incluye varios edificios, tanto religiosos como civiles, que se remontan a los periodos tardobizantino y omeya. Entre ellos se encuentran la iglesia de la Virgen y la Sala de Hipólito, la iglesia del Profeta Elías y la Cripta de San Eliano; la iglesia de al-Jadir, el Palacio Quemado, y la iglesia de la Familia Sunna. Alberga igualmente una impresionante colección de mosaicos descubiertos en la región de Madaba, entre los que se incluye una sección del más antiguo pavimento de mosaico descubierto en Jordania, en la fortaleza herodiana de Macario, y que data del siglo I a. C. Entre los otros mosaicos que se exponen, se encuentran los del panel superior de la iglesia de Masuh (siglo VI), así como varios paneles provenientes de la iglesia de Ma'in (siglo II/VIII) de la Acrópolis, que representan diversas ciudades de la región durante la era omeya, y la Sala de las Estaciones de Madaba (siglo VI).

La **iglesia de la Virgen** y las partes que se conservan de la Sala de Hipólito están protegidas dentro de una edificación moderna atravesada interiormente por pasarelas. La iglesia fue construida a finales del siglo VI sobre los restos de un templo romano de finales del siglo II o principios del III, al que se había añadido un vestíbulo a principios del VI (la denominada Sala de Hipólito). El suelo de la nave central circular de la iglesia de la Virgen, que corresponde al podio del templo romano, está recubierto por un intrincado mosaico. Los diseños florales que rodean el perímetro exterior datan de finales del VI o principios del siglo I/VII, mientras que el cuadrado central que envuelve un medallón fue añadido con posterioridad, durante el periodo abbasí,

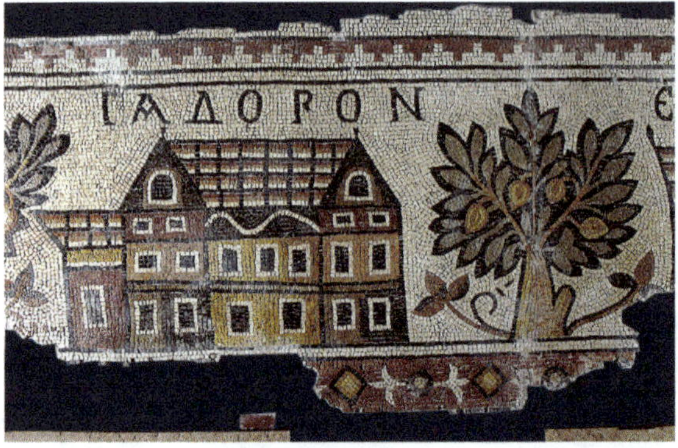

Iglesia de la Acrópolis de Ma'in, representación de Gadoron, Parque Arqueológico de Madaba.

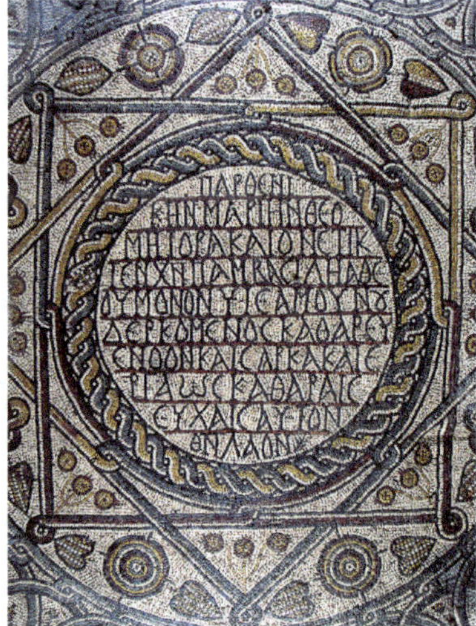

Iglesia de la Virgen, inscripción central, Parque Arqueológico de Madaba.

por el obispo Teófano de Madaba. La fecha de la inscripción dedicatoria está incompleta, pero se cree que puede tratarse del año 138/756.

La **Sala de Hipólito** alberga un mosaico muy bien conservado, parte del cual había formado parte de una casa privada excavada en 1982. Los bordes están formados por volutas de acanto y escenas de caza, mientras que en cada esquina aparecen personificadas las cuatro estaciones. A lo largo del muro oriental, por el exterior del borde del mosaico principal, aparecen las ciudades de Roma, Gregoria y Madaba personificadas como tres Tiques (diosa griega de la fortuna), cada una sentada en un trono, sosteniendo una cruz en el extremo de un largo báculo. A uno de sus lados aparece un pequeño medallón con tres sándalos rodeados por cuatro pájaros, mientras que al otro lado se ven diferentes criaturas y aves. La sección central del mosaico consiste en tres paneles. En el panel inferior se ofrecen representaciones de flores y aves, y en el central aparecen personajes de la tragedia griega de Fedra e Hipólito (tal como la relata Eurípides en *Hipólito*, de donde procede el nombre de esta sala). Una inscripción griega identifica a cada uno de los personajes. Algunas partes del mosaico fueron destruidas cuando en fecha posterior se dividió la sala en dos espacios. El panel superior representa una escena en la que aparece la diosa Afrodita con Adonis, acompañados de varios Cupidos y de las Gracias.

La iglesia de la Virgen y la Sala de Hipólito bordean el *decumanus* romano, una de cuyas secciones ha sido excavada para dejar al descubierto las grandes losas con las que estaba pavimentado. Esta vía, que discurre aproximadamente según un eje este-oeste, debía de unir las dos puertas de la ciudad y en otro tiempo estaba flanqueada por columnas. Durante los periodos bizantino y omeya, la calle estuvo recubierta de tierra apisonada. Muchas de las columnas se reutilizaron en edificaciones posteriores, tanto en la Antigüedad como en la época actual.

Al otro lado del *decumanus* se encuentra la **iglesia del Profeta Elías.** Esta iglesia fue descubierta en 1314/1897 y fue entonces cuando se desenterró un fragmento de mosaico cerca de las escaleras que conducían al presbiterio. En dicho mosaico se podía leer una inscripción dedicada al Profeta Elías en la que se databa la iglesia en 607-608. El edificio sufrió daños a principios del presente siglo, y actualmente solo se distinguen con claridad el ábside y los restos de mosaicos que recubrían el suelo de la nave principal y de las naves laterales. Debajo del ábside se encuentra la Cripta de San Eliano, en la que se conservan más restos de mosaicos y una inscripción que data la cripta en el 595-596.

El Parque Arqueológico alberga también la **iglesia de al-Jadir**, la **iglesia de la Familia Sunna** y el **Palacio Quemado**. La iglesia de al-Jadir (iglesia de los Mártires), una basílica del siglo VI, sufrió daños a manos de los iconoclastas en el siglo II/VIII, pero aún se conserva gran parte de la intrincada decoración de mosaico. La iglesia de la Familia Sunna es una capilla que data también del siglo VI. Posee tres naves y un ábside central. Solo han sobrevivido los suelos de mosaico de la nave sur, algunas partes de la nave central y un pequeño fragmento de la nave norte. El llamado Palacio Quemado fue un gran conjunto residencial situado al norte de la calle romana y frente a la iglesia de al-Jadir. Este palacio suntuosamente decorado data de finales del siglo VI y principios del I/VII. Su destrucción por el fuego estuvo quizás ligada al terremoto del año 131/749.

También dentro del Parque Arqueológico, aunque no está abierta al público, se encuentra la recientemente fundada Escuela de Mosaico de Madaba, un proyecto conjunto italo-jordano destinado a

Sala de Hipólito, representaciones de Roma, Gregoria y Madaba, Parque Arqueológico de Madaba.

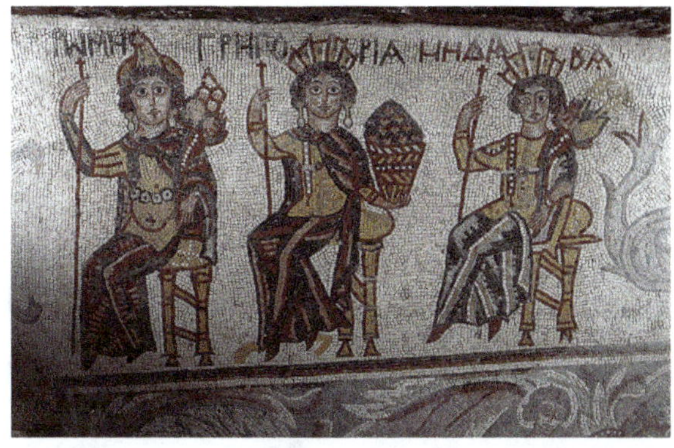

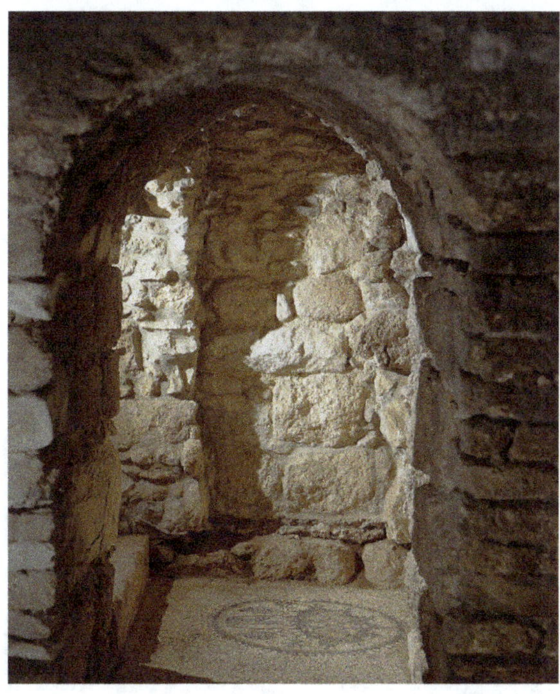

Cripta de San Eliano, rellano sur, Parque Arqueológico de Madaba.

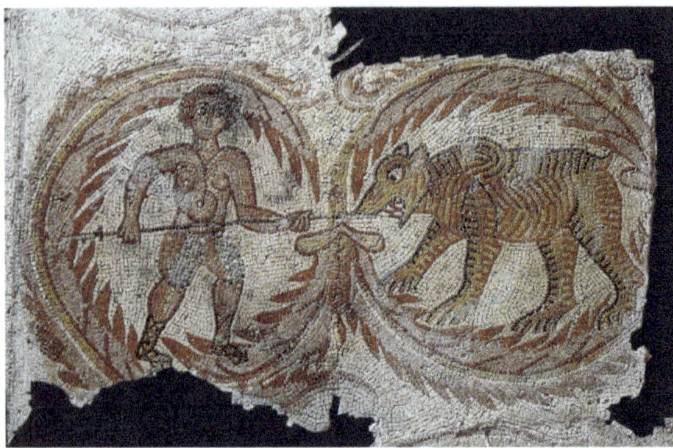

Palacio Quemado, escena de caza, Parque Arqueológico de Madaba.

impartir formación en el arte de la realización y restauración de mosaicos.

L. T.

II.2.d Iglesia de los Apóstoles

Iglesia de los Apóstoles, máscara foliada del reborde, Madaba.

Un edificio moderno envuelve protectoramente la iglesia de los Apóstoles, situada en la periferia sur de la ciudad de Madaba. Descubierta en 1319/1902, se sabe, gracias a una inscripción hallada en una habitación en el extremo oriental (actualmente desaparecida), que esta iglesia fue construida en el año 578 y que estaba dedicada a los Apóstoles. Un gran mosaico que representa una franja de hojas de acanto alrededor de un dibujo geométrico de aves y plantas recubre el suelo de la nave central. En un medallón situado en el centro, aparece una personificación del mar en la figura de Thalassa surgiendo de las aguas y rodeada de peces y monstruos marinos. En el lado norte, hay dos pequeñas capillas. La primera contiene un mosaico que representa cuatro árboles orientados hacia el centro, de modo que dividen el cuadrado en cuatro triángulos, y dentro de cada uno de ellos hay una pareja de animales. En lo alto, una inscripción dedicatoria hace referencia al Templo de los Santos Apóstoles. La otra zona consiste en un rectángulo más pequeño, adornado con un mosaico floral que representa diversos árboles y flores, y un pájaro en el centro.

L. T.

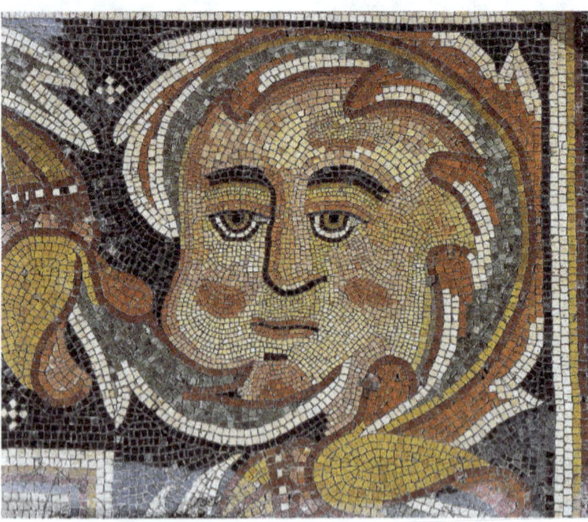

II.3 MONTE NEBO (SIYAGA)

Está situado 10 km al oeste de Madaba y el acceso se puede realizar por taxi o mediante transporte privado.
Horario: de 8 a 17. Entrada gratuita.

El emplazamiento del Monte Nebo se encuentra al noroeste de Madaba, limitado al sureste por el Wad Afrit y al norte por el Wad ʻAyun Musa. El pico más elevado alcanza una altitud de 800 m sobre el nivel del mar. Sus otros picos son sólo ligeramente más bajos; los dos más importantes desde el punto de vista histórico son el pico occidental de Siyaga y el pico suroriental de al-Mujayyat. La vista desde el Monte Nebo es espectacular. Hacia el sur, el panorama se extiende sobre el Mar Muerto y el antiguo Desierto de Judea. Mirando hacia el oeste, la vista abarca el valle del Jordán, con las colinas de las bíblicas tierras de Judea y Samaria. Las colinas que rodean Ammán son también claramente visibles a la distancia, así como los empinados flancos de la meseta de Hesban y la montaña de Muchaqar. En los días claros, la vista alcanza hasta Belén y, no lejos de allí, hasta el singular cono que fue en otro tiempo la Fortaleza de Herodium, de Herodes el Grande, así como las torres y los edificios de Jerusalén, que se extienden desde el Monte de los Olivos hasta Ramallah.

La montaña está habitada desde hace miles de años, tal como lo atestiguan los dólmenes, menhires, pedernales, tumbas y fortalezas de diferentes épocas. Sin embargo, la verdadera fama del Monte Nebo proviene de la visión final y la muerte de Moisés descritas en el Deuteronomio 34. Hasta el siglo IV, el nombre Nebo se aplicaba también a la aldea fortificada que se encarama sobre el pico de al-Mujayyat. En el Antiguo Testamento se menciona este pueblo junto con otras ciudades de Moab. En el pico de Siyaga, los cristianos de la región construyeron en fecha tan temprana como el siglo IV una iglesia conmemorativa en honor de Moisés, que habría de convertirse en un lugar de peregrinación muy popular. El santuario se convirtió en un importante foco de atracción para los peregrinos de todo el mundo cristiano. Por ejemplo, las crónicas del peregrino romano Egeria (que viajó allí en algún momento entre 381 y 384) y los escritos del Obispo de Gaza, Pedro el Ibero (s. m. siglo V) describen con lujo de detalles la Iglesia Conmemorativa de Moisés del Monte Nebo y las cercanas Fuentes de Moisés.

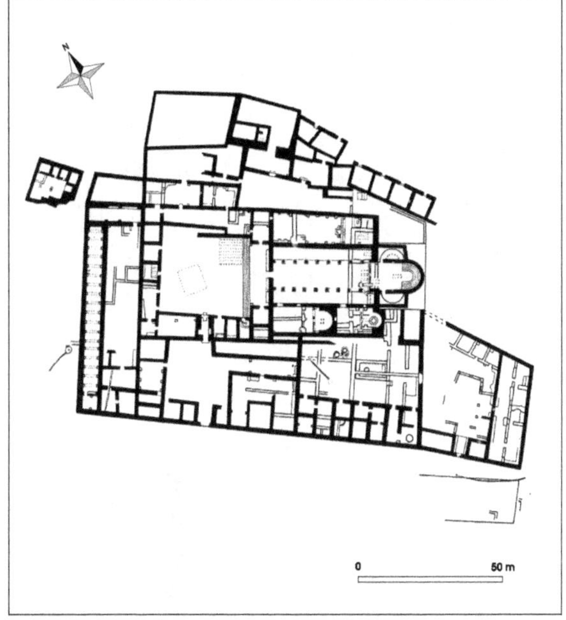

Monumento funerario a Moisés, Monte Nebo (Piccirillo, 1986).

Las excavaciones arqueológicas, que se iniciaron en 1933 y continúan actualmente, han sacado a la luz una iglesia del siglo IV. Se trata de un templo de planta cuadrada, con tres ábsides formados por grandes sillares de piedra caliza y un vestíbulo que se extiende ante ellos. En el suelo hay tumbas recubiertas de mosaico y a cada lado se abren sendas capillas funerarias. Cerca del altar aún se pueden ver fragmentos del mosaico del siglo IV, especialmente una cruz que señalaba el lugar donde se conmemoraba la muerte de Moisés. Delante de la iglesia se extendía un patio abierto, en otro tiempo flanqueado al norte por un

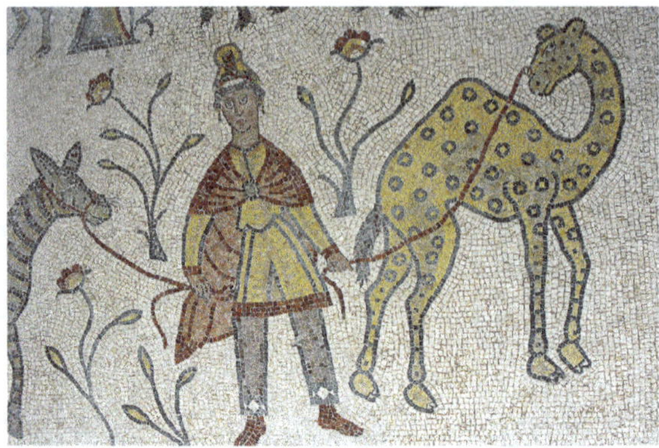

Diaconicum-Baptisterio, escena de caza, Monte Nebo.

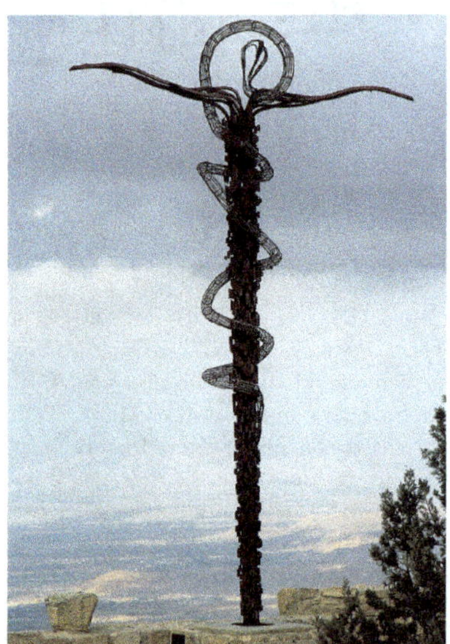

Moisés alzando una serpiente de bronce, de Giovanni Fantoni (1984), Monte Nebo.

pasadizo que conducía a la capilla del baptisterio, suntuosamente decorada. Entre otros elementos, se podía admirar aquí una fuente bautismal cruciforme.

Durante la segunda mitad del siglo VI, en la época del Obispo Sergio de Madaba, se construyó una basílica con tres naves. La antigua iglesia que habían visitado Egeria y Pedro el Ibero se convirtió en el baptisterio de la nueva iglesia. La primera fase de la obra se completó en el año 597, tal como lo señalan las inscripciones del mosaico del nuevo baptisterio. Las paredes y el suelo de la nueva basílica estaban decorados con mosaicos, y el edificio estaba rodeado de capillas. Una capilla alargada situada al norte cubría el antiguo baptisterio, mientras que las dos capillas del sur son conocidas actualmente como la **capilla del Nuevo Baptisterio** y la **iglesia de Theotokos** (de la Madre de Dios, la Virgen María). Delante del altar, en la zona del presbiterio, aún puede verse un panel rectangular de mosaico con flores, gacelas y dos toros de pie frente a un altar con un *ciborium* encima. El artista había pretendido representar el altar del Templo de Jerusalén. La mayor parte de los mosaicos que decoraban el suelo de la basílica han sido levantados para su preservación y se exponen en las paredes del moderno edificio que cubre la basílica del siglo VI. El monumento conmemorativo a Moisés sobrevive como una construcción elevada, situada junto al púlpito en el extremo sur de la nave meridional.

A medida que el santuario experimentaba las diversas transformaciones de su evolución arquitectónica, el monasterio adyacente proseguía su expansión. El monasterio de Siyaga alcanzó su tamaño máximo en el siglo VI, cuando las diversas celdas que lo formaban se agrupaban en torno a varios patios, dispuestos a su vez alrededor de la Iglesia Conmemorativa de Moisés. Este centro religioso, abandonado en el siglo III/IX, llegó a tener capacidad para albergar a varios cientos de monjes y peregrinos.

Un pequeño monasterio moderno, situado al suroeste del monasterio bizantino, aloja a la comunidad franciscana y a los arqueólogos que trabajan actualmente en el yacimiento. La serpiente de hierro de la viga que puede contemplarse por fuera de la iglesia, creada por Giovanni Fantoni de Florencia, simboliza la serpiente de bronce que Moisés cogió del suelo del desierto y a Jesús en la cruz, de acuerdo con las palabras del Evangelio de Juan (3:14-15): "El Hijo del Hombre será levantado tal como la serpiente fue levantada por Moisés en el desierto, de modo que todo aquel que tenga fe en Él posea la vida eterna".

L. T.

II.4 UMM AL-WALID

Las ruinas se encuentran 15 km al sureste de Madaba, y se puede llegar a ellas en taxi o autobús, desde la terminal de autobuses de Madaba.
Información: Oficina del Departamento de Antigüedades de Madaba, tels.: 05 544056 ó 05 544189.

Las ruinas de Umm al-Walid recubren una colina en toda su longitud (unos 40 m). El yacimiento consiste en una mezquita, un *qasr* situado a levante, dos templos romanos y otro *qasr* situado a poniente. Aunque el emplazamiento ha estado habitado desde la Edad del Bronce, las exploraciones arqueológicas se han centrado en el periodo omeya, y concretamente en el *qasr* oriental y la mezquita, probablemente ambos de finales del siglo I/p. VIII.

El ***qasr* oriental** consiste en un recinto de 71 m de lado, con tres torres semicirculares a cada lado y, en cada esquina, una torre de tres cuartos de círculo. En el medio de la fachada oriental se alza una cuarta torre, que servía como única entrada al *qasr*. El interior de este está formado por cuatro *bayts* o unidades autosuficientes, dispuestas en torno a un patio. A su vez, cada *bayt* está constituido por cuatro o cinco habitaciones. También han aparecido en el *qasr* varias letrinas y desagües. Algunas habitaciones de los *bayts* estaban enlucidas (y probablemente pintadas) y decoradas con yeso tallado. El único panel decorativo de yeso que se conserva es un dintel del *bayt* noroccidental, en el que aparece una pantera cazando una gacela (ref. Museo Arqueológico de Madaba). Las excavaciones también

Iglesia de Theotokos, representación del templo de Jerusalén, Monte Nebo.

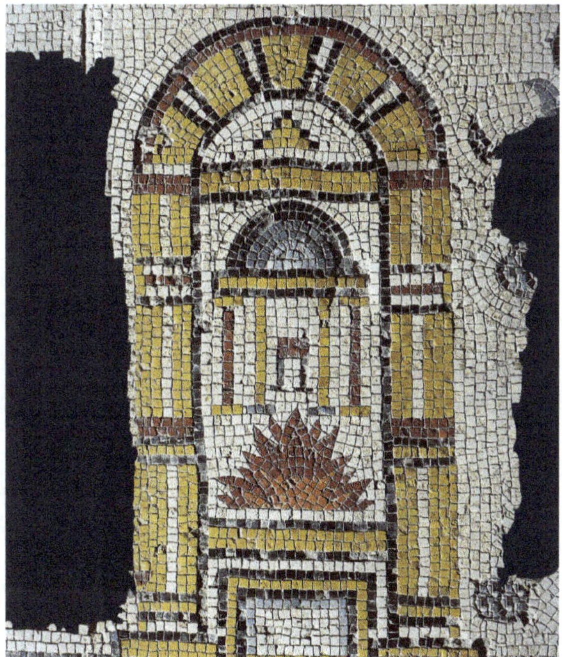

Umm al-Walid

Qasr oriental, p. siglo II / VIII, Umm al-Walid (Bujard, ADAJ 41, 1997).

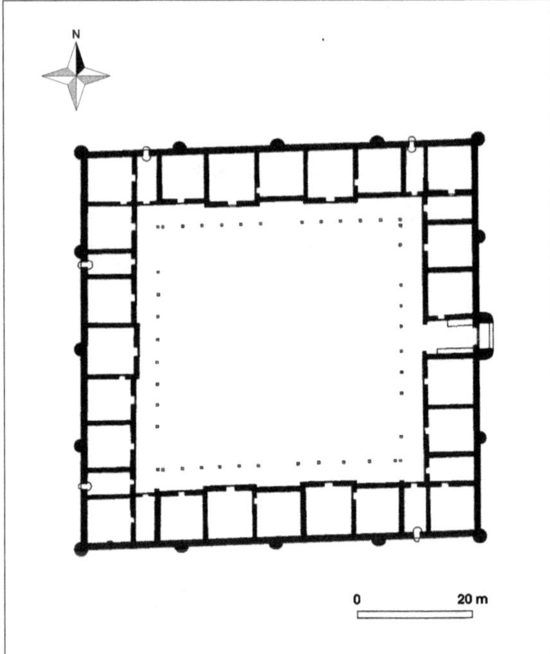

Qasr oriental, restitución volumétrica, p. siglo II / VIII, Umm al-Walid (Cortesía de J. Bujard).

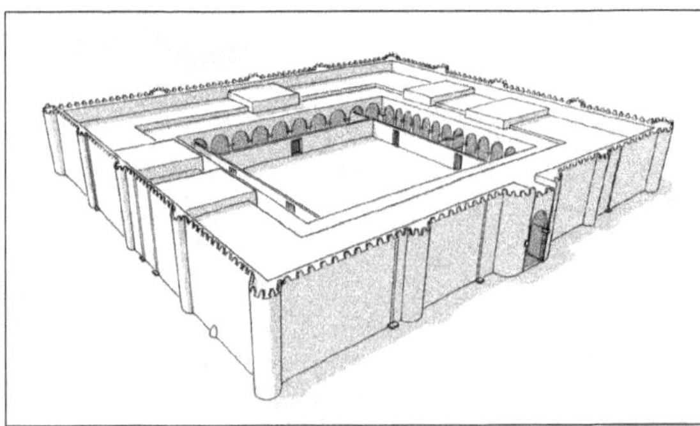

La **mezquita omeya** de Umm al-Walid está situada a unos 60 m al este del *qasr*. La exploración arqueológica ha revelado que existió una pequeña mezquita anterior en el sitio. Es interesante señalar que la primera es anterior al *qasr*, lo cual indica que ya existía una comunidad musulmana en la aldea de Umm al-Walid. La segunda mezquita es una ampliación de la primera. Tiene dos entradas, una al norte y la otra al este, y un *mihrab* semicircular. Probablemente fue construida a la vez que el *qasr* de levante. Ambas edificaciones comparten los mismos materiales de construcción y los mismos motivos arquitectónicos. El interior de la mezquita está dividido en tres partes casi iguales, mediante dos arcadas de tres arcos cada una.

El declive gradual y el abandono final de Umm al-Walid hacia finales del siglo IV/X fue debido, en gran parte, al traslado de la capital por los abbasíes de Damasco a Bagdad, con lo cual la zona de Umm al-Walid perdió su anterior carácter de encrucijada de las principales rutas de comunicación y comercio.

L. T.

han sacado a la luz en el *qasr* muchas vasijas de cerámica y de bronce del periodo omeya, así como varios utensilios de cocina y una piedra de molino hecha de basalto.

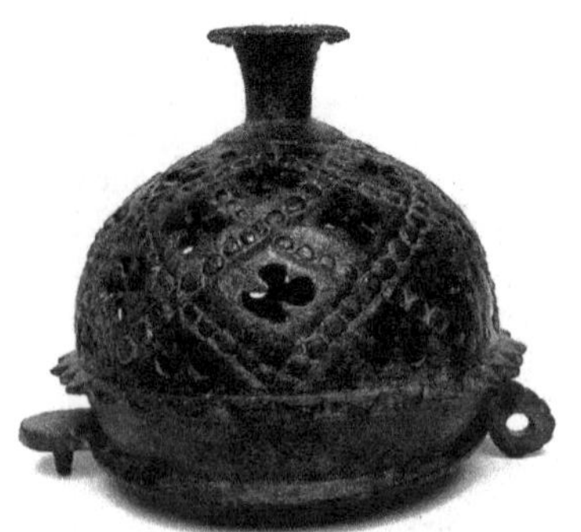

Tapa de bronce del incensario de Umm al-Walid, Museo Arqueológico de Madaba (Núm. Inv. 667).

Mezquita omeya, p. siglo II / VIII, Umm al-Walid (Bujard, 1992).

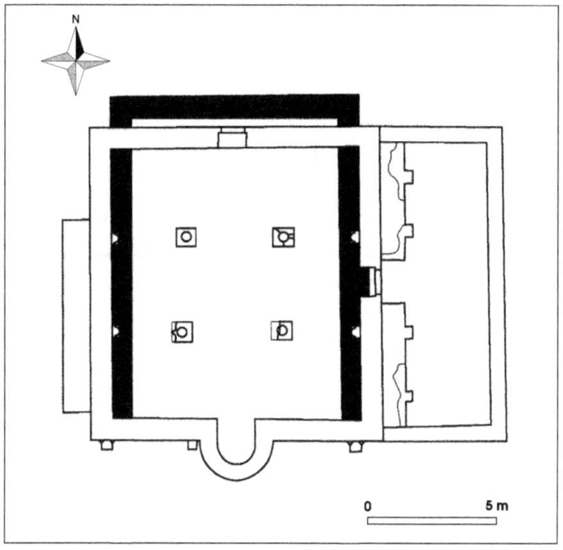

II.5 **AL-QANATIR** (opción)

El lugar se encuentra cerca de Umm al-Walid, a una distancia andando de 2 km campo a través. Para llegar al lugar en coche, hay que regresar desde Umm al-Walid hasta la calle principal y dirigirse a al-Yisa.
Información: Oficina del Departamento de Antigüedades de Madaba, tels.: 05 544056 ó 05 544189.

El nombre de al-Qanatir hace referencia a dos pesados diques de piedra situados al sur de al-Qastal y la ciudad de Zizya. La palabra *al-qanatir* proviene del término árabe *qanat*, que se refiere a los sistemas de aguas formados por pozos o diques en serie que se usaban para irrigar las fincas agrícolas. En estos diques se recogía y embalsaba el agua de lluvia para los periodos estivales secos. Aunque no es posible determinar su fecha de construcción exacta, se tiene la casi total seguridad de que provienen del periodo omeya.
El **dique noroccidental** es el más largo y fue construido sobre un *wad*. Tiene 187 m de longitud y 7 m de altura, y su anchura varía de los 3, 10 m a los 5 m. La parte central era la más gruesa y, aunque actualmente está destruida, se conservan dos compuertas que controlaban el caudal del río. El **dique suroriental** se encuentra 1 km al sureste del primer dique. Tiene 135 m de longitud y 9 m de altura, y su anchura varía entre los 7,25 y los 8,20 m. Se encuentra reforzado por el centro. En algunas partes del muro del dique se conserva el dibujo a espinapez que ofrece la fina capa intermedia de mortero, probablemente revestida antiguamente de un enlucido de yeso liso (como puede contemplarse aún en los muros interiores de otras construcciones omeyas, tales como el Qasr al-Hallabat). A poca distancia de este dique se encuentran los restos de un pequeño edificio (10,20 x 13,50 m), que funcionaba seguramente a modo de caseta de vigilancia de la presa. Los dos diques poseen rebosaderos para controlar el exceso de caudal. Ambos responden a un

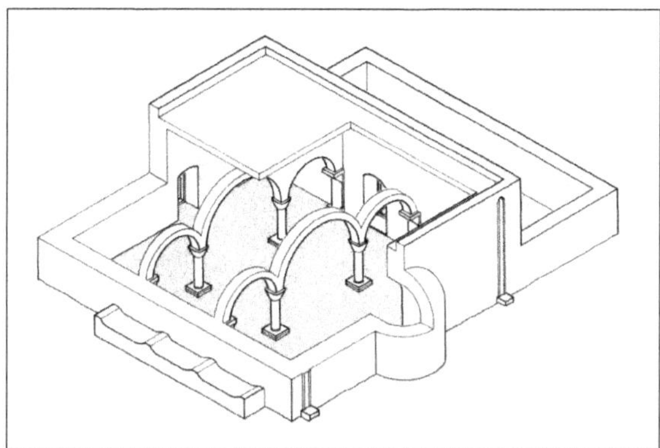

Mezquita omeya, restitución volumétrica, p. siglo II / VIII, Umm al-Walid (Cortesía de J. Bujard).

sistema constructivo similar: muros de piedra rellenos de cascote y revestidos de mortero para recibir la capa aislante de yeso. Los sillares de piedra de los muros proceden probablemente de edificios cercanos más antiguos.

L. T.

II.6 UMM AL-RASAS

Esta extensa zona, en la que se encuentran los famosos mosaicos de la iglesia de San Esteban, se halla unos 30 km al sur de Madaba. Se puede llegar a las ruinas desde Umm al-Walid en coche, y desde Madaba en autobús desde la terminal, en dirección al sur por Dhiban. Abierta todo el día. Entrada gratuita. Información: Oficina del Departamento de Antigüedades de Madaba, tels.: 05 544056 ó 05 544189.

Umm al-Rasas (Piccirillo, 1993).

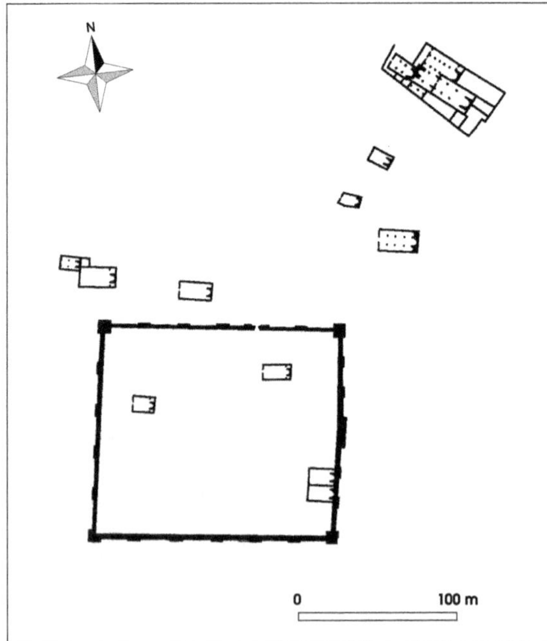

Umm al-Rasas se encuentra a medio camino entre Dhiban, a la altura de la Autopista del Rey, y la Carretera del Desierto. Las ruinas consisten en una zona amurallada que forma un recinto fortificado (de 158 x 139 m), en otro tiempo campamento legionario romano o *castrum,* y en otra zona de aproximadamente el mismo tamaño situada al norte. Unos 1300 m al norte se alza una torre de 15 m de altura, cerca de una pequeña iglesia y una cisterna. Esta alta torre sin escaleras pudo haber sido utilizada como refugio por un estilita, uno de los monjes ascéticos que pasaban años encaramados a un pilar o una torre, sumidos en la oración o la meditación. El nombre moderno de Umm al-Rasas (que en árabe significa literalmente "madre de plomo") se debe probablemente a los imponentes muros fortificados del *castrum*. Seguramente, la palabra *rasas* es una derivación del vocablo árabe *ras* o *murassas* que se aplica a las murallas bien construidas. Hasta el momento, los arqueólogos se han centrado en la naturaleza eclesiástica del lugar, y han identificado cuatro iglesias dentro de los muros del *castrum* y doce iglesias extramuros del mismo.

El primer explorador occidental conocido que registró el nombre de Umm al-Rasas fue el alemán Ulrich Seetzen, quien en 1807 supo a través de su guía beduino de la existencia "...de unas [ruinas] apasionantes... las ruinas de Umm al-Rasas". Seetzen, sin embargo, nunca llegó a visitar aquellas ruinas, aunque el sitio fue visitado posteriormente por una serie de viajeros: J. S. Buckingham en 1816; C. I. Irby y J. Mangles en 1818; E. H. Palmer en 1870; y H. B. Tristam en

1872. Después de Tristam acudió S. Vailhé, quien sugirió que el gran recinto de los gruesos muros pudo haber sido un campamento legionario romano. De acuerdo con aquella hipótesis, J. Germer-Durand propuso identificar las ruinas con el Mefaad bíblico (Josué, 13:18, 21:37; I Crónicas, 6:79; Jeremías, 48:21), que, según el historiador romano del siglo IV Eusebio de Cesárea fue también una estación militar romana, Kastron Mefaa. Eusebio menciona que una unidad del ejército romano estaba estacionada al borde del desierto de Mefaad, un lugar que el historiador identificaba con una de las ciudades de refugio levíticas situadas en el territorio de la tribu de Rubén en el Moab. Otro texto, también del siglo IV, en este caso un documento imperial romano, registra que en el campamento de Mefaa estaban estacionadas tropas auxiliares de caballería romana al mando del *Dux Arabiae*. Kastron Mefaa aparece también en los relatos históricos árabes de los siglos IV/X y V/XI como al-Mayfa'a. La hipótesis de que el emplazamiento de Umm al-Rasas correspondía al Kastron Mefaa quedó confirmada durante las excavaciones de 1986, cuando aparecieron tres inscripciones con el nombre Kastron Mefaa en los pavimentos de mosaico de dos iglesias. El *castrum* de Umm al-Rasas fue probablemente desmilitarizado y transformado en una ciudad densamente poblada en el siglo V.

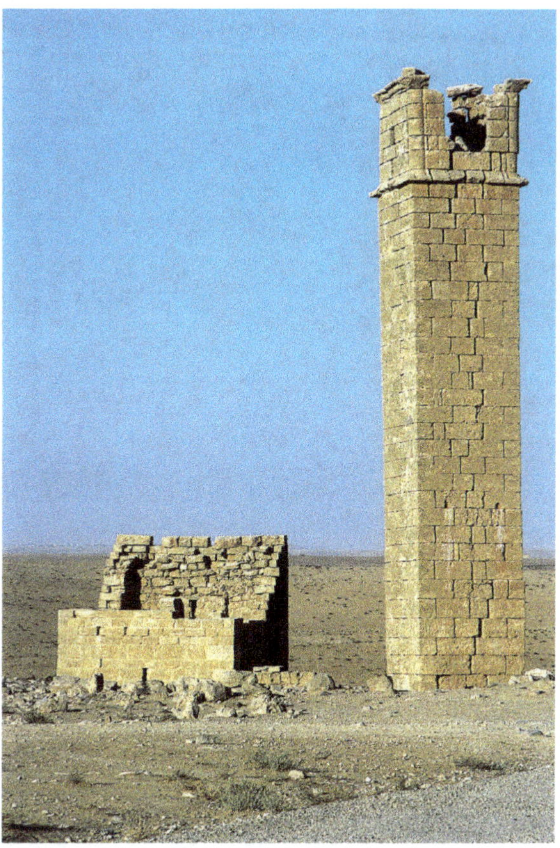

Capilla y torre de estilita al norte del Castrum, Umm al-Rasas.

Hasta la fecha, los arqueólogos han identificado cuatro edificios eclesiales dentro de las murallas del *castrum*. Cerca del muro de levante se encuentran dos iglesias unidas, una tercera delante de la puerta norte, y en el sector occidental está localizada la cuarta. Hasta el momento solo se han excavado las iglesias unidas. La construcción de ambas es posterior a la del muro del *castrum*. De las dos iglesias, la del norte, conocida como la **iglesia de los Ríos**, ha sido fechada en el año 578-579 ó 593-594. La del sur, llamada **iglesia de la Palmera**, es posterior a la del norte. Ambas están pavimentadas con mosaicos, actualmente en un estado de gran deterioro.

Las excavaciones extramuros del *castrum* han sacado a la luz un gran conjunto litúrgico interconectado, formado por cuatro iglesias y patios envueltos por un muro continuo. Es conocido como el **Conjunto**

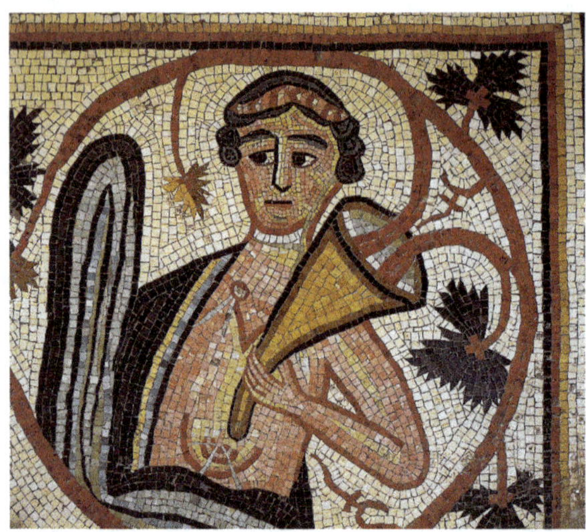

Iglesia del Obispo Sergio, las estaciones, Umm al-Rasas (Cortesía de M. Piccirillo).

de San Esteban, por el nombre de su iglesia de mayor tamaño. Dos de estas iglesias están pavimentadas con mosaicos y han sido consideradas por los arqueólogos como los dos edificios principales del conjunto. Se trata de la iglesia del Obispo Sergio y su baptisterio adjunto, situada en el extremo norte del conjunto, y la iglesia de San Esteban, al este del mismo. Ambos edificios están separados por un patio, que posteriormente fue convertido en iglesia mediante el añadido de un ábside. Una cuarta iglesia ocupa una plataforma más elevada en el sector suroeste del conjunto.

La **iglesia del Obispo Sergio** posee un presbiterio absidal dos escalones más alto que la nave, y una única sacristía al norte. El acceso principal se realiza a través de un patio pavimentado. En el lado occidental, dos puertas conducen a la capilla del baptisterio, pavimentado con un mosaico en damero, y a una capilla funeraria donde el mosaico está formado por simples telas blancas. En el presbiterio de la iglesia propiamente dicha, el suelo de mosaico del ábside forma una malla geométrica de diamantes. Un panel rectangular con un medallón inscrito situado delante del altar data la iglesia en el año 587-588. Las muchas imágenes de personas y animales del mosaico de alfombra de la nave fueron mutiladas deliberadamente por los iconoclastas (ref. Iconoclasia). También se conocen los nombres de los benefactores de la iglesia, que indican su origen semítico.

La **iglesia de San Esteban** se encuentra al sureste y un metro más elevada que la iglesia del Obispo Sergio. Su abundancia de inscripciones y mosaicos la convierte en uno de los restos arqueológicos más importantes de Jordania. La planta de la iglesia es similar a la del Obispo Sergio. Posee una sacristía en el lado sur del presbiterio absidal y una capilla absidal en el lado norte. Las inscripciones dedicatorias a cada lado del altar indican que la iglesia fue pavimentada en el año 138/756 por los mosaístas Stauranchius y Euremius. Esta inscripción es significativa porque revela que existió una activa comunidad cristiana en Umm al-Rasas seis años después del final del periodo omeya y transcurrido más de un siglo de dominio islámico en la región. Una segunda inscripción dedicatoria que discurre a lo largo del escalón del presbiterio recuerda que durante la época del Obispo Sergio II se confeccionó otro mosaico (de principios a mediados del siglo II/VIII). Las letras que indicaban la fecha de esta inscripción fueron reparadas en algún momento de la Antigüedad, debido a lo cual resulta difícil asignar una fecha específica a la iglesia dentro del siglo II/VIII (algunos estudiosos han sugerido como posibles fechas alternativas los años 99/718 ó 170/787). Cualquiera de las dos resultaría significativa, ya que ambas son posteriores a la conquista de la región por los musulmanes. Lamentablemente, los retratos de los benefactores y las escenas de caza, agricultura y vida pastoril que en otro tiempo animaron el mosaico del suelo de la nave fueron meticulosamente desfigurados por los iconoclastas y a menudo resultan ininteligibles. El recuadro central del mosaico, que representaba un río con peces, aves, nenúfares, barcos y niños pescando, también está desfigurado. Sin embargo, este recuadro contiene además, y en buen estado de conservación, las conocidas imágenes de una serie de diez ciudades del Delta del Nilo identificadas mediante inscripciones: Alejandría, Kasin, Thenesos, Tamiathis, Panau, Pilousin, Antinau, Evaklion, Kynopolis y Pseudostomon.

A cada lado de la nave, y acompañadas también de su topónimo en griego, se muestran también imágenes de otras ciudades. Hay ocho ciudades del oeste del río Jordán en la hilera norte: Jerusalén, Neapolis (Nablus), Sebastis (Sebastia), Cesa-

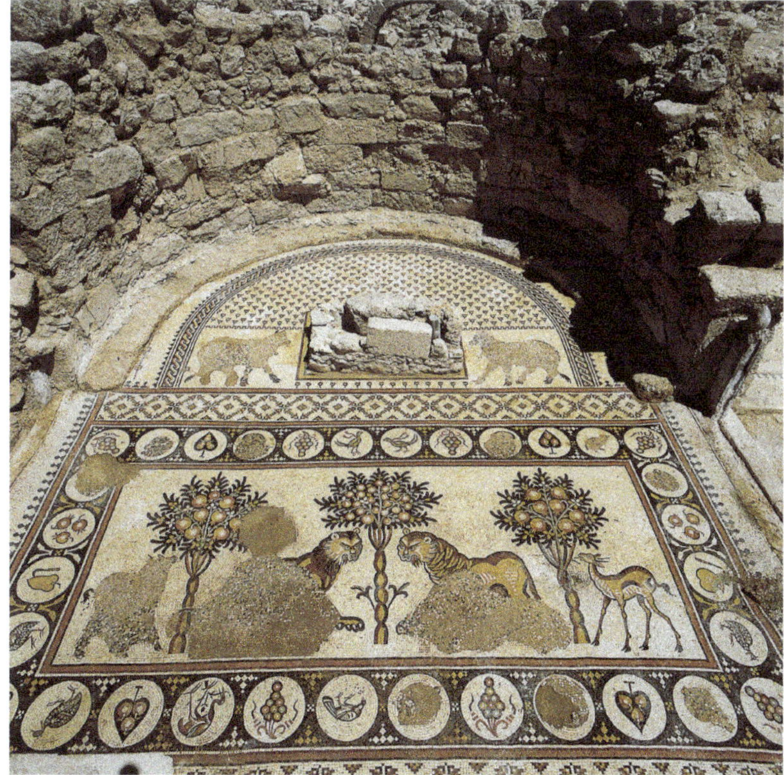

Iglesia de los Leones, presbiterio, Umm al-Rasas (Cortesía de M. Piccirillo).

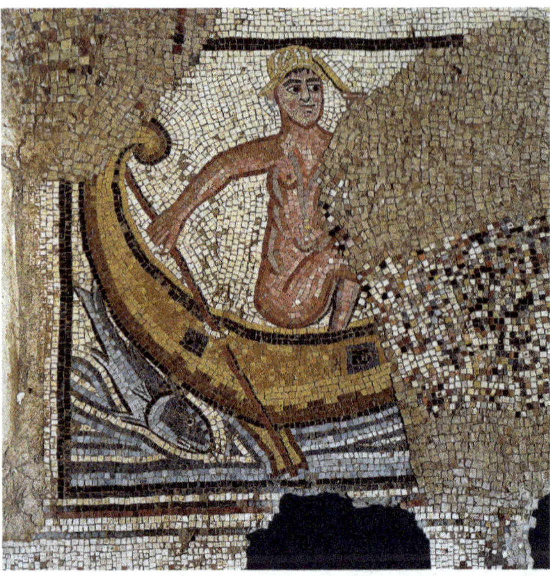

Iglesia del Sacerdote Wa'il, pescador, Umm al-Rasas (Cortesía de M. Piccirillo).

rea del Mar, Diospolis (Lydda), Eleutheropolis (Beit Gibrin), Ascalón y Gaza; siete ciudades del este del Jordán en la hilera sur: Kastron Mefaa (Umm al-Rasas), Filadelfia (Ammán), Madaba, Esbunta (Hesban), Belemunta (Ma'in), Areopolis (Rabbat) y Charach Muba (Kerak). En la cabecera de cada nave están representados otros dos pueblos, Limbon y Diblaton, asociados a retratos de benefactores y a inscripciones. Otro topónimo sin ilustración hace referencia al Monte Nebo-Phisga.

Las excavaciones arqueológicas llevadas a cabo en el sector urbano entre el Conjunto de San Esteban, en la cresta norte de las ruinas, y los muros del *castrum*, situados al sur, han sacado a la luz otros dos conjuntos eclesiales más. El emplazado al sur se desarrolla en torno a una iglesia triabsidal con exquisitos mosaicos, conocida como la **iglesia de los Leones**. Esta iglesia posee cuatro entradas, dos al norte y dos al oeste. El presbiterio elevado contiene uno de los púlpitos bizantinos mejor conservados de Jordania. Un medallón inscrito en la nave de la iglesia indica la fecha de 575 ó 589. Desgraciadamente, los iconoclastas tampoco respetaron los mosaicos de esta iglesia.

El otro conjunto eclesial descubierto está formado por al menos dos iglesias de finales del siglo VI. La iglesia principal de este conjunto es la recientemente excavada **iglesia de San Pablo** (578 ó 593).

En la parte exterior de los muros del *castrum* se descubrió también otra iglesia de finales del siglo VI, conocida como la **iglesia del Sacerdote Wa'il** (575 ó 589). Como todas las iglesias descubiertas hasta el momento en Umm al-Rasas, está adornada también con hermosos mosaicos mutilados por los iconoclastas.

La ocupación de Umm al-Rasas como conjunto parece haber entrado en un fuerte declive (o conclusión) a principios del periodo abbasí en el siglo III/IX, cuando las iglesias excavadas debieron quedar fuera de uso.

L.T.

Balneario de Ma'in (Hammamat Ma'in)
El balneario de Ma'in se encuentra 30 km al sur de Madaba, desde donde la mejor forma de acceder al mismo es en taxi o en coche. Está abierto todo el día y la entrada es libre. Se pueden reservar habitaciones.
El emplazamiento es insólito debido a sus fuentes termales naturales y a su conjunto de baños. Las cascadas grandes y pequeñas alimentadas por las fuentes son uno de los rasgos que atraen a multitud de visitantes. Las fuentes termales son conocidas por sus propiedades curativas desde la Antigüedad y siguen siendo igual de populares hoy en día. Al

encontrarse en un área densamente poblada desde la Edad del Hierro, están rodeadas de yacimientos arqueológicos que contribuyen al atractivo de la visita.

Mukawir (Qal'at al-Michnaqa)
Se encuentra 40 km al suroeste de Madaba. Se puede llegar en coche desde Madaba, conduciendo en dirección sur hacia Libb y girando a la derecha allí, para luego seguir derecho por la carretera hasta llegar al sitio.
Las ruinas de la antigua Fortaleza de Macario (siglo I a. C.) no son sino restos de muros que hablan de su pasado. El lugar es famoso por sus hermosas vistas del valle del Jordán y aún más allá, pero seguramente es más recordado por la historia de Salomé y Juan el Bautista: fue aquí donde Salomé se tomó sangrienta venganza pidiendo la cabeza de San Juan.

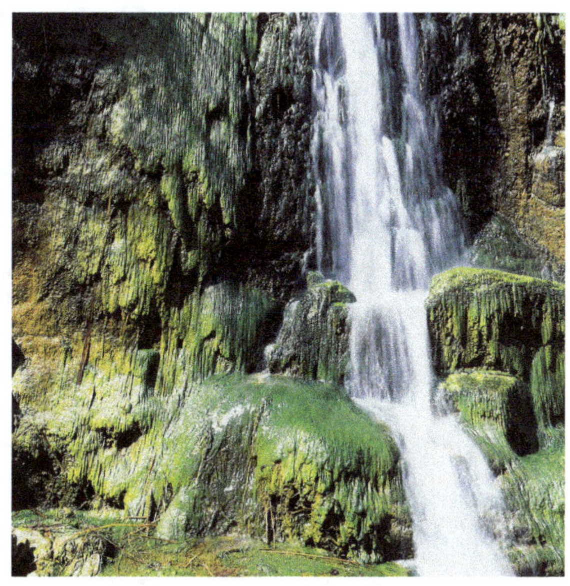

Balneario, termas romano-bizantinas de Baaru, Ma'in, (Zohrab).

Ghazi Bisheh

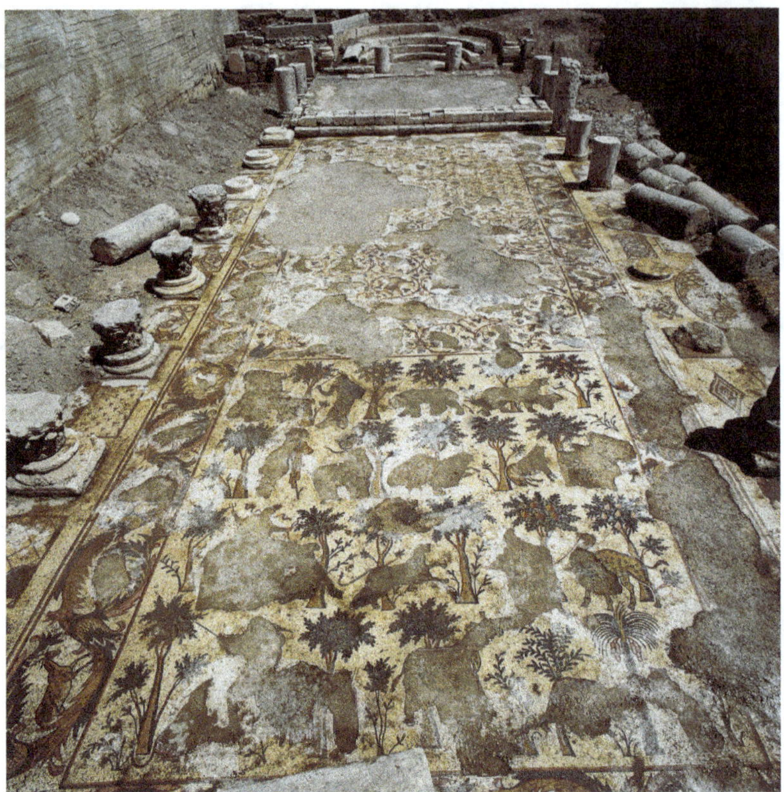

Iglesia de al-Jadir, pavimento de mosaico, Parque Arqueológico de Madaba (Cortesía de M. Piccirillo).

El término "iconoclasia" se refiere a la destrucción deliberada de las imágenes de seres vivos. En un número considerable de iglesias bizantinas de Jordania, las imágenes de seres humanos y animales fueron conscientemente destruidas, no porque fueran objeto de veneración, como había ocurrido en el caso del movimiento iconoclasta durante la primera fase del imperio bizantino, del año 111/730 al 170/787, sino porque se rechazaba la representación de todo ser vivo. ¿A qué se debieron estas mutilaciones? ¿Quién fue el responsable de llevarlas a cabo y cuándo se produjeron? Las respuestas a estas preguntas son objeto de debate entre los estudiosos. Robert Schick, quien se dedicó a estudiar suelos de mosaico con las imágenes desfiguradas, observó que dichas mutilaciones, lejos de ser actos de vandalismo desatado, fueron llevadas a cabo meticulosamente y con gran esfuerzo. Hay varios casos en los que las teselas fueron extraídas, raspadas y cuidadosamente recolocadas. Este tratamiento cuidadoso de las imágenes dañadas indica que fueron las comunidades cristianas locales las responsables de estos actos de desfiguración y remontaje desordenado. La inserción de una cruz en la sección dañada del suelo de mosaico de la iglesia de Masuh, cerca de Madaba, parecer reforzar esta hipótesis. Respecto a la fecha del fenómeno, las pruebas arqueológicas señalan de modo cada vez más convincente una fecha posterior al año 132/750. Esto parece ratificado por las inscripciones del ábside de la iglesia de San Esteban, en Umm al-Rasas, y de la iglesia de 'Ayn al-Kanise, en el Monte Nebo, fechadas respectivamente en los años 138/756 y 144/762. La mencionada hipótesis sugiere que las iglesias con huellas iconoclastas siguieron siendo utilizadas a lo largo de todo el periodo omeya (41/661-132/750) y hasta un poco después. En cuanto al motivo de la desfiguración de los seres vivos en estas iglesias, se ha sugerido que fue un rechazo muy arraigado por parte de los pueblos semíticos hacia todas las representaciones humanas en escultura y pintura, y que esta hostilidad hacia las imágenes de seres animados está presente incluso en la tradición literaria semítica. Resulta difícil determinar el significado de la palabra "semítico" en tal contexto, sobre todo a la vista de que el antiguo arte semítico de Siria y Mesopotamia ha mostrado siempre formas humanas y animales. Por otra parte, algunas investigaciones arqueológicas recientes han revelado que incluso en el sur y el norte de Arabia se usaron las representaciones figurativas en arte. Tampoco debería olvidarse que la decoración, restauración y descomposición de las imágenes en estas iglesias fue llevada a cabo por cristianos de la localidad que también eran semitas. Otras hipótesis han atribuido la iconoclasia a un edicto emitido por el califa omeya Yazid II (101/720-105/724). Sin embargo, el edicto, según lo registran varias fuentes cristianas, contiene ciertas inconsistencias que aconsejan cautela con respecto a su autenticidad. Curiosamente no existe ni la menor mención al mismo en las fuentes árabes más antiguas, y en los relatos cristianos aparece como un documento antimusulmán y antijudío de dudosa validez histórica. Quizás la explicación de las desfiguraciones de seres vivos en las iglesias bizantinas de Jordania debería buscarse en el entorno socio-religioso en el cual se encontraron inmersos los cristianos. Es probable que la permanente polémica con los musulmanes, los judíos y los cristianos monofisitas y melquitas, así como la persistente crítica por parte de todos ellos a la veneración de imágenes, hubieran proporcionado suficiente motivo. Las acusaciones de prácticas idólatras debieron de desempeñar probablemente un papel catastrófico, impulsando a muchos cristianos a reconsiderar su actitud hacia las imágenes figurativas y a terminar rechazándolas, para adoptar así una actitud más próxima a la fe musulmana.

Iglesia de la Acrópolis de Ma'in, muestras de iconoclasia en el pavimento de mosaico, Parque Arqueológico de Madaba.

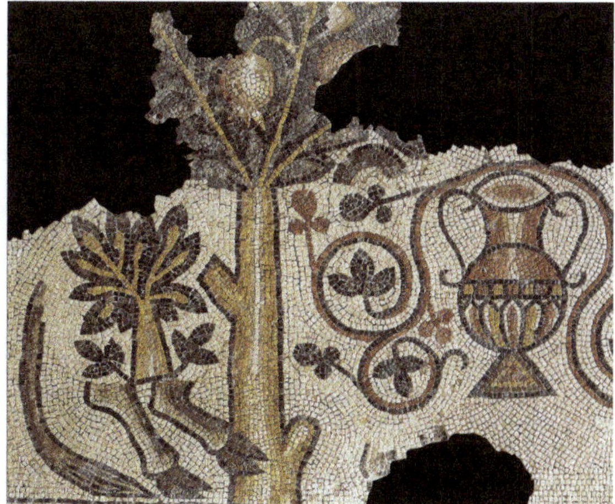

Fawzi Zayadine

Después del triunfo del cristianismo y de la fundación de Constantinopla en el año 324, los bizantinos de Siria y Palestina se convirtieron en los herederos directos de la civilización Grecorromana, bien arraigada en Oriente desde la conquista de Alejandro Magno en el año 331 a. C. y perpetuada por la fundación de las ciudades de la *Decápolis*. No resulta sorprendente, por tanto, comprobar la supervivencia de las tradiciones clásicas en el arte bizantino. Estos elementos artísticos de raíz clásica son considerados "retóricos" por naturaleza, en el sentido de que se trata de una adopción cultural de formas carentes de significación religiosa. Las alusiones clásicas no deben tomarse como signos de resistencia al cristianismo, sino más bien como expresiones de la "Paidia" o erudición de la aristocracia. En varios casos, por ejemplo, el de Hércules luchando contra el león en el suelo de mosaico de Madaba, se ha interpretado mal como la representación consciente de un mito, cuando se trata en realidad, como en el caso del mosaico de Afrodita y Adonis (ref. Parque Arqueológico de Madaba), de representaciones puramente decorativas. Hay que tener presente que el cristianismo tuvo su origen en Palestina y que el arte bizantino clásico absorbió muchos rasgos artísticos de la cultura oriental. Dichos elementos hunden sus raíces en las antiguas tradiciones orientales anteriores al periodo helenístico que, a su vez, estaba influido también por Oriente Próximo. En la iglesia de los Apóstoles (Madaba), la representación de Thalassa se inspira en la imagen de la diosa marina Tetis, pero el mosaísta modificó el tema para adecuarlo a una alegoría cristiana añadiendo la inscripción del Salmo 101: "Oh, Dios, quien creó la tierra y el cielo, otórgale vida a tus servidores".

De modo similar, la conquista árabe-islámica de Siria elevó Damasco a la condición de capital de la dinastía omeya en el año 41/661. Esta ciudad era depositaria de las huellas de una larga cadena de civilizaciones que se remontaban, con anterioridad al periodo helenístico, hasta los reinos arameos. Jordania desempeñó un papel fundamental en el nuevo imperio islámico, ya que constituía un puente vital entre Siria y las ciudades santas de La Meca y Medina. En la sede del gobernador de Ammán, por ejemplo, la sala de audiencia era al mismo tiempo la entrada monumental a los aposentos residenciales, y la mayor parte de las residencias palaciegas omeyas de Jordania poseen una sala de recepciones clásica de tipo basilical y unas termas de tipo grecorromano. Esto demuestra que los soberanos árabes y la nueva aristocracia trataban de emular las pautas culturales de las tierras conquistadas, adoptando dentro de su estilo de vida las tradiciones del lugar.

Esto viene a recalcar el hecho de que los nuevos señores de Siria y Palestina no eran camelleros y pastores de origen nómada. Se trataba, más bien, de ciudadanos de La Meca, Medina, Tayma', Taif y Adumatu (*al-Yawf*). Las tumbas naba-teas de Hegra (Meda'in Saleh) fueron talladas por escultores locales. Los feudos tribales helenísticos, tales como el Qasr Marid de Adumatu, cuyos orígenes, según se cree, se remontan al siglo III a. C., tuvieron cierto peso en el desarrollo del arte islámico omeya. La conquista árabe de Mesopotamia e Irán hizo desaparecer las fronteras entre los sasánidas y los bizantinos. En otras palabras, el Próximo Oriente experimentó una cierta unidad por primera vez desde la conquista de Alejandro Magno. El intercambio de técnicas entre

Irán y la Siria helenizada generó nuevas tendencias e ideas dentro de las artes ilustrativas. Los ejemplos a los que vamos a referirnos a continuación demuestran la persistencia de la influencia clásica tanto en la iconografía bizantina como en la omeya. Donde mejor se puede ver esto es en los suelos de mosaico y en los murales, que ponen claramente de manifiesto los principios subyacentes en las artes decorativas de cada periodo.

Las escenas de caza son uno de los temas preferidos para los mosaicos y murales. La caza de animales salvajes es un deporte real cuyas imágenes decoraban ya los bajorrelieves de Ashurnasirpal en Kalj Nimrud (siglo IX a. C.) y los de Asurbanipal (siglo VII a. C.) en Nínive. La caza real está representada al estilo clásico tardío, con una gran dosis de vitalidad y realismo, en el llamado Sarcófago de Alejandro, en Sidón, fechado en el año 351. En la nave norte de la basílica, delante del antiguo baptisterio, las escenas están ordenadas en cuatro frisos. En el superior, dos cazadores a pie aparecen luchando contra un león y un leopardo. El friso inferior está animado por dos jinetes que cargan contra una hiena y un oso. Aunque la escena recuerda el relieve del Sarcófago de Alejandro, de Sidón, no existe relación entre los otros dos frisos, que representan escenas convencionales. El de más abajo muestra a un pastor sentado bajo un árbol contemplando cómo su rebaño pasta tranquilamente, mientras que, en el cuarto friso, un campesino conduce un camello y un burro árabe mientras un nubio sostiene las bridas de un avestruz. La disposición artificiosa de los cuatro frisos comunica un mensaje alegórico: los animales salvajes representan a los malos espíritus, dispuestos a atacar a los creyentes, tal como lo advierte la epístola de San Pedro (1 Pe. 5,8): "¡Mantente despejado, mantente alerta! Porque tu adversario el demonio, un rugiente león, ronda buscando a quién devorar".

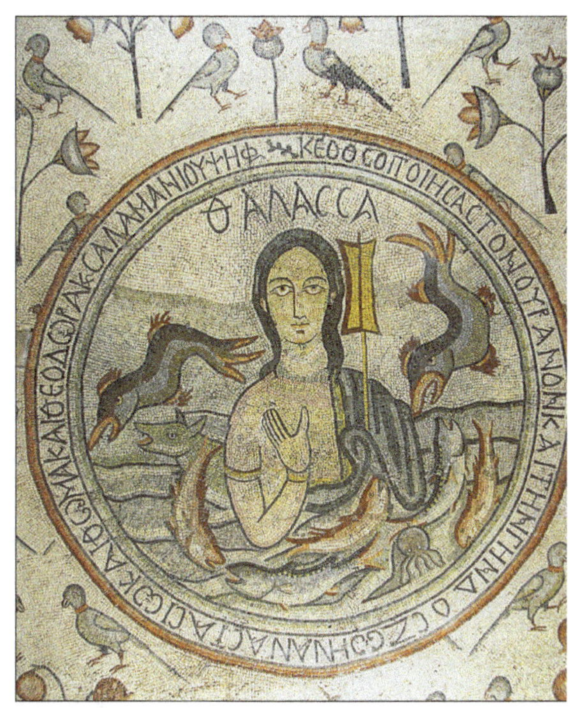

Iglesia de los Apóstoles, medallón con Thalassa, Madaba.

El fresco omeya con escenas de caza de Qusayr 'Amra (ref. Qusayr 'Amra), en cuya pared oeste aparece el momento de la captura de unos onagros, está ejecutado con una gran riqueza y realismo en los detalles: la batida tiene lugar en un paisaje realista, el desierto, sugerido por una tienda en la esquina noreste de la escena, y ocurre de noche, ya que los sirvientes sostienen antorchas en torno a la red. Los animales son conducidos por batidores a caballo, con el fin de atraparlos vivos en la red. La impresión naturalista del fresco se ve acrecentada por la escena de caza de bueyes salvajes por perros sabuesos, representada en el muro oriental. En este mismo muro, una serie de paneles que representan a los trabajadores dedicados a la construcción del monumento añade aún más realismo a las escenas: los picapedreros cargan los bloques en un camello y se los entregan a los albañiles y al maestro cantero, mientras que el herrero prepara una herramienta. La totalidad del friso semeja una foto fija cinematográfica.

El famoso suelo de mosaico del Museo de Madaba muestra un concepto temático diferente. Representa un jardín plantado con cuatro árboles simétricos en las esquinas del panel, con parejas de animales enfrentados entremedias: aparecen dos corderos, dos pintadas y dos antílopes, mientras que un león y un toro comen una planta. La interpretación de la escena puede deducirse fácilmente de las enseñanzas bíblica y cristiana: la segunda venida de Cristo al final de los tiempos traerá consigo la paz duradera, según la profecía de Isaías 11,7: "El león come paja como el buey". Esta interpretación bíblica se ve confirmada por la inscripción griega que aparece en un pavimento similar en Ma'in, cerca de Madaba. La artificiosidad de la posición idealizada y antitética de los animales se debe al carácter alegórico de la escena.

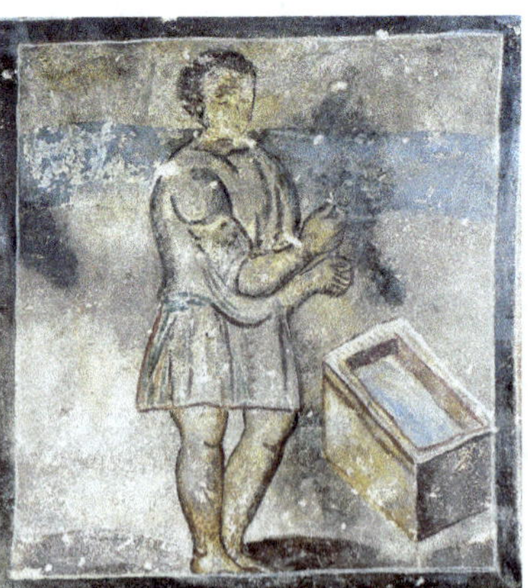

Qusayr 'Amra, panel con herrero, al-Badiya, (J. L Nou).

En los mosaicos omeyas de la Cúpula de la Roca de Jerusalén y del Palacio Hicham (Jirbat al-Mafyar) de Jericó se aprecia una diferencia en la técnica y en la intención. Las paredes de la Cúpula de la Roca están revestidas con un mosaico de 1.200 m^2 hecho de teselas de vidrio, oro y madreperla, que representan motivos vegetales. Aparecen palmeras, almendros y olivos rodeados de haces de juncos, y ramas de viñas cargadas de pesados racimos de uvas, todo ello entreverado formando armoniosas volutas. La vegetación está representada con precisión y realismo. No es necesario interpretar la vegetación como la imagen del Paraíso, pero los árboles frutales parecen hacer referencia a la Tierra y a una época de prosperidad. El Sagrado Corán habla del olivo y la higuera, y Dios apela a los creyentes: "¡Creyentes! Comed de las buenas cosas de que os hemos proveído y dad gracias a Dios, si es a Él a Quien servís!" (*Azora al-Baqara* 172)

En la Sala de Audiencia de Jirbat al-Mafyar, un mosaico bien conservado muestra una representación realista de un membrillero con el crecimiento desigual de sus ramas principales y una de estas ramas que se retuerce en torno de su vecina, más recia y erguida. También domina el realismo en la representación de dos gacelas. Mediante contrastes de sombras, el mosaísta ha conseguido evocar la esbeltez del cuerpo y sugerir el movimiento de las cabezas que se extienden para mordisquear las hojas. A la derecha del árbol, el artista muestra un fiero león atacando a una gacela. La representación es tan veraz que casi puede percibirse la desesperación del pobre animal tratando de escapar de las fuertes garras y fauces de la bestia. El panel en su conjunto está claramente influido por las escenas de caza orientales de los periodos neoasirios o persas. Aún así, presenta un agudo contraste con la escena alegórica del paraíso terrestre del Museo de Madaba.

La ideología teológica domina el Mapa de Mosaico de Madaba, que se encuentra en la iglesia de San Jorge, en Madaba. Este famoso documento geográfico del Próximo Oriente, en el que se representa desde Sidón en Fenicia (Líbano) hasta Alejandría en Egipto, está fechado a mediados del siglo VI (ref. monasterio de San Lot y Soar). El mapa se presta a diversas interpretaciones, desde la controvertida hipótesis de la "visión de Moisés" hasta la más aceptada teoría que lo considera una representación de la historia cristiana. Tras vagar por el desierto, los israelitas cruzan el Jordán por Beth Arabah, y la antigua Jerusalén, que había sido testigo de la muerte y la resurrección de Cristo, se convierte en el corazón de la Tierra del Nuevo Testamento.

Existe una buena referencia comparativa con el Mapa de Mosaico de Madaba en el muro occidental del pórtico de la mezquita omeya de Damasco, construida por Walid I. Este mosaico de vidrio representa ciudades y pueblos con magníficos palacios y villas, junto a un río caudaloso y entre espléndidos jardines. La representación de monumentos clásicos, tal como el teatro que aparece aquí, no era frecuente en la tradición árabe islámica. Una

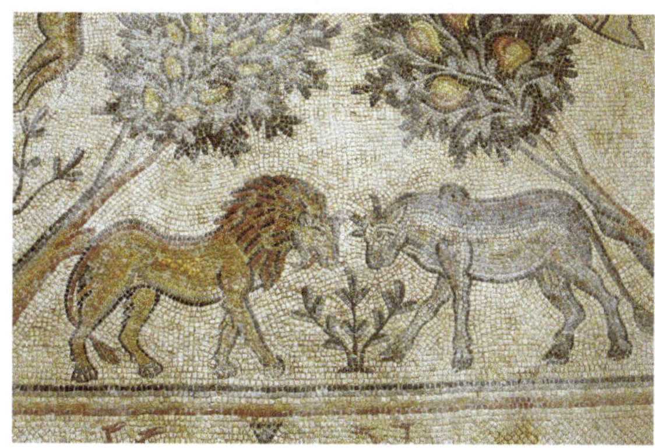

Toro y león comiendo un arbusto, Museo Arqueológico de Madaba.

interpretación razonable fue la que ofreció en el siglo IV/X al-Muqaddasi, quien afirmó que "...apenas hay árbol o ciudad notable que no haya sido representado en aquellas paredes". Ettinghausen, un conocido historiador del arte islámico, añade una explicación plausible al mosaico: "El mosaico de Damasco parece sugerir que todo el orbe, bajo la égida de los califas, ha entrado en la casa del Islam".

Los diversos ejemplos de mosaicos y frescos presentados aquí testifican las diferencias entre los conceptos iconográficos bizantinos y omeyas. Mientras que el interés del artista bizantino se centraba en traducir a símbolos las enseñanzas cristianas, los omeyas estaban más inclinados a expresar los aspectos humanos, representando la vida cotidiana con evidente realismo. Aunque tanto los artistas bizantinos como los omeyas extrajeron su inspiración iconográfica del arte grecorromano, los omeyas estaban más en contacto con el realismo de las representaciones clásicas, pues se hallaban libres de las constricciones alegóricas y teológicas impuestas a los artistas por la Iglesia Bizantina.

LA RUTA CRISTIANA DE PEREGRINACIÓN ENTRE JERUSALÉN Y EL MONTE NEBO A TRAVÉS DEL LUGAR DEL BAUTISMO

Fawzi Zayadine

Palestina fue el lugar de nacimiento del cristianismo, y desde allí la nueva fe se extendió no sólo hacia Oriente sino también por Occidente a través de todo el Imperio Romano. Jordania estaba estrechamente unida a Palestina, ya que Juan el Bautista bautizaba en la orilla oriental del río Jordán, en la que el propio Jesús fue bautizado. A este hecho contribuyeron varios factores: en aquel lugar había una barca que cruzaba el río y en torno al cual se congregaba la gente, y el Jordán estaba controlado por los nabateos, quienes se mostraron más receptivos que los judíos de Palestina al mensaje de Juan el Bautista. En un momento determinado, los judíos quisieron apresar a Jesús "...pero él los eludió. Regresó al otro lado del Jordán para quedarse en el lugar donde Juan se había dedicado en otro tiempo a bautizar" (Juan 10:39-40).

Este lugar aparece en el Mapa de Mosaico de Madaba (mediados del siglo VI) bajo la leyenda "Aenon, donde ahora está Shpsaphas". El nombre deriva del topónimo arameo, muy probablemente *'Aynun*, que significa "fuente". Se encuentra en Wad al-Jarrar, unos 2 km al este del río Jordán. Un manantial hiende este valle, densamente cubierto de espesa vegetación. Se dice que los monjes habitaron en dos cuevas y que el Bautista vivió en una cueva similar, de acuerdo con una visión que se le apareció a un monje que acudió a esta zona desde un monasterio cercano a Jerusalén alrededor del año 500. Viajaba en dirección al Sinaí, pero la visión le ordenó quedarse en aquella cueva en la que Jesús había visitado a Juan el Bautista. Según 1 Reyes 17:2-6, el Profeta Elías, originario de Tisbé (Jirbat Tilsit, en la montaña de Aylun), recibió la orden de Yahvé de ir hacia Oriente y ocultarse en el Wad Querit (Jarrar). Le fueron enviados dos cuervos, uno que le llevó pan por la mañana y otro carne por la noche. El viaje impuesto a Elías tuvo lugar en el siglo IX a. C. y una investigación por la

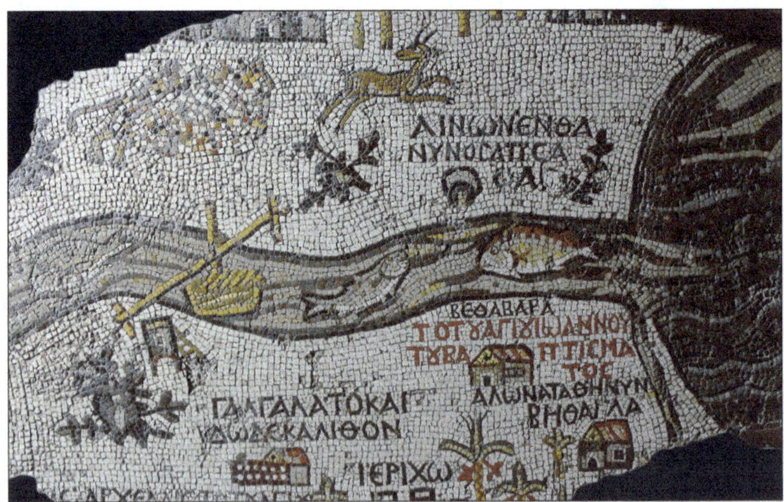

Iglesia de San Jorge, Mapa de Mosaico, el río Jordán y el Lugar del Bautismo, Madaba.

zona identificó realmente un yacimiento de la Edad del Hierro I-II en el lugar mencionado. Cuando vino de Jericó junto con su discípulo Eliseo, "...Elías se quitó el manto y, plegándolo, golpeó con él las aguas; estas se dividieron, y los dos pasaron a pie enjuto" (2 Reyes 2:8). Mientras iban caminando, un carro de fuego con caballos de fuego apareció y "Elías fue arrebatado en un torbellino hacia el cielo" (2 Reyes 2:11). La colina desde la que Elías fue transportado a los Cielos se encuentra en el monte de Wad al-Jarrar, donde el abate Retorio en el siglo VI hizo construir una iglesia, pavimentada con un magnífico suelo de mosaico. Según un docto cristiano que se estableció en Cesarea de Palestina, el Lugar del Bautismo tuvo su origen en el siglo III. En este *onomastikon* —una lista de lugares bíblicos de Palestina y Jordania, escrita alrededor del año 330— Eusebio de Cesarea confirma la localización del Lugar del Bautismo en Bethabara, el punto de vado del río. El término griego *deiknutai* usado por él significa que ya en su época se organizaban visitas guiadas al sitio para los peregrinos cristianos.

Los peregrinos venidos de Europa comenzaban la visita en la Ciudad Santa de Jerusalén y seguían hasta Jericó. Descendían al río Jordán y cruzaban en Bethabara hasta el Lugar del Bautismo, donde recientes excavaciones han sacado a la luz una basílica de planta cuadrada, construida por el emperador Anastasio (491-518) sobre un soporte arqueado para protegerla de las crecidas. Desde allí, los peregrinos llegaban a la llanura de Livias (*tell* al-Rame) y seguían por la Vía Romana hasta Esbus (Hesban). Al llegar al sexto mojón desde Esbus, en la fortaleza de al-Mehatta, un desvío conducía a los peregrinos hasta 'Ayun Musa, o Manantial de Moisés. Desde allí, la vía asciende hasta el Monte Nebo y el Monumento Conmemorativo a Moisés.

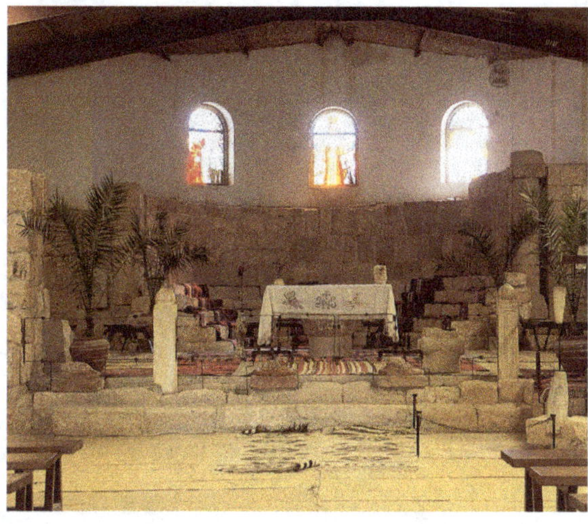

Monumento conmemorativo a Moisés, vista del interior, Monte Nebo.

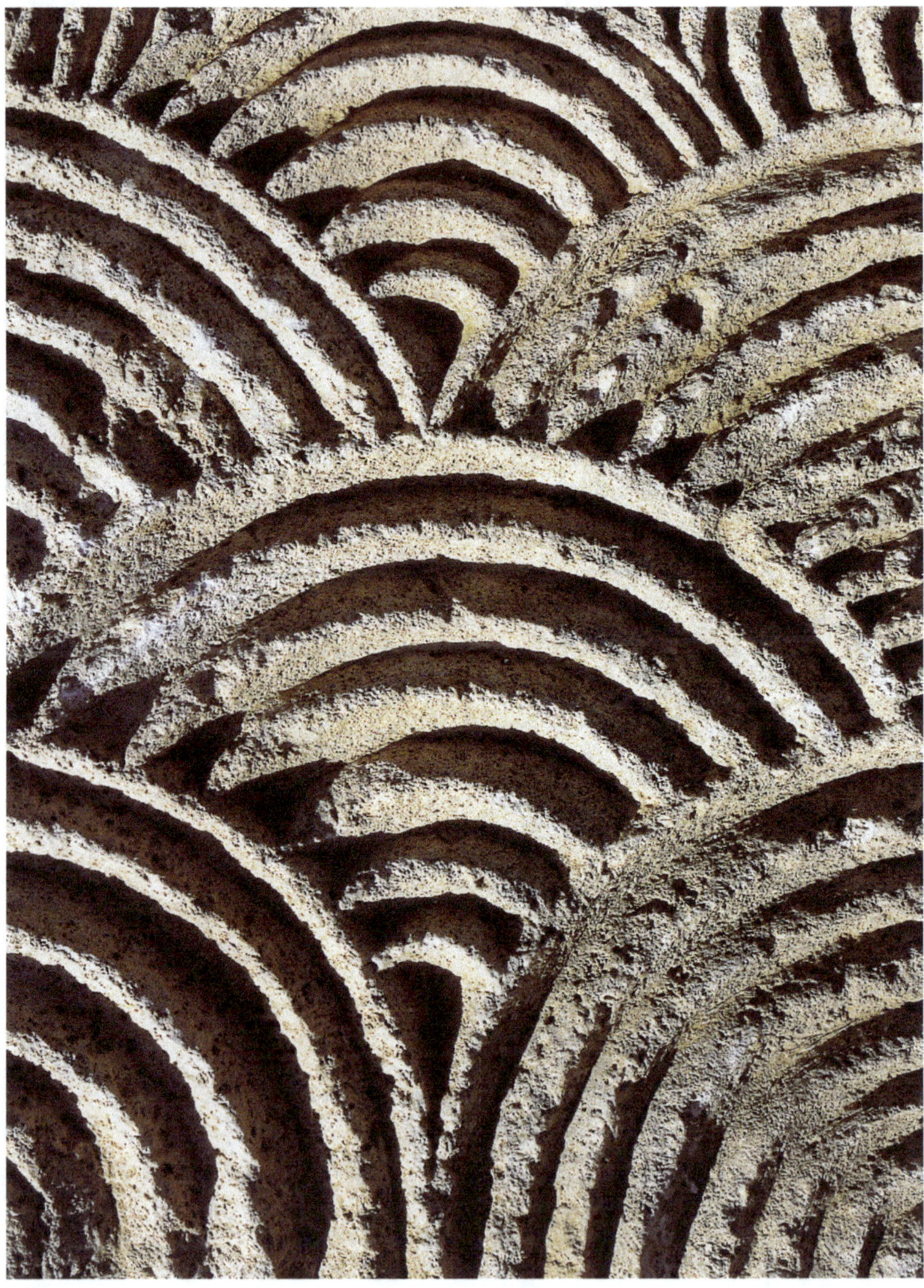

Residencias palaciegas

Mohammad al-Asad, Ghazi Bisheh

Primer día

III.1 AL-BADIYA

III.1.a Al-Qastal
III.1.b Qasr al-Muchatta

La fachada de al-Muchatta en Berlín

III.1.c Depósito de agua de al-Muwaqqar
III.1.d Qasr al-Jarrana
III.1.e Qusayr 'Amra

Estilo de vida opulento y ocio de los califas

OPCIONES PAISAJÍSTICAS

Al-Azraq
Reserva de al-Chawmari,
Reserva de las marismas de al-Azraq

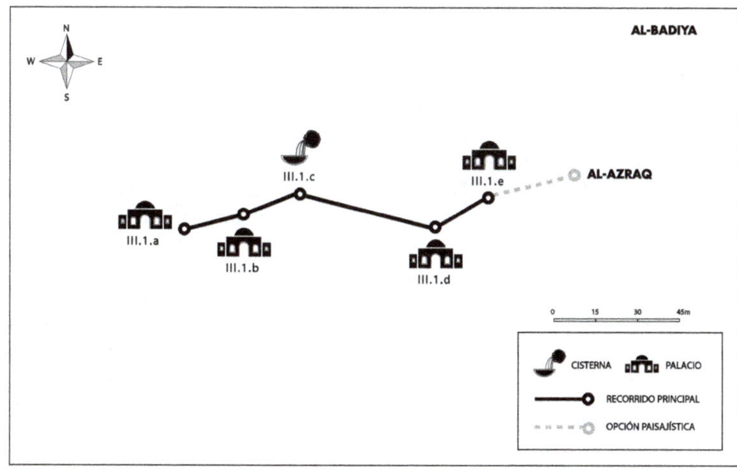

Al-Qastal, detalle de la piedra tallada, al-Badiya.

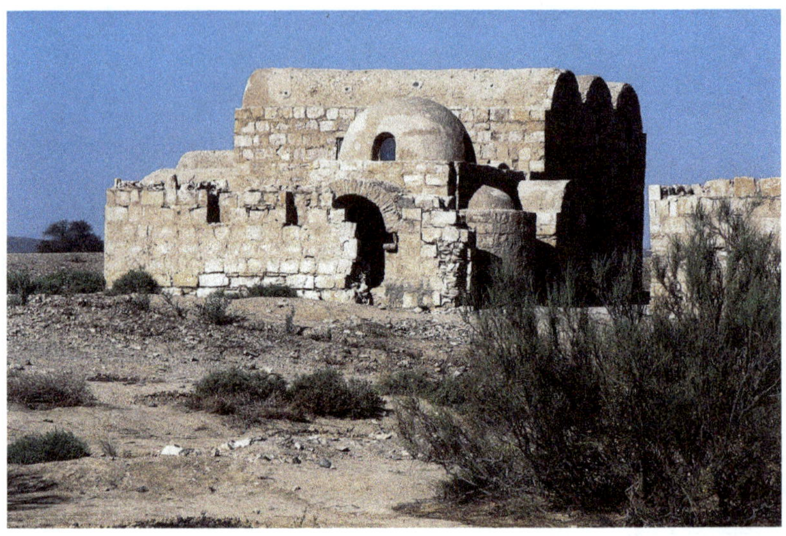

Qusayr 'Amra, vista general, al-Badiya.

Jordania posee la mayor concentración de conjuntos omeyas de edificaciones a los que se suele denominar "palacios del desierto" o "castillos del desierto". Algunos estudiosos han rechazado estos términos, alegando que las zonas donde están situados estos castillos no eran desiertos en la época omeya. De hecho, los sistemas de irrigación desenterrados en varios de ellos ofrecen un claro testimonio de las actividades agrícolas que albergaban en aquella época. Estos conjuntos son demasiados extensos como para denominarlos simplemente "castillos" o "palacios". Varios de ellos podrían ser descritos más acertadamente como fincas o pequeños asentamientos que contenían estancias residenciales, una mezquita, unas termas, así como la infraestructura necesaria para las actividades agrícolas. Algunos de ellos funcionaban también como estaciones para las caravanas o enclaves comerciales.

Nuestro conocimiento de estas fincas es aún bastante fragmentario, y son muchas las cuestiones referentes a las fechas, los autores o las funciones que permanecen aún sin respuesta. Esto es debido, en parte, a la inexistencia de fuentes literarias omeyas contemporáneas y a la escasez de inscripciones que han sobrevivido *in situ*. Pero, aún careciendo de tales documentos probatorios, no cabe duda de que estos monumentos omeyas poseen una gran importancia histórica. A pesar de que estas fincas alejadas de los centros urbanos constituyeron un fenómeno fugaz dentro del mundo islámico, se encuentran entre los primeros ejemplos conocidos de arquitectura islámica, y constituyen igualmente las primeras muestras de arquitectura civil, concretamente palaciega, dentro del mundo islámico. Por otra parte, son uno de los pocos casos dentro de la arquitectura antigua y medieval en que aún se conserva un número significativo de edificios históricos (más de veinte) de un mismo periodo. Además de constituir una prueba material importante de la vida opulenta en los inicios del periodo islámico, ofrecen un ejemplo de continuidad con la villa campestre romana, heredera a su vez de la Antigüedad tardía, y, por lo tanto, pueden arrojar algo de luz sobre esta tipología arquitectónica.

Desde que los estudiosos comenzaron a analizarlas a principios del siglo XX, se han ofrecido numerosas explicaciones sobre estas edificaciones un tanto misteriosas. Han sido consideradas "palacios de placer" donde los príncipes omeyas se entregaban a una diversidad de actividades placenteras, como la caza o los banquetes. Otra opinión extendida las considera ejemplos de un gusto romántico, propio del primer islamismo, por la vida en la *badiya* (las estribaciones del desierto), donde el aire es más fresco y limpio, y el lenguaje árabe es más puro que en la ciudad. Aunque la acepción moderna del término *badiya* se refiere al borde del desierto, durante los tiempos omeyas se aplicaba a las "fincas en el campo" y es en este sentido como se ha mantenido el término original omeya. También han sido interpretadas, en términos socioeconómicos, como centros de actividad agrícola heredados por los musulmanes de los miembros de la aristocracia cristiana bizantina que huyó a Siria tras la conquista musulmana. Se ha sugerido igualmente que pudieron servir como centros administrativos y políticos, donde los príncipes omeyas se reunían para estrechar lazos con los líderes de las tribus locales, de cuyo apoyo los omeyas dependían en gran parte. Más recientemente, se ha avanzado la idea de que estos conjuntos pudieron servir como estaciones en las rutas de comercio y peregrinación que conectaban *Bilad al-Cham* y *al-Hiyaz*. Lo más probable es que cada una de estas explicaciones posea algún elemento de verdad.

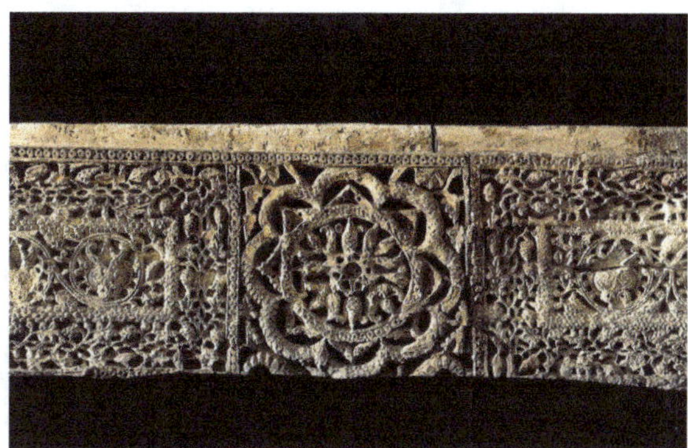

Detalle de la piedra tallada de Qasr Tuba, Museo Arqueológico de Jordania (Num. Inv. J 1950), Ammán.

En muchos casos, estos conjuntos están formados por estancias residenciales, unas termas y una mezquita. No es infrecuente que las termas precedan, en cuanto a fecha, a la zona residencial, ya que esta última no necesita estar formada por estructuras permanentes, mientras que los baños sí. El historiador de arte Ole Grabar ha señalado que muchos de estos conjuntos estaban pensados para un uso esporádico más que permanente, que

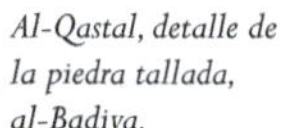

Al-Qastal, detalle de la piedra tallada, al-Badiya.

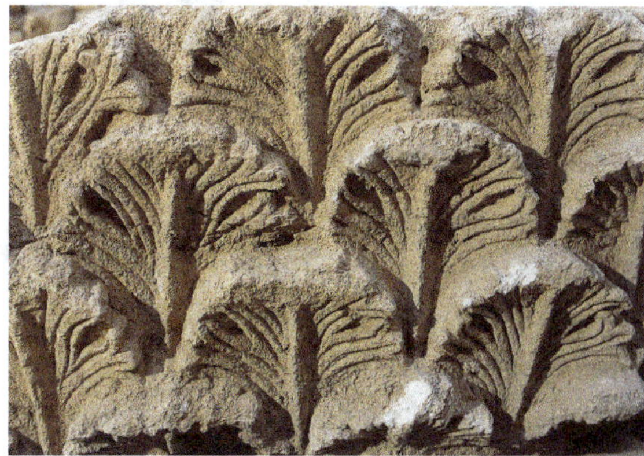

Al-Qastal, antes de 126/744, al-Badiya (P. Carlier, 1984).

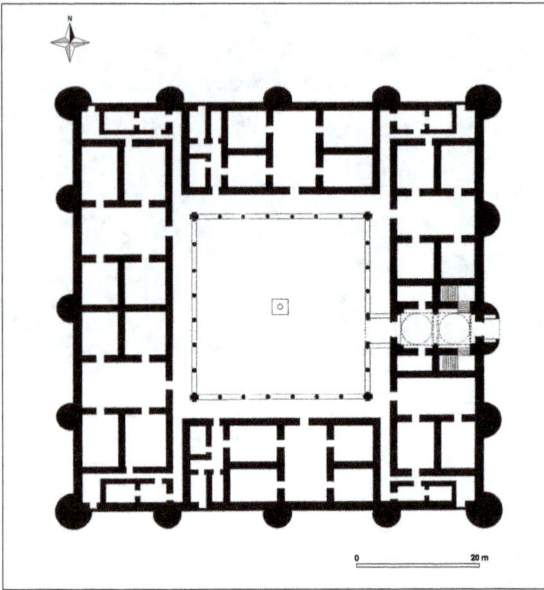

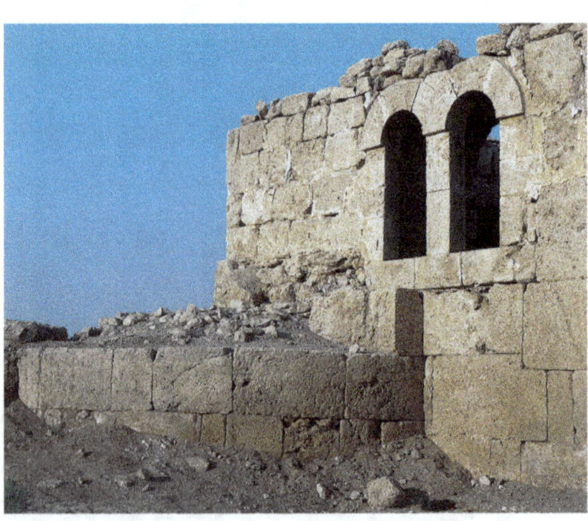

Al-Qastal, torre de esquina del palacio, al-Badiya.

poseían un alto nivel en cuanto a servicios pero pocas funciones públicas, y que muchos de ellos respondían a una expresión y una función de placer más que de poder.

Casi todos estos conjuntos pertenecen a la rama marwaní de la dinastía omeya, formada por los descendientes de Marwan Ibn al-Hakam (65/684-65/685). Se ha sugerido también que el hijo de Marwan, Abd al-Malik (65/685-86/705), asignó a sus hijos algunas zonas de *Bilad al-Cham* con el fin de ejercer mejor el control sobre la región y que este sistema se mantuvo hasta la caída de la dinastía omeya, dos generaciones más tarde.

M. A.

III.1 AL-BADIYA

La única forma de llegar al emplazamiento de al-Badiya es en coche o con giras organizadas localmente.
Entrada gratuita. Puede visitarse todos los días.

III.1.a **Al-Qastal**

Se encuentra junto a la Autopista del Desierto, unos 25 km al sur de Ammán. Desde Hammamat Ma'in, se puede llegar al lugar en taxi o en transporte privado, tomando la dirección de la Autopista del Desierto; desde Ammán, es mejor tomar la Autopista del Aeropuerto y seguir las señalizaciones.

Al-Qastal es un gran conjunto formado por un palacio residencial, una mezquita, unas termas, un cementerio, un área doméstica y una serie de sistemas hidráulicos para la cosecha.

El palacio mide aproximadamente 68 x 68 m. Posee cuatro torres de esquina de tres cuartos de círculo, entre las cuales se alza un total de once torres semicirculares. Cada fachada contiene tres de estas torres, excepto la oriental, en la que se alzan cuatro torres, dos de las cuales flanquean la puerta de entrada.
Se cree que el palacio tuvo en su origen dos plantas, aunque la planta superior no se ha conservado. La planta baja se compone de seis *bayts* (unidades autónomas) dispuestas en torno a un patio cubierto central. Cada una de estas *bayts* consta de cuatro habitaciones y un patio abierto.
La mezquita se sitúa al norte del palacio y posee una sala rectangular de 16 x 5 m, a la que se accede a través de un patio también rectangular de 17 x 10 m. Está construida con la misma piedra, del mismo tamaño y forma y tallada igual, que el palacio. Conectado a la esquina noroccidental de la mezquita y con una escalera en espiral de 6 m de diámetro en su interior, el alminar aún se mantiene en pie hasta una altura de 6 m. Es muy probable que se trate del alminar más antiguo que se conserva en el Islam.
Se cree que el santuario interior de la mezquita estuvo inicialmente cubierto por un techado de madera, y que posteriormente se sustituyó por una bóveda de cañón de piedra. Debido a esto, hubo que ensanchar los muros, originalmente muy delgados, para que pudieran soportar el peso y los empujes laterales de la nueva cubierta.
El cementerio, el más antiguo cementerio musulmán de Jordania, se encuentra situado al suroeste del palacio. Se conservan varias losas funerarias con inscripciones de los periodos omeya y abbasí, que actualmente pueden contemplarse en el Museo Arqueológico de Madaba. Es interesante señalar que las primeras tumbas del cementerio parecen estar orientadas hacia Jerusalén.
Entre los sistemas de recogida de agua se cuenta una represa situada 1 km al este del palacio. Se trata de un muro de 400 m de longitud y 4,30 m de grosor. Aproximadamente 1 km al noroeste del palacio se encuentra una cisterna de 30 x 22 x 6 m, mientras que, dispersas por el área contigua al palacio, pueden contarse hasta setenta cisternas pequeñas.

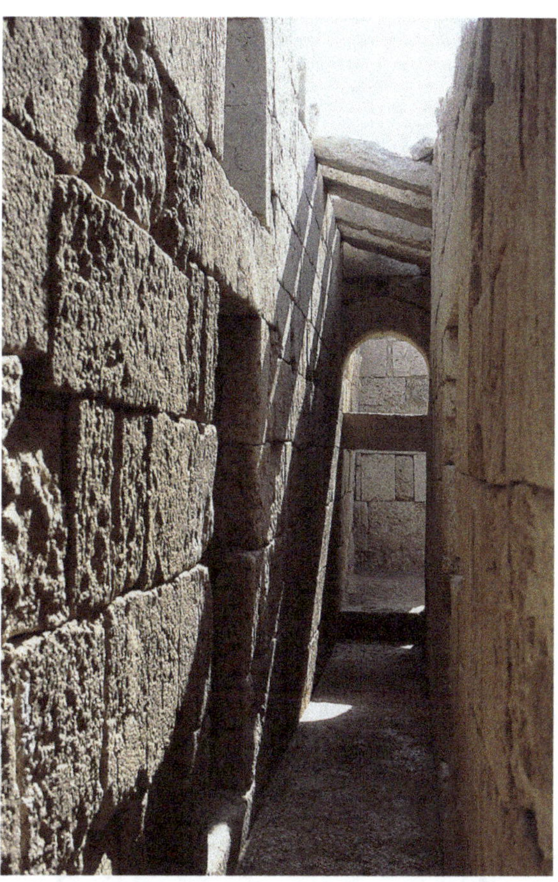

Al-Qastal, vista de un pasillo del palacio, al-Badiya.

Qasr al-Muchatta, vista general, al-Badiya.

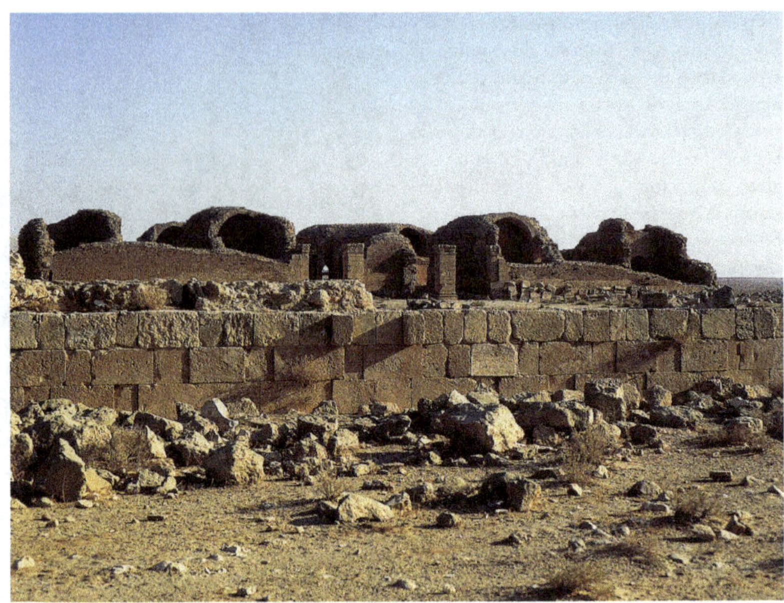

Qasr al-Muchatta, al-Badiya (Grabar, 1973).

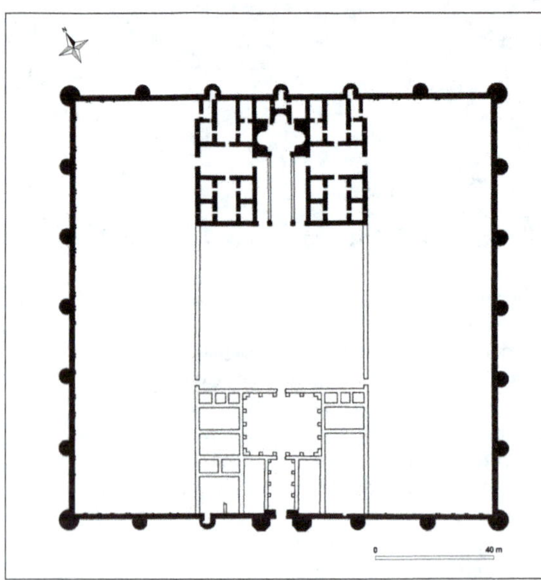

Aunque hay acuerdo en que la mayor parte del conjunto es omeya, aún existe mucho debate en cuanto a las fechas exactas. Una referencia dentro de un relato histórico posterior parece ratificar la hipótesis de que fue terminado antes del año 126/744, pero resulta difícil determinar la época exacta de su construcción. Por otra parte, fue reutilizado como conjunto residencial entre los siglos VI/XII y X/XVI, durante los periodos ayyubí y mameluco, y es en esta época cuando se llevaron a cabo algunas pequeñas alteraciones en el conjunto de al-Qastal.

M. A.

III.1.b Qasr al-Muchatta

Este monumento se encuentra muy cerca del Aeropuerto Internacional Reina Alia y unos

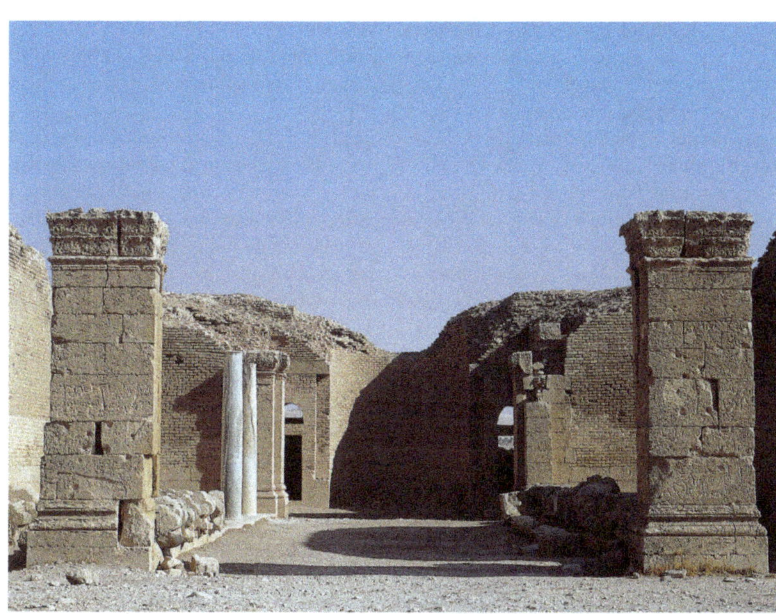

Qasr al-Muchatta, vista del salón basilical frente a la sala del trono, al-Badiya.

35 km al sur de Ammán. Si se viene de al-Qastal en coche, hay que tomar la ruta del aeropuerto y girar a la derecha al llegar al hotel del aeropuerto.

Con sus 144 m de lado, Qasr al-Muchatta es el mayor de los palacios omeyas de Jordania. El conjunto está formado por una sala de recepciones, una sala del trono, una pequeña mezquita y una serie de estancias residenciales. No llegó a terminarse nunca y algunas de sus partes fueron arrasadas por catástrofes naturales, tales como terremotos. Los muros exteriores de 1,7 m de grosor aún se mantienen en pie hasta una altura de 3-5,5 m, mientras que una parte importante de la fachada sur, con sus bellos e intrincados bajorrelieves, fue trasladada a Berlín a principios del siglo XX (ref. La fachada de al-Muchatta en Berlín). Afortunadamente, se ha con-

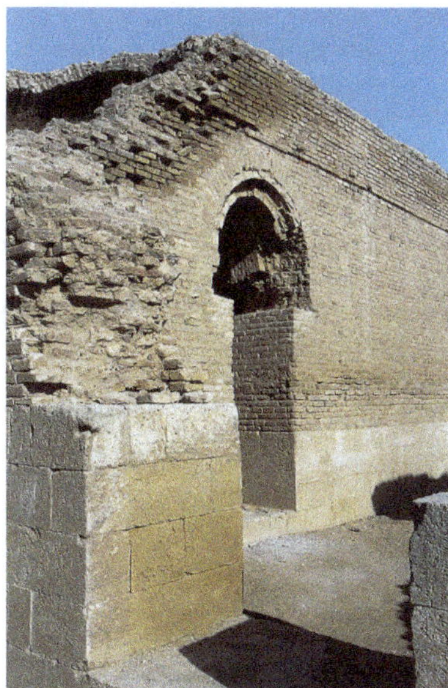

Qasr al-Muchatta, vista del muro de ladrillo en la entrada, al-Badiya.

servado lo suficiente en el lugar como testimonio del esplendor original de este ambicioso monumento.

Aunque las franjas inferiores de los muros están hechas de piedra, las partes superiores, los muros interiores y el techo abovedado están construidos con ladrillo refractario. Los muros exteriores están articulados por 21 torres semicirculares y por 4 torres de esquina casi circulares. Las torres de esquina tienen un impresionante diámetro de 7 m, mientras que las semicirculares son ligeramente más pequeñas (5,5 m de diámetro). Aunque las torres otorgan al conjunto la apariencia de un palacio fortificado, no fueron diseñadas como elementos defensivos, sino que cuatro de ellas hacían las veces de letrinas, mientras que las demás eran macizas.

El conjunto está dividido en tres secciones, orientadas a lo largo de un eje norte-sur. La construcción a los dos lados no llegó a iniciarse nunca, pero la parte central sí se completó parcialmente. Esta sección intermedia está dividida a su vez en tres espacios, consistentes en un patio central, una sección al norte y otra al sur. Estas dos secciones se dividen de nuevo en tres unidades más pequeñas y algunas de estas tres subdivisiones se dividen una vez más en tres unidades. La parte sur está formada por las estancias residenciales y una mezquita, que se identifica como tal porque posee un nicho orientado hacia La Meca. La sección norte culmina en una sala del trono dispuesta según un patrón axial. Esta sala triabsidal está precedida por una sala basilical con una entrada de triple arco.

La planificación, los métodos constructivos y los detalles arquitectónicos del conjunto muestran una combinación de influencias bizantinas y persas sasánidas. El uso de la piedra en los muros exteriores es una constante en la arquitectura bizantina, mientras que el uso del ladrillo para los muros y las bóvedas interiores es un rasgo sasánida. Esta mezcla de influencias es evidente también en la decoración de la fachada sur (ref. La fachada de al-Muchatta en Berlín).

Las grandes dimensiones de este palacio lo distinguen de las edificaciones palaciegas mucho más pequeñas construidas por los omeyas. Se cree que estaba destinado a alojar a un gran número de personas, tal vez a la corte omeya en pleno. Entre sus funciones se incluía la celebración de grandiosas ceremonias, como lo evidencia la incorporación de la sala del trono y la sala basilical.

Son varios los estudiosos que han sugerido que el constructor de al-Muchatta fue el califa omeya Walid II y, aunque no existen pruebas que sustenten tal hipótesis, lo cierto es que este soberano, a pesar de su corto reinado de menos de un año entre 125/743-126/744, ha pasado ciertamente a la historia como un prolífico constructor.

M. A.

LA FACHADA DE AL-MUCHATTA EN BERLÍN

Mohammad al-Asad

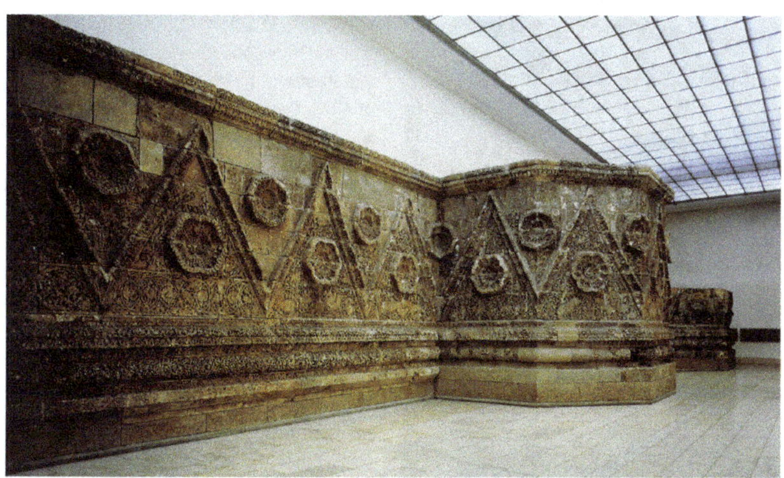

Fachada de al-Muchatta, Museo de Pérgamo (Núm. Ref. 743/ 44 n.Chr), Berlín.

Una parte importante de la fachada sur de al-Muchatta, dentro de la cual está incluida la entrada principal, terminó en el "Staaliche Museen zu Berlin" (Museo de Pérgamo), cuando el sultán otomano Abd al-Hamid (1293/1876-1327/1909; Jordania pertenecía por entonces al Imperio Otomano) la ofreció como regalo al káiser alemán Guillermo II (1888-1918). La fachada, que se conservaba hasta una altura de 3,80 m, fue transportada a Berlín por arqueólogos alemanes que la desmontaron para llevar a cabo la operación. Es muy posible que la línea ferroviaria *Hiyaz,* que los otomanos estaban construyendo con asistencia alemana, pasara ya por las proximidades del emplazamiento de al-Muchatta. Esto pudo haber simplificado el transporte, al facilitar el traslado en tren de la preciada fachada hasta el puerto mediterráneo de Haifa, desde donde fue enviada en barco a Alemania. Allí fue montada de nuevo con el fin de exponerla en el museo.

La fachada está dividida en secciones triangulares que miden unos 2,85 m de altura y unos 2,50 m de anchura de base. Una gran roseta realza el centro de cada uno de estos triángulos. La fachada está suntuosamente decorada con frisos de animales y motivos vegetales. La decoración de los triángulos situados a la derecha de la entrada principal difiere mucho, en cuanto a estilo y ejecución, de la de los triángulos de la izquierda, y se ha sugerido que esto es debido a que fueron ejecutados por diferentes equipos de artesanos.

La fachada inmediatamente anterior a la mezquita está decorada solo con motivos vegetales, según la ya establecida tradición musulmana de rechazo a las representaciones humanas y zoomórficas en las mezquitas. Esta decoración fue tallada después de la construcción de la fachada, y la ornamentación de los bloques nunca se llegó a completar.

Algunos motivos vegetales revelan influencias estilísticas coptas, mientras que la presencia de animales míticos procedentes del arte sasánida señala la influencia de la iconografía persa, por lo cual no es improbable que algunos artesanos provinieran de Egipto e Irán.

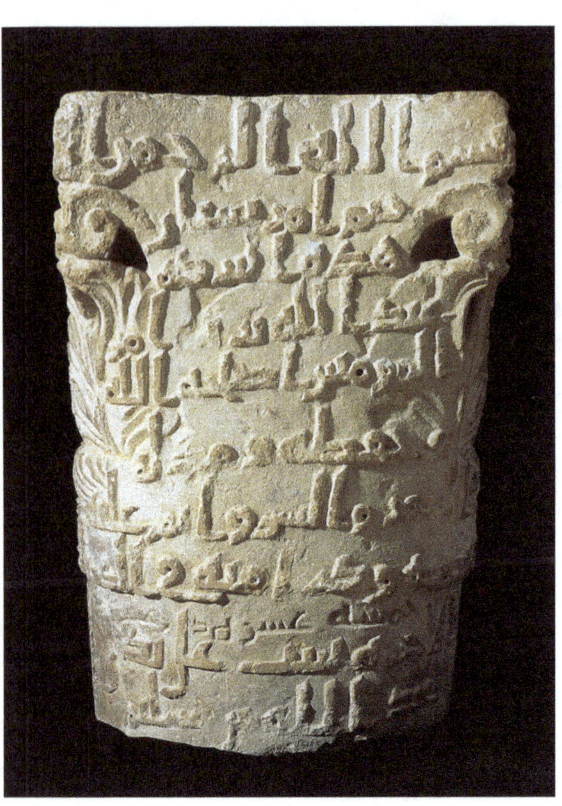

Capitel con inscripciones cúficas del depósito de agua, al-Muwaqqar, Museo Arqueológico de Jordania (Núm. Inv. J 5085), Ammán.

III.1.c Depósito de agua de al-Muwaqqar

Este depósito se encuentra unos 20 km al este de Ammán. Viniendo desde al-Muchatta, hay que retroceder por la carretera del este hasta Ammán y tomar la dirección de Sahab Azraq hasta llegar al emplazamiento del depósito.

Los edificios de al-Muwaqqar han sido casi totalmente destruidos. Aún se conservaban algunas ruinas a principios del siglo XX, cuando el lugar fue visitado por los primeros viajeros y orientalistas, entre ellos Alois Musil. Al visitar el lugar a principios de los años sesenta, el historiador de arquitectura K.A.C. Creswell comprobó que mucho de lo que los primeros visitantes habían podido contemplar ya estaba destruido, a excepción de unos pocos espacios subterráneos abovedados que han permanecido hasta nuestros días.

Los restos más importantes del conjunto omeya corresponden a un gran depósito que sigue en uso. Probablemente estaba al servicio tanto de las caravanas que atravesaban la zona como de los habitantes locales.

Algunos de los vistosos capiteles que en otro tiempo coronaban los pilares y soportaban un entablamento pudieron ser recuperados, y en estos momentos están repartidos por varios museos. Uno de estos capiteles, actualmente en el Museo Arqueológico de la Ciudadela de Ammán, tiene una importancia considerable, ya que pertenece a una columna, mantenida en parte, que se utilizaba para medir el nivel de agua en el depósito. El capitel muestra inscripciones conmemorativas en árabe, referentes a la construcción del depósito por orden del califa Yazid II en los años 103/722-104/723.

M.A.

III.1.d Qasr al-Jarrana

Se encuentra 55 km al este de Ammán, al norte de la carretera a Azraq. Desde al-Muwaqqar, hay que seguir en la misma dirección por la autopista de Sahab Azraq. La típica hospitalidad jordana espera al visitante en una tienda beduina, cerca del lugar.

Qasr al-Jarrana es un edificio cuadrado relativamente bien conservado, que mide unos 36,50 x 35,50 m. Posee dos plantas cuyas habitaciones, dispuestas en torno a un patio con una cisterna debajo, están decoradas a base de estuco. Pegadas a los dos salones rectangulares (aprox. 13 x 8 m) del lado meridional o frontal y divididas por el pasadizo de entrada, se encuentran unas pequeñas habitaciones. Dos escaleras interiores, situadas en posiciones directamente opuestas en los lados este y oeste, conducen a la planta superior.

El *qasr* está construido con mampuestos, y estuvo en otro tiempo revestido con una capa de mortero. Las cuatro esquinas están articuladas por otras tantas torres de tres cuartos de círculo, mientras que tres torres semicirculares señalan respectivamente la mitad de las fachadas este, oeste y norte. Dos torres de cuarto de círculo flanquean a su vez la puerta de entrada, situada en el centro de la fachada meridional. Las fachadas del edificio están articuladas, además, mediante el uso de un aparejo en espinapez, formado por ladrillos colocados diagonalmente que discurren a modo de friso en torno a la franja superior del muro exterior.

A pesar de la apariencia de fortaleza del Qasr al-Jarrana, el edificio no se utilizaba para propósitos militares. Las torres y las numerosas aspilleras que señalan las fachadas exteriores son puramente ornamentales, ya que las torres son macizas, mientras que las aspilleras están demasiado altas para un arquero.

El *qasr* muestra influencia persa en los métodos constructivos (mampuestos revestidos de mortero) y en la decoración (enlucido de estuco). Esto ha llevado al prestigioso historiador de la arquitectura islámica K.A.C. Creswell a la conclusión de que no se trata de un edificio omeya sino sasánida o persa, originario de la época de la ocupación sasánida de la zona, entre los años 614 y 6/628. Sin embargo, no se sabe de ningún programa

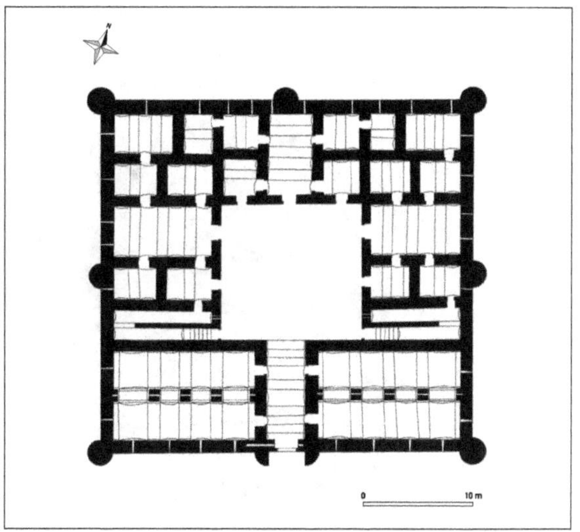

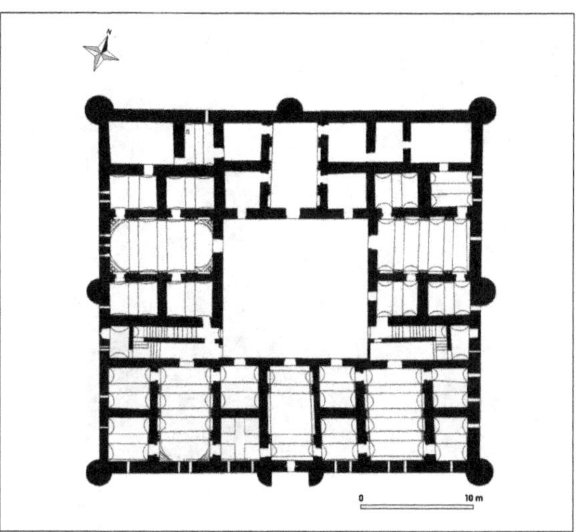

Qasr al-Jarrana, planta baja, antes del año 91/710, al-Badiya (Urice, 1987).

Qasr al-Jarrana, planta alta, antes del año 91/710, al-Badiya (Urice, 1987).

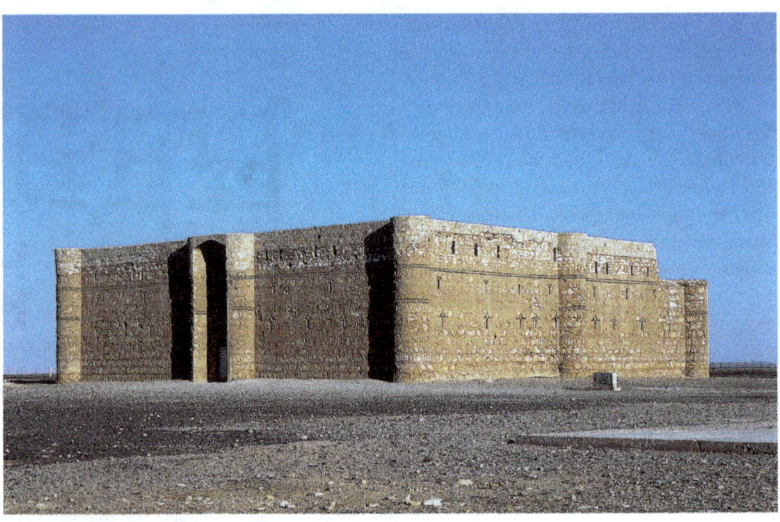

Qasr al-Jarrana, vista general, al-Badiya.

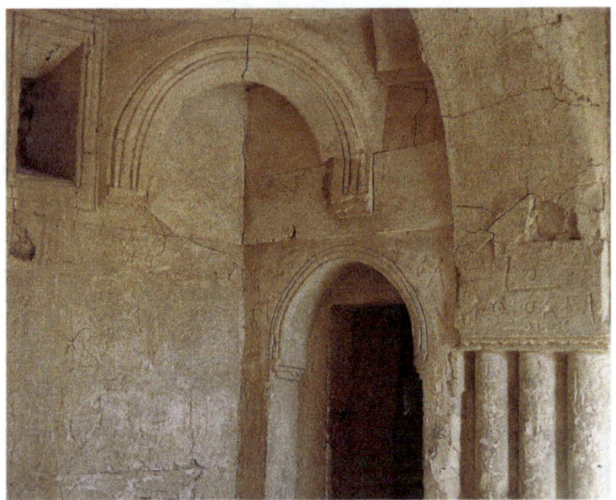

Qasr al-Jarrana, vista del salón interior, al-Badiya.

constructivo llevado a cabo por los persas durante este periodo de ocupación. Por el contrario, la idea de simular una fortaleza y el hecho de que las edificaciones asociadas no fueran funcionales son características habituales de otros palacios omeyas, como es el caso de al-Muchatta.

Una inscripción hallada en el *qasr* ofrece la fecha exacta del 27 de *Muharram* del año 92/24 de noviembre de 710, clara evidencia de que la construcción se produjo antes o en torno a esta fecha. Aún así, se ha producido bastante debate en torno a la fecha exacta y, mientras unos atribuyen la construcción a la época de Walid I (86/705-96/715), hay quienes sugieren una fecha anterior al 65/685. Esta última fecha favorece el argumento de que el edificio es el único palacio omeya premarwaní que ha llegado hasta nuestros días. En cuanto a la función principal del Qasr al-Jarrana, se ha sugerido que pudo usarse como un lugar de encuentro, donde los príncipes omeyas se reunían con los dirigentes locales.

M. A.

III.1.e **Qusayr 'Amra**

Se encuentra 80 km al este de Ammán y 16 km al este de Jarrana. Para llegar al lugar desde

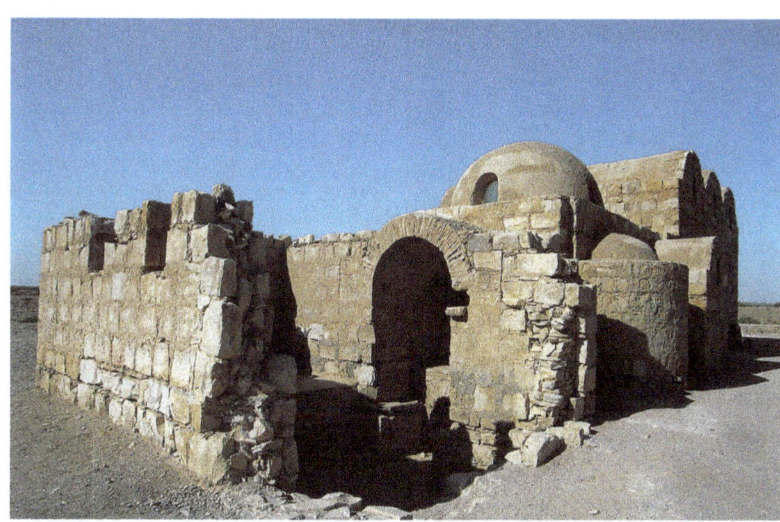

Qusayr 'Amra, Sala del Horno detrás de la Sala Caliente o caldarium, al-Badiya.

Jarrana, hay que seguir la misma dirección por la autopista de Sahab Azraq. Una tienda beduina en la que se puede disfrutar de la hospitalidad jordana ofrece un lugar a la sombra, cerca del emplazamiento.

El término *qusayr* es el diminutivo de *qasr*, que, al igual que la palabra española "castillo", deriva del latín *castrum*. Este palacio relativamente pequeño y bien conservado contiene una Sala de Audiencia y unas termas. Un sistema hidráulico con un molino de agua accionado mediante potencia animal, un pozo circular de 40 m de profundidad y una cisterna ofrecen agua en abundancia. (ref. Agua e irrigación). Excavaciones recientes han sacado a la luz, unos 300 m al noroeste de la residencia principal, algunas construcciones adicionales que, junto con la instalación hidráulica, formaban parte de esta gran finca.

Los restos descubiertos consisten en un pequeño castillo con habitaciones alrededor de un patio cubierto, una torre de vigilancia y un segundo sistema hidráulico similar al primero. Junto al mismo se han descubierto, además, unos muros de contención concebidos para evitar la erosión de las tierras cultivables de una parcela agrícola contigua.

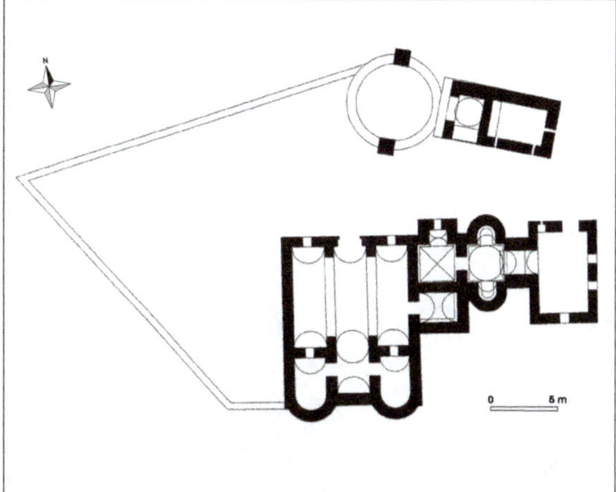

Qusayr 'Amra, posterior al año 92/711, al-Badiya (Grabar, 1973).

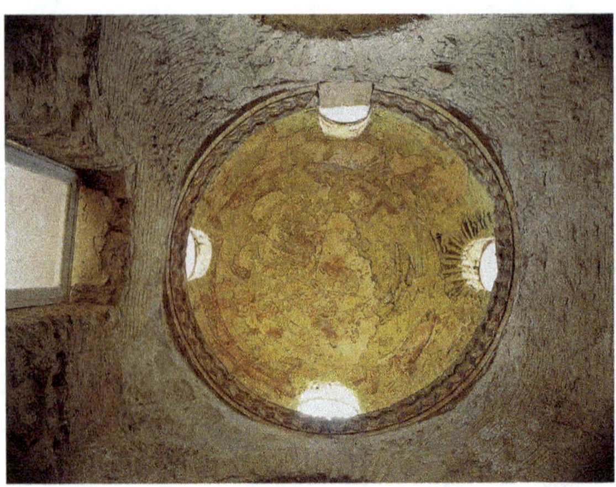

Qusayr 'Amra, representación del Zodíaco sobre el caldarium, al-Badiya (J. L. Nou).

Qusayr 'Amra, mural de los Seis Reyes, al-Badiya (J. L. Nou).

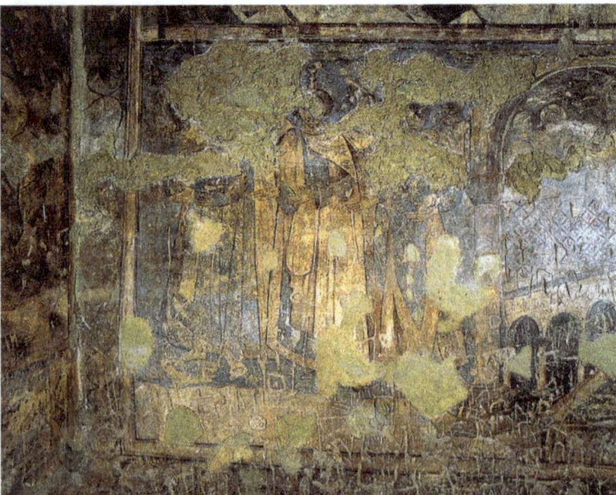

El exterior del Qusayr 'Amra corresponde exactamente a la disposición espacial del interior. La Sala de Audiencia, relativamente pequeña, mide aproximadamente 8,50 x 7,50 m y está flanqueada al sur por tres pequeñas estancias. La Sala está formada por tres naves con bóvedas de medio cañón, separadas unas de otras por dos arcos fajones ligeramente apuntados. Se trata de uno de los primeros ejemplos de esta tipología en la arquitectura islámica.

Las termas, situadas a ambos lados de la Sala de Audiencia, están formadas por tres espacios. El primero de ellos es un Vestuario *(apodyterium)* abovedado en medio cañón, que conduce a una Sala Templada *(tepidarium)* cubierta por una bóveda de crucería y con el suelo elevado para permitir la circulación de aire caliente. La Sala Templada conduce a su vez a la Sala Caliente *(caldarium)*, recubierta por una cúpula sobre pechinas con cuatro ventanas. Un pasadizo que contenía un depósito de agua en la parte superior lleva desde la Sala Caliente hasta un recinto donde se hallaban las conducciones de cerámica del horno conectadas a los depósitos de agua de las termas, mientras que unos canales de desagüe conducían el agua usada hasta un pozo negro cercano.

En las dos pequeñas habitaciones pegadas a la Sala de Audiencia se han encontrado pavimentos de mosaico. Otras estancias estaban pavimentadas con mármol y también se usó este material para revestir los muros hasta una altura de 80 cm. En cualquier caso, el elemento más famoso del palacio son sus frescos. Estas pinturas, que cubren gran parte de las paredes y los techos, son los mayores frescos que se conservan en edificios civiles anteriores al románico. Las pinturas cubren un amplio espectro de temas: en la sala de recepciones, se encuentran escenas de caza, mujeres desnudas o escasamente vestidas y atletas ejercitándose. Hay también escenas de artesanos trabajando, entre ellos herreros, carpinteros, albañiles y canteros. Se muestra también a un alto personaje, probablemente el propietario del palacio, rodeado de pájaros y flanqueado por dos asistentes, así como por personificaciones de la poesía, la historia y la filosofía.

La cúpula de la Sala Caliente de las termas está adornada con una famosa pintura que representa las constelaciones del hemisferio norte, con la Osa Mayor y la Osa Menor, acompañadas por los signos del Zodíaco.

No obstante, la pintura más conocida es el mural de los Seis Reyes, situado en el extremo meridional del muro oeste. Esta obra representa al soberano omeya rodeado por seis reyes que han sido identificados como el emperador bizantino, los emperadores de Persia y China, el rey visigodo de España, el rey de Abisinia y otro rey turco o hindú. Se la considera una representación simbólica de la familia de reyes a la que pertenece la dinastía omeya. De forma subyacente a este tema principal, la imagen puede interpretarse como una alegoría que muestra la posición elevada del califa omeya, que acepta el homenaje ofrecido a su persona por los más importantes soberanos del mundo.

La influencia griega presente en muchas de estas pinturas se puede reconocer tanto en sus temas como en el hecho de que algunas llevan inscripciones en griego. El historiador Glen Bowersock ha recalcado que en el Qusayr 'Amra "(...) existen pocos indicios, aparte de la propia arquitectura de los edificios, que reflejen el hecho de que la región se hallaba plenamente en manos de la administración islámica". Sin embargo, añade también que lo que se puede contemplar es un "Helenismo indígena plenamente local y en absoluto importado". Algunas de las escenas de caza responden punto por punto a esta interpretación: parecen haber sido inspiradas por tradiciones culturales locales de origen nómada, muy alejadas de toda influencia griega.

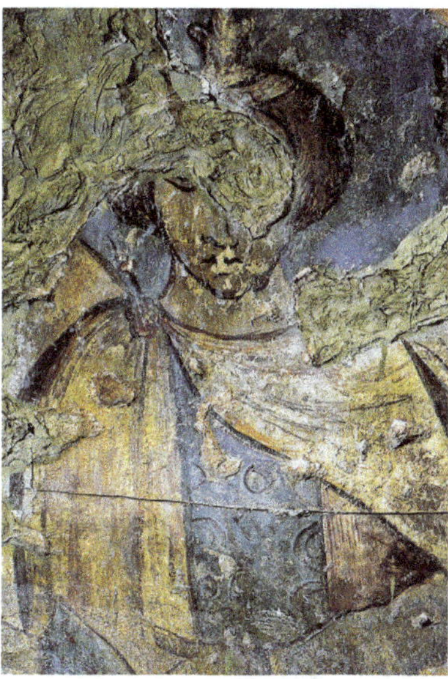

Qusayr 'Amra, detalle del mural de los Seis Reyes, al-Badiya, (J. L. Nou).

La construcción del Qusayr 'Amra se ha atribuido a Walid I (86/705-96/715), bajo cuyo mandato el imperio omeya alcanzó su cenit. Esta atribución se basa fundamentalmente en el estudio del mural de los Seis Reyes: se ha argumentado que la mayoría de las figuras representan soberanos (o sus descendientes, como en el caso del rey persa) que fueron derrotados por Walid. El corto mandato, del año 91/710 al 92/711, y la breve vida del rey español visigodo Rodrigo llegaron a un abrupto final al ser derrotado por las tropas musulmanas invasoras de Walid. Si la interpretación del cuadro es correcta, la derrota de Rodrigo ofrece una fecha para la construcción del Qusayr 'Amra, que en tal caso no habría podido ser anterior al año 92/711.

M. A.

Mohammad al-Asad

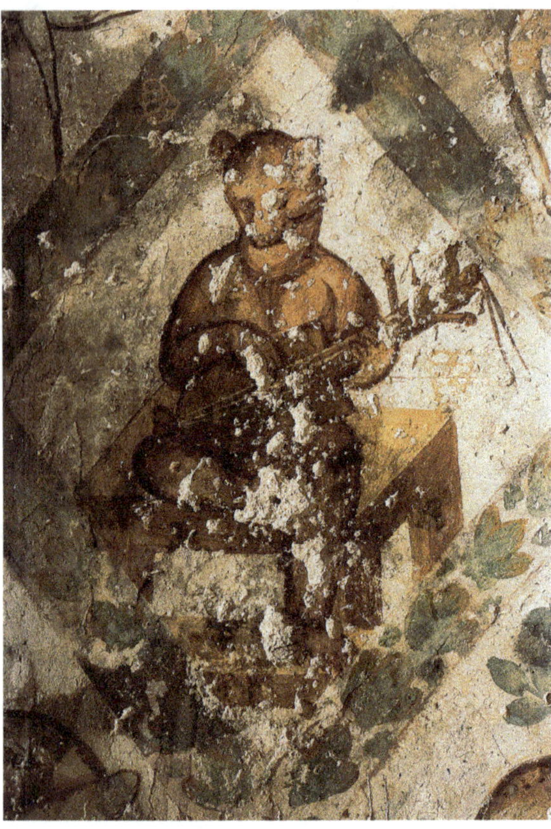

Qusayr 'Amra, complejo termal, pintura mural de un oso tocando el laúd, al-Badiya.

Los palacios que han quedado del periodo omeya ofrecen un testimonio del estilo de vida opulento que los príncipes omeyas cultivaban a través del mecenazgo del arte y la arquitectura. Reflejo de esta opulencia son los suelos de mosaico y las esculturas de estuco del Jirbat al-Mafyar, las pinturas murales del Qusayr 'Amra y el impresionante salón basilical rematado por la sala triabsidal del trono del Qasr al-Muchatta.

No obstante, gran parte de lo que sabemos acerca del estilo de vida de los omeyas proviene de fuentes literarias, las más antiguas de las cuales se remontan a un siglo y medio después de la caída de la dinastía omeya. Hay dos fuentes que destacan de forma particular. La primera es el *Kitab al-Agani,* "El libro de las canciones", de Abu al-Faray al-Isfahani (284/897-356/967). Esta obra en veinticuatro volúmenes consiste principalmente en una antología de las canciones y los poemas más populares del Bagdad del siglo IV/X, pero también nos informa de las maneras y costumbres de las cortes omeya y abbasí. La segunda fuente es el *al-'Iqd al-Farid,* "El collar singular", de Ibn Abd al-Rabbihi (aprox. 300/913). Se trata de una recopilación de escritos concebidos para ofrecer conocimientos específicos a un hombre cultivado de la época, pero además contiene información útil sobre la vida en la corte omeya. Bastante excepcionales para su tiempo, ambos autores se muestran favorables a la memoria de los omeyas. El hecho de que al-Isfahani, a pesar de ser musulmán chií, fuera descendiente de una familia omeya, y de que Ibn Abd al-Rabbihi estuviera vinculado a la corte omeya de Córdoba, pudo haber influido en que sus opiniones no respondieran a la visión, en general negativa, de sus contemporáneos. Aún así, el tiempo que los separa de los omeyas de Siria permite albergar ciertas dudas sobre la exactitud de sus crónicas.

El *Kitab al-Agani* y el *al-'Iqd al-Farid* nos recuerdan que escuchar canciones (y en ocasiones participar en los cantos) era uno de los principales pasatiempos cortesanos de los omeyas. Se nos cuenta que Yazid I, el segundo califa omeya, era compositor y que fue él quien introdujo el canto y los instrumentos musicales en la corte omeya. Algunos de los trovadores que actuaban en los palacios omeyas se hicieron famosos, y uno de ellos, el cantante medinés Ma'bad Ibn Wahab (m. 125/743-744) se convirtió en el favorito de las cortes de Walid I, Yazid II y Walid II. Yazid II sentía especial afición por dos mujeres cantantes, Habbaba y Sallama, ambas discípulas de Ma'bad. Walid II, por otra parte, no solo disfrutaba escuchando cantar, sino que también componía canciones y tocaba el laúd.

Sin embargo, la Edad de Oro de las canciones árabes se produjo tras la caída de la dinastía omeya. El mayor cantante árabe es probablemente Ziryab (m. aprox. 236/850). Ziryab era un esclavo liberado que empezó cantando en la corte abbasí de Bagdad. Su talento excepcional despertó los celos de sus competidores, y las intrigas cortesanas que se instigaron en su contra lo obligaron a huir de Bagdad. Acabó asentándose en Córdoba, la capital de al-Andalus (la España musulmana), donde encontró un mecenas en el soberano Abd al-Rahman II (206/822-238/852). Se atribuye así a Ziryab la introducción en Córdoba de las sofisticadas tradiciones musicales de Bagdad, así como el inicio de un estilo musical andalusí. Fue él quien fundó el primer conservatorio de música en España y, tratándose de una persona cultivada y refinada, acabó convirtiéndose en favorito y tuvo sus propios seguidores en la corte omeya española. Según se cuenta, su contribución a la vida cortesana abarcó desde la introducción de peinados a la creación de nuevas recetas culinarias y el refinamiento de la etiqueta.

Al-Azraq

Las reservas y el antiguo emplazamiento se encuentran 110 km al este de Ammán y a 28 km de 'Amra, y se pueden visitar en cualquier momento durante el día. Información: The Royal Society for the Conservation of Nature, tel.: 06 5334610, o el Centro de Visitantes de al-Azraq, tel.: 05 3835225.

La reserva de al-Chawmari se encuentra 10 km más al sur de Azraq y su horario es de 7:30 a 18. El área protegida comprende 22 km² y es una de las primeras de su clase en la región. Esta reserva natural funciona también como un lugar ideal para la reintroducción de especies extintas de la fauna autóctona.

La reserva de las marismas de al-Azraq es un oasis, pero es mejor comprobar antes de la visita que no esté seca debido al régimen de lluvias. Protege el frágil ecosistema de los humedales, lugar de descanso y alimentación de las aves migratorias que se reúnen aquí de camino hacia África. Los humedales, sin embargo, se hallan bajo constante amenaza de extinción debido a las prolongadas sequías y al agotamiento de los acuíferos. La falta de agua superficial ha hecho disminuir la superficie del humedal, y muchas bandadas de pájaros se ven obligadas a pasar de largo por la reserva a la búsqueda de comida. Tanto la reserva de al-Chawmari como la de al-Azraq se encuentran entre las pocas áreas protegidas donde el visitante puede apreciar aún la fauna y la flora autóctonas y hacerse una idea de la riqueza natural que en otro tiempo caracterizó la región.

Residencias palaciegas

Mohammad al-Asad, Ghazi Bisheh

Segundo día

III.2 WAD AL-DLAYL
III.2.a Hammam al-Sarah
III.2.b Qasr al-Hallabat

Agua e irrigación

III.3 AL-FUDAYN (MAFRAQ)

III.4 UMM AL-YIMAL

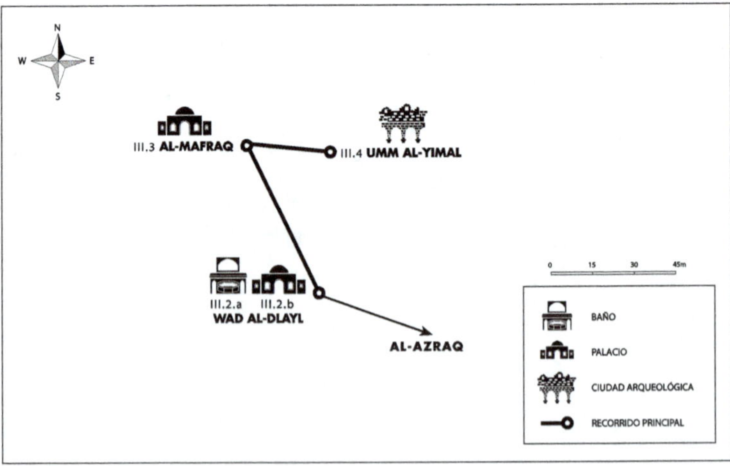

III.2 WAD AL-DLAYL

III.2.a Hammam al-Sarah

Está situado unos 55 km al noreste de Ammán y 2 km al sureste del Qasr al-Hallabat. Para llegar al Hammam al-Sarah desde Azraq hay que tomar la carretera principal entre Azraq y Zarqa, en sentido norte.

La planta del edificio es asombrosamente similar a la del Qusayr 'Amra, aunque su aparejo está mejor acabado y las hiladas están más firmemente trabadas. Al igual que el 'Amra, está formado por tres elementos principales: la Sala de Audiencia, las termas y el sistema hidráulico. A estos elementos podría añadirse un *masyid* sin techo de reciente construcción.

Al baño se entraba por una puerta abierta en mitad del muro sur; la entrada estaba rematada por un dintel monolítico tallado con una *tabula ansata* y dos guirnaldas entrelazadas. La Sala de Audiencia estuvo cubierta en un principio por tres bóvedas de medio cañón soportadas por los muros laterales, y por dos arcos fajones intermedios que salvaban la luz entre sendos pilares adosados. En la esquina noreste de la Sala de Audiencia había una fuente que recibía el agua del depósito situado al este. En la parte posterior de la sala había una alcoba; dos entradas situadas en los lados oriental y occidental de este espacio se comunicaban con unas estancias laterales, pavimentadas con mosaicos de colores. En la parte de atrás de estas habitaciones laterales, en las esquinas exteriores, hay dos pequeños retranqueos que forman salientes en el muro oriental y cuyo uso fue el de letrinas.

Hammam al-Sarah, siglo II/VIII, Wad al-Dlayl (Creswell, 1958).

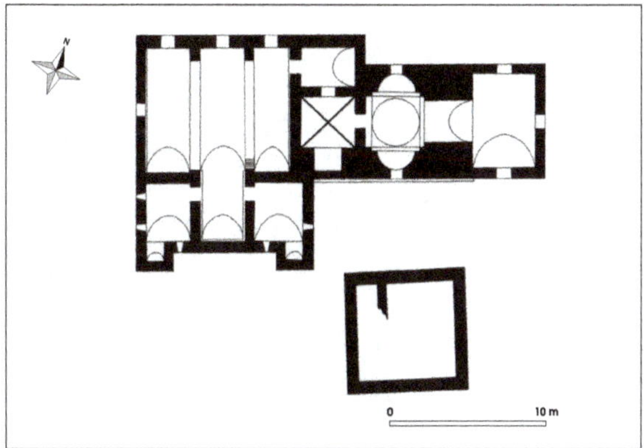

Hammam al-Sarah, vista del interior, Wad al-Dlayl.

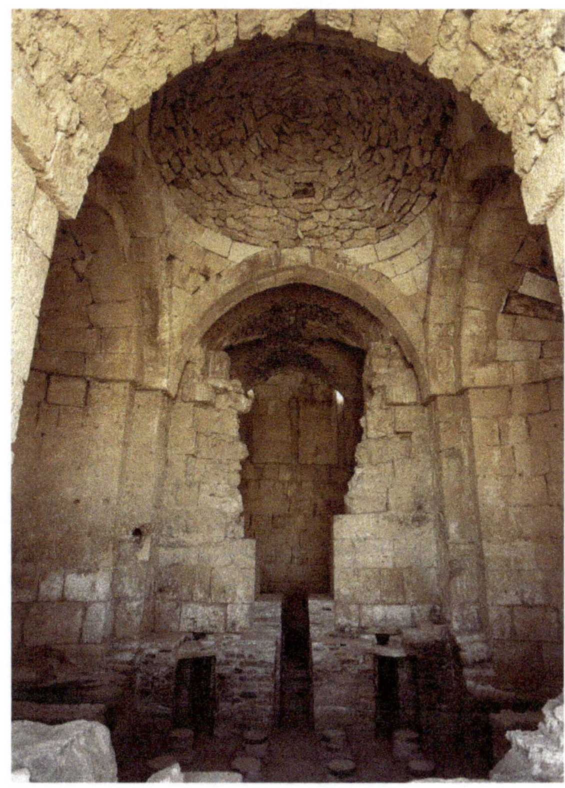

Hammam al-Sarah, hipocausto, Wad al-Dlayl.

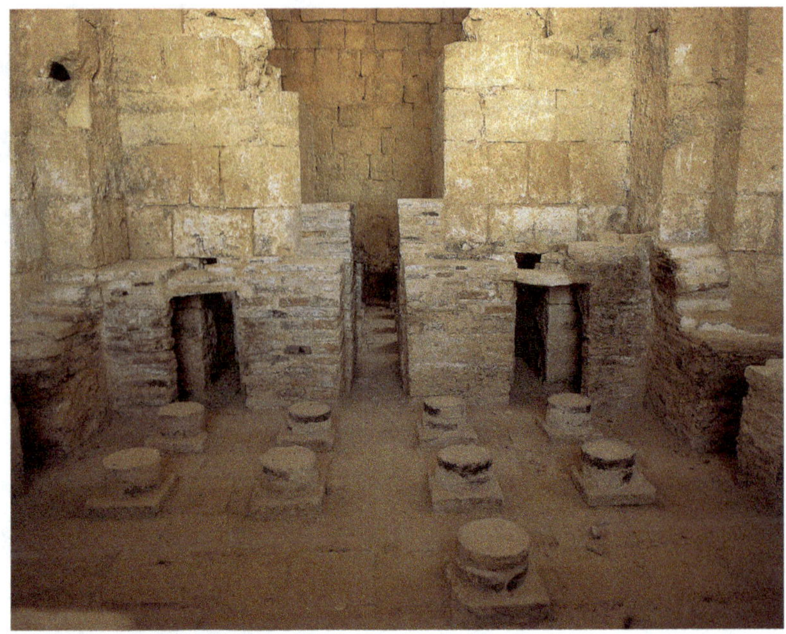

Una puerta en la esquina noroccidental de la Sala de Audiencia conduce hasta el Vestuario *(apodyterium)* cubierto por una bóveda de medio cañón. En el centro del muro oriental hay una puerta que permite el acceso a la Sala Templada *(tepidarium)* con su bóveda de crucería. En el extremo más alejado de esta sala, enfrentado a la entrada, se encuentra un retranqueo casi cuadrado, cubierto por una bóveda de cañón. En la parte superior del muro sur hay tres hendiduras verticales que se extienden a lo largo del techo hasta el exterior. Estas rozas estaban destinadas a las conducciones de cerámica que funcionaban como cañones de chimenea. El forjado de este espacio apoyaba sobre 25 soportes construidos con ladrillos circulares. A través de una puerta abierta en el centro del muro norte, se accede a la Sala Caliente *(caldarium)*. A la derecha y a la izquierda hay dos retranqueos semicirculares, rematados por bóvedas de medio punto; los muros de estos espacios, que servían de pequeños estanques donde los bañistas podían salpicarse de agua, están perforados por pequeños orificios para el agarre del revestimiento original de mármol. La Sala Caliente estaba cubierta originariamente por una bóveda esférica construida con 19 nervios protuberantes, compuestos por piezas de esquisto en forma de cuña. El *hipocausto* está formado por 16 columnas dispuestas en 4 filas. En el lado norte se abre un pasaje con bóveda de medio cañón, y en su extremo más alejado se encuentra la boca del horno. El pasaje abovedado abría a un recinto sin techo, que hacía las veces de zona de servicio y de almacenamiento del combustible.

Al este del baño se encuentran las instalaciones hidráulicas, caracterizadas por tres elementos:

a) Un depósito de agua elevado, que permitía el flujo del agua por gravedad.

b) Un pozo de 5 m de diámetro, construido en mampostería por hiladas.

c) Una estructura circular, construida en su mayor parte con mampuestos y piedras a medio tallar. Era en este espacio donde las bestias de carga daban vueltas para hacer funcionar la bomba de agua *(saqiya)* y elevar el agua desde el pozo al depósito.

Finalmente, es importante señalar que el Hammam al-Sarah no debe entenderse como un monumento aislado, sino en relación con el Qasr al-Hallabat, que fue reconstruido durante el periodo omeya (ref. Qasr al-Hallabat).

G. B.

III.2.b **Qasr al-Hallabat**

Se encuentra unos 65 km al este de Ammán, 30 km al este de Zarqa y a unos 18 km del punto más cercano (hacia el noroeste) de la Vía Nova Traiana. *Para llegar al sitio desde Ammán hay que tomar la misma carretera de Azraq a Zarqa en sentido norte.*
Entrada gratuita. Abierto durante el día.

El emplazamiento de Qasr al-Hallabat está formado por un conjunto de unidades independientes y ampliamente espaciadas, entre las que se cuentan: un *qasr* (castillo o alcázar), una mezquita, un depósito enorme y ocho cisternas excavadas en la ladera occidental. Sobre la llanura contigua al depósito se extendían hacia el noroeste un recinto agrícola de planta irregular equipado con un elaborado sistema de esclusas y un aglomerado de casas pobremente construidas. A esta serie variopinta de elementos habría que sumar las termas del Hammam al-Sarah, situado 2 km al este del castillo.

La planta del castillo tiene 44 m de lado, con torres cuadradas de esquina que sobresalen por la cara exterior del muro de cerramiento. La **entrada** al edificio se efectúa a través de un único umbral situado en medio del muro oriental. Esta puerta da a un pasadizo que conduce hasta un patio abierto, pavimentado con losas. Originariamente, este patio estaba flanqueado por una galería porticada, como lo indican los leves restos de pintura que se vislumbran en algunas zonas donde se ha conservado el enlucido que recubría las paredes interiores. Una serie de estancias alargadas y casi cuadradas rodea tres lados de este patio central. El cuadrante noroeste está ocupado por una edificación interior que consiste, a su vez, en otro patio central rodeado por todos los lados, excepto por el sur, por

Qasr al-Hallabat, Wad al-Dlayl (Piccirillo, 1986).

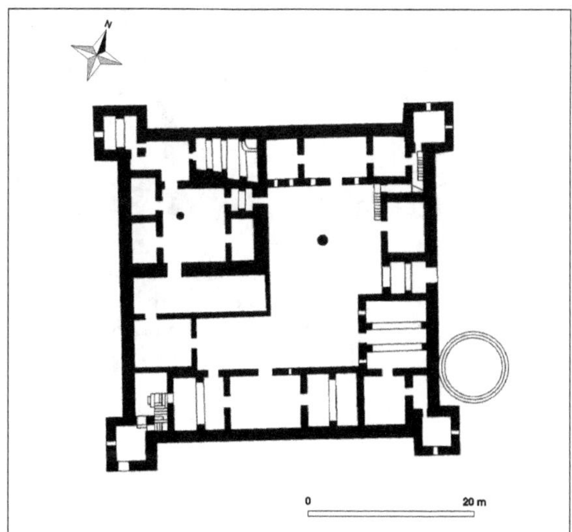

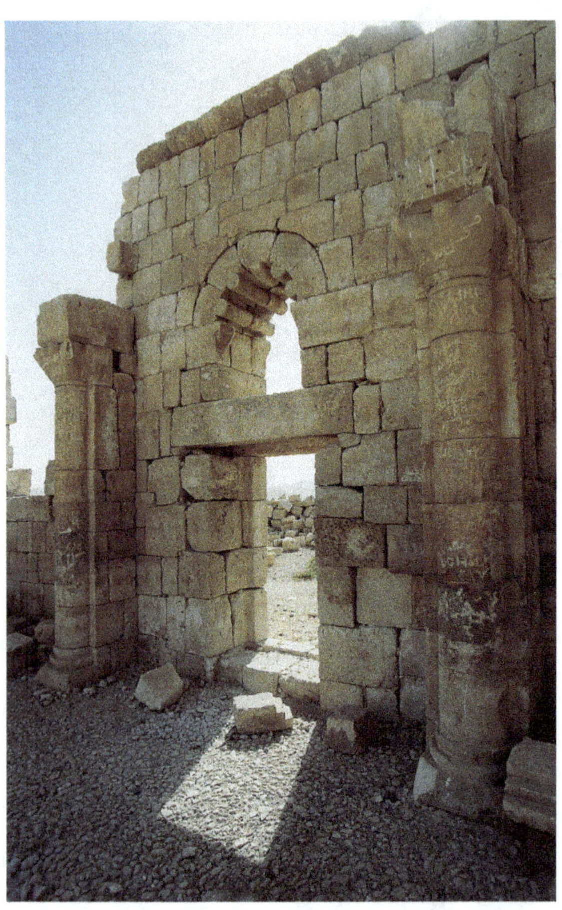

Qasr al-Hallabat, detalle de la fachada de la mezquita, Wad al-Dlayl.

una serie de habitaciones. Este cuadrante, separado del resto del edificio, albergaba una pequeña prensa de vino y pudo haber servido como residencia del servicio. En cada uno de los patios hay una cisterna.

En este lugar se descubrieron dos inscripciones que se han querido relacionar con las fases arquitectónicas del castillo: una de ellas, con fecha del 212, está en latín y hace referencia a la construcción de un *Novum Castellum;* la otra está en griego y fechada en el año 529. Las excavaciones y las obras de desescombro llevadas a cabo en el castillo permitieron sacar a la luz un total de 142 inscripciones en griego, además de dos nabateas, una safaítica y una moderna inscripción en armenio. La mayoría de las inscripciones griegas, grabadas en sillares de basalto, hace referencia a un edicto emitido por el emperador bizantino Anastasio (491-518) con motivo de la reorganización administrativa y económica de la *Provincia Arabia.* Es muy probable que todos los sillares con inscripciones proviniesen de un asentamiento cercano, posiblemente Umm al-Yimal, y fueran reutilizados por los omeyas como material para la reconstrucción del castillo. En el transcurso de esta reconstrucción, se dotó al castillo de elaboradas decoraciones de estuco tallado, frescos y mosaicos de colores, transformándolo así de un recinto fortificado en una residencia palaciega. Junto con esta transformación, se produjo un notable crecimiento del conjunto, que se vio enriquecido con una nueva mezquita extramuros, el recinto agrícola con su sofisticado sistema de riego y las termas de Hammam al-Sarah.

G. B.

AGUA E IRRIGACIÓN

Ghazi Bisheh

Jordania alcanzó su nivel más alto de desarrollo durante el periodo bizantino, en el que se produjo la ruralización del país. Los estudios arqueológicos demuestran que el número de asentamientos agrícolas existentes en el periodo bizantino era mucho más alto que en cualquier periodo precedente. Es muy probable que este desarrollo del campo se produjera a costa de las ciudades, que disminuyeron de tamaño y población. Sin embargo, las últimas décadas del dominio bizantino, marcadas por las continuas pugnas con los sasánidas (ref. Los omeyas. Los inicios del arte islámico), constituyeron un periodo de regresión, aunque siguieran construyéndose iglesias. Desgraciadamente, las fuentes árabes sobre las actividades agrícolas en Jordania durante el primer periodo islámico son demasiado fragmentarias e insuficientes para formarse una imagen clara de la tendencia general en cuanto a desarrollo agrícola. Esta deficiencia, no obstante, se ve compensada por las evidencias arqueológicas y epigráficas, que demuestran que los califas omeyas y los miembros de la familia dominante patrocinaron proyectos para el almacenamiento de agua, como parte de una política general de ocupación de nuevas tierras con actividades agrícolas. El estudioso francés Jean Sauvaget ha señalado que los denominados Palacios del Desierto (al-Qastal, al-Muwaqqar, al-Muchatta, Qusayr 'Amra, etc.) estaban siempre acompañados de instalaciones hidráulicas tales como cisternas, depósitos, diques y acueductos, y ha sugerido que pudieron ser centros de explotación agrícola. Dichas instalaciones hidráulicas no servían únicamente para suministrar agua a los palacios, sino también para regar los campos y jardines. Innumerables cisternas excavadas en la roca caliza salpican el paisaje de las inmediaciones de al-Qastal, al-Muwaqqar, al-Muchatta y al-Hallabat, mientras que en al-Qastal y al-Qanatir, a medio camino entre al-Qastal y Umm al-Walid, pueden contemplarse diques de considerable envergadura. Una inscripción árabe indica que Yazid I ordenó la construcción del depósito de

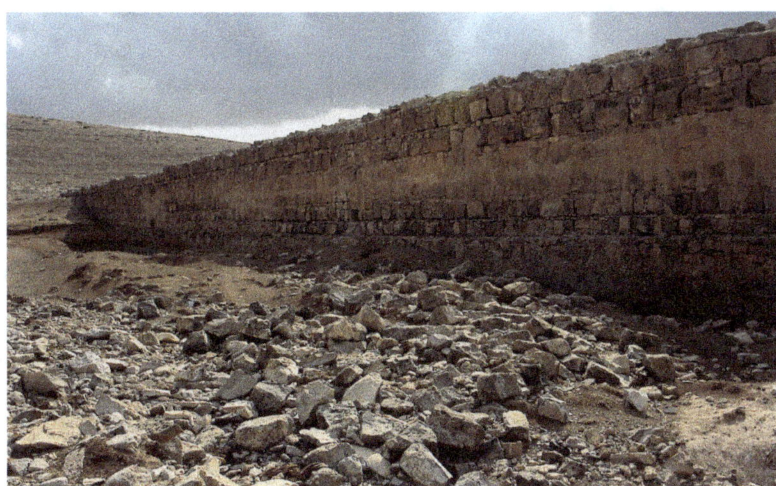

Dique sureste, al-Qanatir.

al-Muwaqqar. En al-Hallabat, la fortaleza preislámica fue reconvertida en una lujosa residencia y adornada con numerosas decoraciones, mosaicos, estucos tallados y pinturas al fresco. Esta transformación vino acompañada de la introducción de nuevas instalaciones: unas termas (Hammam al-Sarah), una mezquita extramuros, un enorme estanque y numerosas cisternas subterráneas. Unos 400 m al oeste del *qasr*, se construyó un recinto agrícola (270 × 220 m) con un elaborado sistema de esclusas para la distribución de agua entre las parcelas rectangulares. Un nieto del califa Uzman Ibn Affan fue el dueño de al-Fudayn (ref. al-Fudayn), así como de las extensas parcelas agrícolas que lo rodeaban. Al contrario que en Iraq, donde las inversiones en irrigación se realizaban conjuntamente con la fundación de nuevas ciudades *(amsar,* sing. *misr),* como ocurrió en Basra, Kufa y Wasit, los ricos inversores árabes de Siria preferían los terrenos desocupados y el desarrollo de nuevas tierras, tal vez para evitar las reclamaciones de los terratenientes y campesinos, y para beneficiarse de las diferencias fiscales. Dado que en el caso de nuevas tierras se pagaban diezmos *('uchr),* en lugar de los más elevados impuestos sobre la tierra *(jarash),* estos diferenciales impositivos ofrecían a los promotores privados unas mayores expectativas de lucro. Así, los miembros de la familia dominante, los dirigentes tribales y los altos funcionarios del gobierno comenzaron a buscar la obtención de beneficios a través de la ocupación de tierras baldías *(mawat).* Esto condujo a la expansión del régimen agrícola hasta áreas marginales. Una fuente árabe que describe los rasgos dominantes de cada uno de los califas omeyas relata que el de Walid I (86/705-96/715) fue su amor por la edificación, la construcción de obras de irrigación y la adquisición de fincas. Durante su reinado, la población se dedicó a acumular ávidamente fincas y propiedades, haciendo realidad así un proverbio árabe que dice que "el pueblo responde a los rasgos religiosos de sus dirigentes".

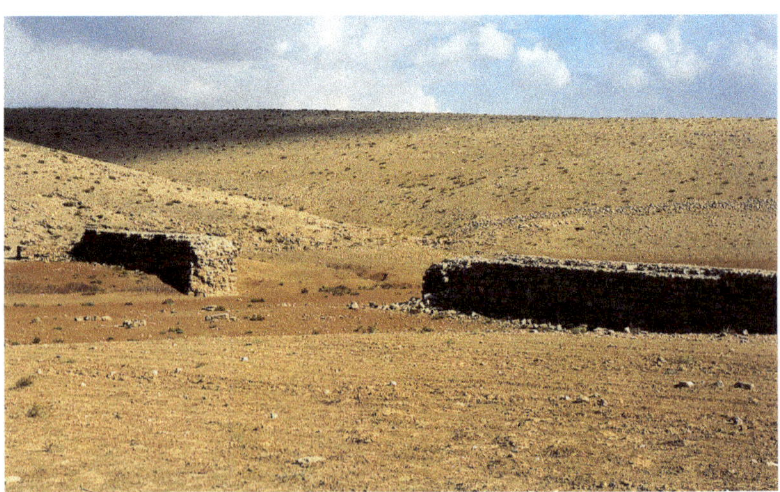

Dique noroeste, al-Qanatir.

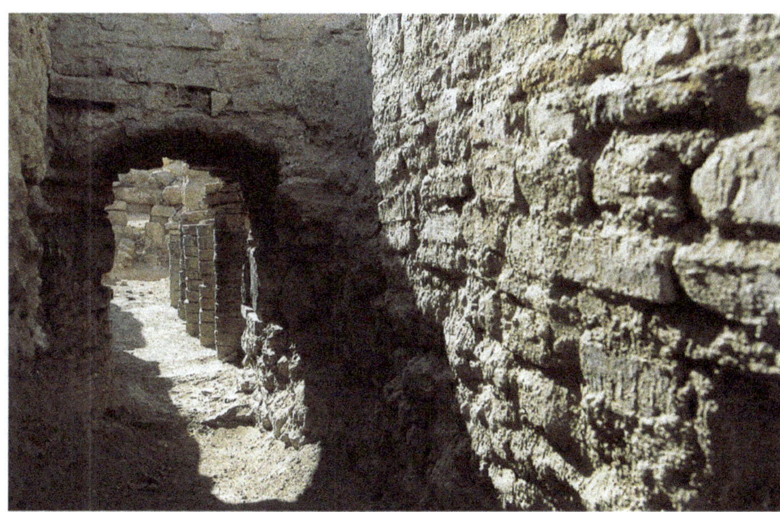

Termas, al-Fudayn (Mafraq).

III.3 AL-FUDAYN (MAFRAQ)

Situado en el actual Mafraq, donde la carretera se bifurca hacia el norte en dirección a Siria y hacia el este en dirección a Iraq, se encuentra unos 70 km al noreste de Ammán. Se puede llegar en coche desde el Qasr al-Hallabat en dirección a Zarqa y siguiendo por el norte hasta al-Mafraq.
Información: Oficina del Departamento de Antigüedades de Mafraq, tel.: 02 6231885.

La palabra *al-Fudayn,* diminutivo de *Fadan,* es de origen arameo y significa "muro alto" o "edificio alto y elevado". El emplazamiento fue ocupado por primera vez en el Neolítico y en la Edad del Bronce. En la Edad del Hierro, posiblemente el siglo IX a. C., se construyó una edificación fortificada de 70 x 50 m de planta para defender la zona contra los ataques de los nómadas. Aparentemente esta edificación fue destruida en el siglo VIII a. C., quizás a causa de las campañas militares del rey asirio Teglatfalasar en el 732 a. C. En el periodo bizantino, el lugar albergó un conjunto monástico *(al-Samra),* que fue posteriormente transformado en residencia palaciega durante el periodo omeya.
Las ruinas, que se distribuyen dentro de un rectángulo (180 x 60 m), están formadas por tres unidades arquitectónicas principales:

Al-Fudayn (Cortesía de A. Husan)

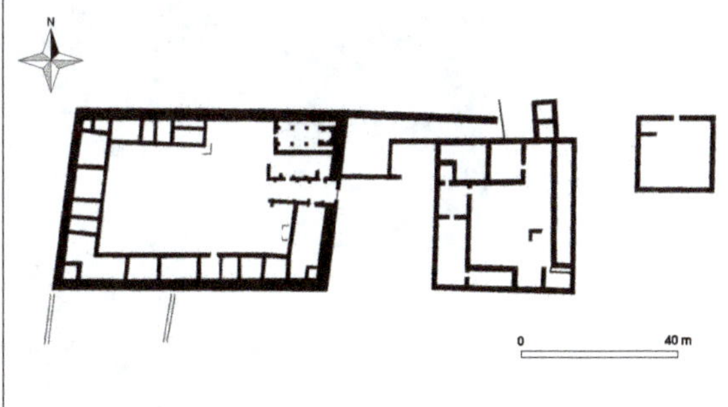

al-Fudayn (Mafraq)

— Una edificación rectangular (70 x 47 m) rodeada por enormes muros de bloques gigantes, algunos de los cuales pesan hasta 5 toneladas. Hacia el interior, la planta muestra un patio central, con habitaciones pegadas a los muros de cerramiento. La esquina noreste está ocupada por una capilla con el pavimento de mosaico. Al sur de la capilla se abre un pasadizo que parece ser un añadido del periodo omeya. Fue en este pasadizo donde se encontraron ocultos moldes de hierro de animales, entre ellos un elefante y un carnero; el escondrijo contenía además un brasero de bronce, un incensario y numerosas vasijas de esteatita.

— Una edificación de 40 m^2, con un patio central flanqueado por habitaciones de varios tamaños. Esta unidad era la residencia del propietario de al-Fudayn. En el lado norte había unas termas con todas sus instalaciones correspondientes: horno, *hipocausto,* salas fría, templada y caliente, así como una estancia que hacía las veces de vestuario y sala de relajación. Al sur se alzaba una mezquita cuya compleja historia se refleja en las modificaciones introducidas en la planta original. El muro sur *(qibla)* estaba revestido de paneles de estuco, muy probablemente del periodo abbasí.

— Una pequeña edificación de 20 x 20 m de planta, de época considerablemente posterior.

Se sabe bastante sobre la historia y los propietarios de al-Fudayn gracias a fuentes árabes. La finca agrícola de al-Fudayn fue comprada por Jalid Ibn Yazid Ibn Mu'awiya a cambio de al-Jadra', el palacio de la Cúpula Verde de Damasco. Posteriormente le fue transferido a Sa'id Ibn Jalid Ibn Amr Ibn Uzman, biznieto del tercer califa ortodoxo. El nuevo propietario era extremadamente rico y, además de al-Fudayn, poseía grandes fincas y edificios residenciales en Damasco. Una de las hijas de Sa'id se casó con el califa Hicham Ibn Abd al-Malik y otra, llamada

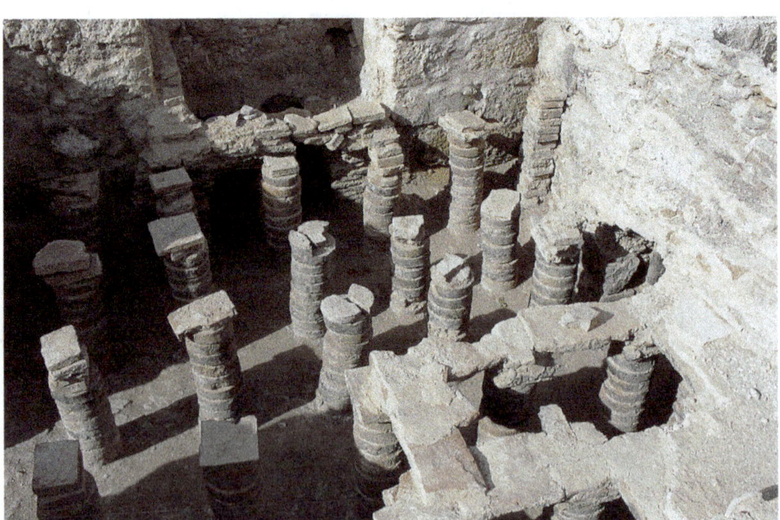

Termas, hipocausto, al-Fudayn (Mafraq).

Sa'da, fue esposa de Walid II, aunque murió antes de la llegada de este al califato. Tras su muerte, Walid II se casó con la hermana de Sa'da, Salma, quien murió también antes de que su marido fuera asesinado. Aparentemente, la propiedad de al-Fudayn permaneció en manos de los descendientes de Sa'id hasta finales del siglo II-p. III/p. c. IX. Durante el reinado del califa abbasí al-Ma'mun (197/813-218/833), Sa'id al-Fudayni encabezó una revuelta, reclamando el califato. La revuelta, sin embargo, fue rápidamente sofocada y acabó con la huida de al-Fudayni y la destrucción de al-Fudayn a manos de Yahya Ibn Salih, comandante del ejército enviado contra el rebelde. Al-Fudayn forma parte de lo que podría denominarse "tierras ocupadas por propietarios privados" y en las crónicas árabes aparece bajo la denominación de finca agrícola *(day'a)*. Entre los artefactos más notables hallados en al-Fudayn se encuentra un brasero de bronce que se apoya sobre cuatro grifos con las alas extendidas. En las esquinas superiores se yerguen mujeres desnudas con una mano extendida hacia delante y la otra sosteniendo un ave o una antorcha. Los laterales estaban decorados con dibujos de arcadas, seis de las cuales contenían paneles que representaban escenas eróticas.

G. B.

III.4 UMM AL-YIMAL

Las ruinas se encuentran 20 km al este de Mafraq. Se puede llegar en coche desde Mafraq, en dirección este hasta Umm al-Yimal.
Información: Oficina de Información Turística, tel.: 02 6267040.

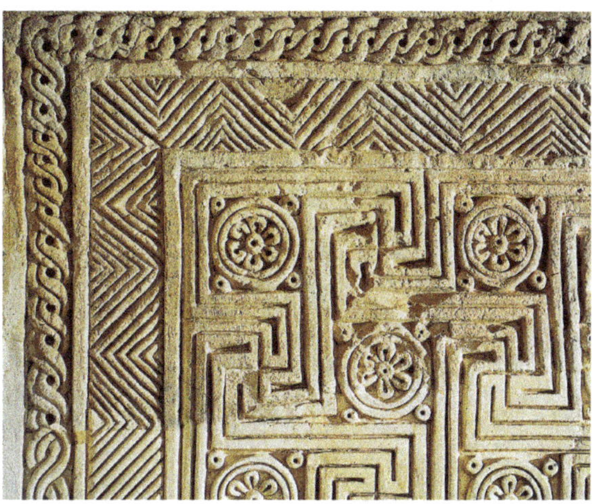

Mezquita omeya, relieve tallado, al-Fudayn (Mafraq).

El asentamiento de Umm al-Yimal consta de dos partes. La primera ha sobrevivido en condiciones relativamente buenas y los arqueólogos se refieren a ella como la ciudad de Umm al-Yimal. Estuvo habitada durante los periodos romano, bizantino y omeya, desde el siglo II hasta mediados del II/VIII. La segunda parte ocupa en superficie aproximadamente la mitad que la ciudad y ha sido bautizada como el poblado de Umm al-Yimal. El poblado, situado 200 m al este de la ciudad, se halla completamente en ruinas.

El poblado de Umm al-Yimal, que estuvo habitado durante los periodos nabateo y romano, entre los siglos I y IV, era principalmente un asentamiento civil. No tenía murallas, lo cual revela la sensación de seguridad que reinaba durante la *pax romana,* cuando la región se convirtió en provincia de Roma a principios del siglo II. Los restos demuestran también que el poblado estuvo estrechamente vinculado a la cercana Bostra (en la moderna Siria), capital de la provincia romana de Arabia. De hecho, las fuentes históricas mencio-

Umm al-Yimal (DeVries, 1998).
1 Iglesia norte
2 Iglesia noreste
3 Iglesia oeste
4 Catedral
5 Cisterna principal
6 "Praetorium"
7 Iglesia de Numerianos
8-9 Conjunto de casas
10 Iglesia suroeste
11 Capilla del barracón
12 Castillo tardío
13-14 Conjunto de casas

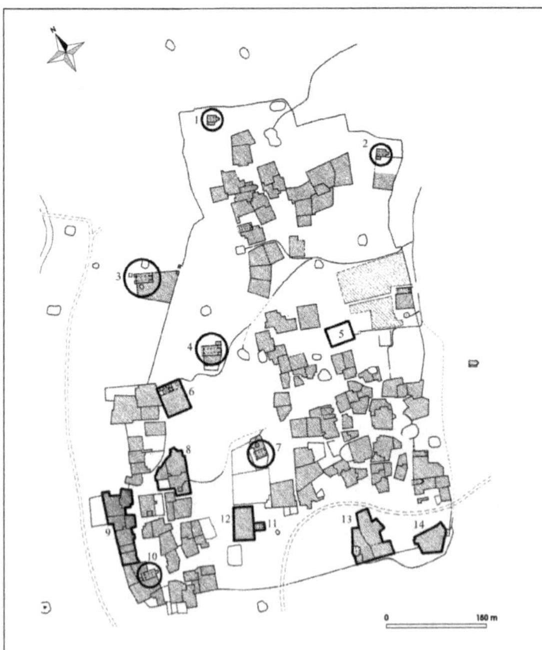

nan que en el consejo municipal de Bostra llegaron a participar ciudadanos de Umm al-Yimal durante los siglos II y III.
La ciudad de Umm al-Yimal, fundada en el siglo II, fue un centro militar y administrativo romano. Los principales ocupantes y administradores eran romanos, mientras que los civiles siguieron viviendo en el poblado cercano. Aún se mantienen en pie partes del *praetorium* (sede administrativa) y del *castellum* (barracas). Por otra parte, todavía se pueden contemplar los restos de una de las edificaciones más antiguas de la ciudad, la puerta noroeste, cuya inscripción permite fecharla en el reinado del emperador Commodus (161-192). Esta puerta fue una de las ocho que formaban parte de las murallas de defensa.

Durante el periodo romano, Umm al-Yimal no fue muy importante como plaza cívica y mantuvo una posición secundaria entre las principales ciudades de la *Decápolis,* tales como Bostra, Filadelfia (Ammán) y Gerasa (Jerach). De hecho, carecía de la traza urbana y de los espacios públicos característicos de tales *poleis* (sing. *polis,* ciudad-estado de la antigua Grecia).
La ciudad alcanzó una gran prosperidad durante el periodo bizantino, especialmente durante el siglo VI. El control imperial se había debilitado en la región, y una ciudad como Umm al-Yimal sin duda tuvo que encargarse de su propia defensa. Probablemente sirvió como estación de paso para las caravanas que atravesaban la región y, lo que es más importante, se convirtió en un centro de comercio de los productos agrícolas que se cultivaban en la zona. En contraste con el periodo romano, que asistió a un crecimiento de los centros urbanos, el periodo bizantino se caracterizó por un incremento de las ciudades y los pueblos rurales debido al auge de la producción y el comercio agrícolas. Umm al-Yimal, cuya población durante este periodo se calcula que creció hasta alcanzar los 3.000 habitantes, constituye un ejemplo típico de estas nuevas y prósperas ciudades rurales.
Durante este periodo, la ciudad pasó de ser un centro militar y administrativo a convertirse en un asentamiento doméstico, caracterizado por la construcción generalizada de iglesias, al igual que otras zonas durante la época bizantina. Se han hallado en esta población restos de no menos de quince iglesias. La más grande es la iglesia de Juliano, cuya construcción, aunque tradicionalmente fechada en el año 345, parece remontarse, según las más recientes investigaciones, a una

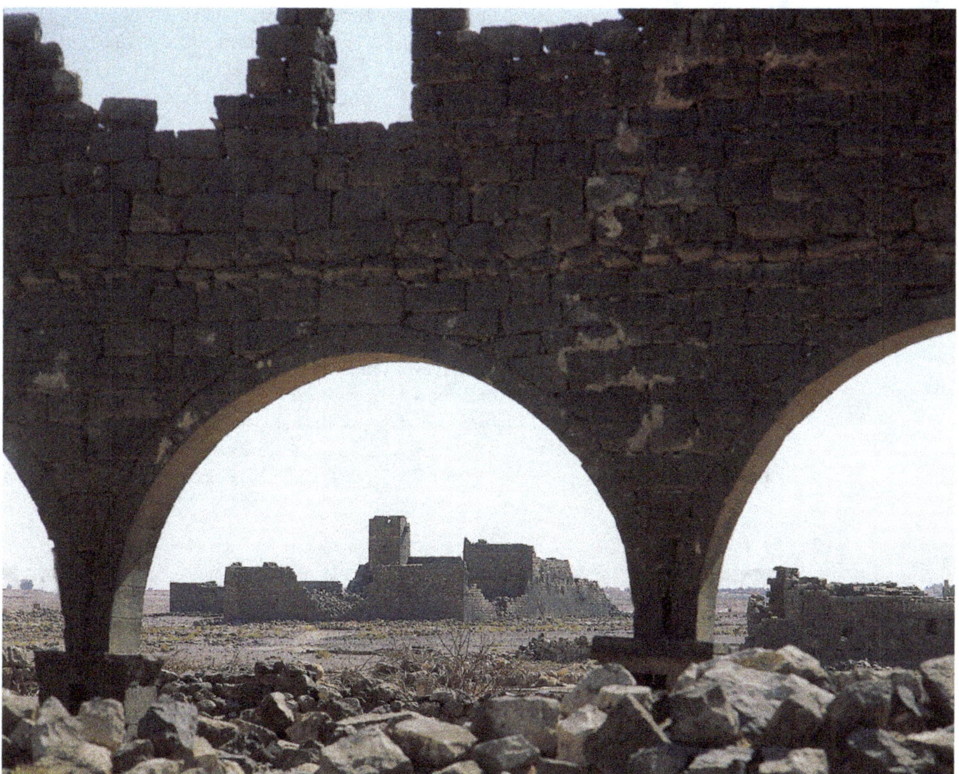

Castellum, Umm al-Yimal.

fecha no anterior a finales del siglo V o el siglo VI.

Presumiblemente tanto la ciudad como el poblado estuvieron habitados por tribus árabes locales, y las inscripciones halladas en el lugar indican que los habitantes hablaban indistintamente griego y nabateo, una de las más antiguas lenguas semíticas locales de las que se conserva registro.

La ciudad de Umm al-Yimal siguió habitada durante el periodo omeya, pero a menor escala que en el anterior periodo bizantino. La actividad constructiva omeya se limitó prácticamente a la adaptación de las edificaciones existentes, incluido el *praetorium*. La mayor parte de las habitaciones de este espacio fueron enlucidas de nuevo y se instaló un mosaico en la Sala Cruciforme. Después del periodo omeya no parece que la ciudad siguiera estando habitada, abandono debido probablemente al devastador terremoto del 131/749, que dejó en ruinas la mayor parte de las ciudades de la región.

La ciudad permaneció deshabitada hasta principios del siglo XX, cuando miembros de la secta religiosa drusa se trasladaron a ella desde la cercana *Yabal* Drusa, situada al norte, en la actual Siria. Se asentaron allí durante unas tres décadas y reconstruyeron varios edificios históricos de la ciudad para su uso. A primera vista, resulta difícil diferenciar entre las partes originales y las reconstruidas, ya que el trabajo realizado por los drusos se parece mucho a las construcciones originales. Los ejércitos francés y británico también utilizaron la ciudad como campamento militar, antes de que se trazara la actual frontera entre Jordania y Siria en los años 1920. Posteriormente, la ciudad estuvo habitada por familias beduinas hasta 1975, cuando el gobierno jordano valló el lugar para proteger el yacimiento arqueológico.

Es interesante señalar que no existen referencias al nombre de *Umm al-Yimal* ("madre de los camellos" en árabe, que puede significar también "lugar de los camellos") anteriores al siglo XIII/XIX. El antiguo nombre de la ciudad sigue siendo desconocido, y ninguna de las numerosas inscripciones ofrece información alguna sobre cómo pudo llamarse anteriormente a dicha fecha.

La zona donde se sitúa Umm al-Yimal recibe un bajo nivel de precipitaciones, unos 100 mm anuales, entre los meses de noviembre y marzo. Dado que no existen pozos en la ciudad ni en sus alrededores, era preciso recoger el agua durante la estación de lluvias y almacenarla en cisternas. Cada casa posee al menos una

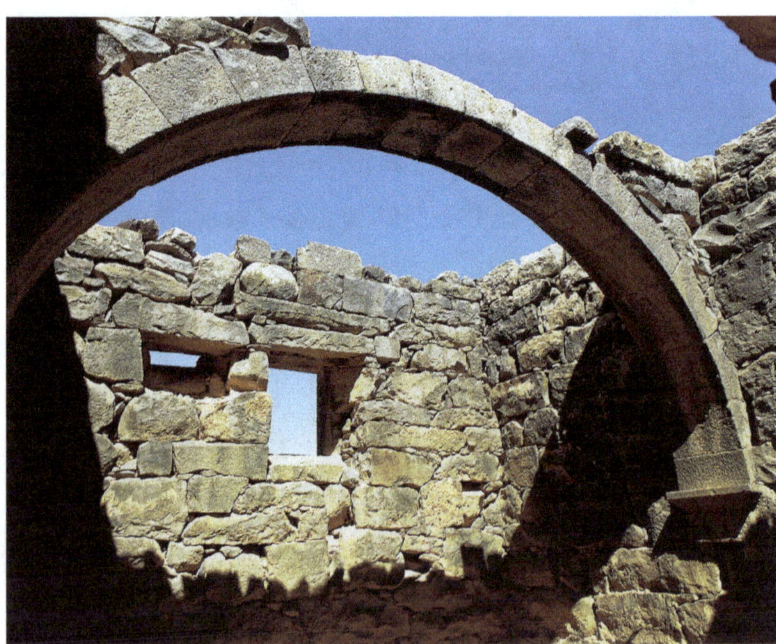

Praetorium, vista del interior, Umm al-Yimal.

cisterna, y a lo largo de la ciudad hay distribuida una serie de cisternas públicas. Uno de los rasgos más llamativos de Umm al-Yimal es la piedra negra de basalto con que están construidos los edificios. Esta piedra oscura, que confiere a la ciudad e incluso a las ruinas actuales una atmósfera un tanto tétrica, corresponde a una roca volcánica abundante en la zona. Se utilizó no solo para las murallas, sino también para la construcción de cubiertas, formadas por vigas de piedra apoyadas sobre canes o sobre arcos de descarga muy juntos. Hasta las puertas se hacían de lajas de piedra en lugar de madera. A este uso generalizado de la piedra se debe en gran parte el que hayan sobrevivido numerosos edificios en el lugar.

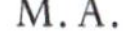
M.A.

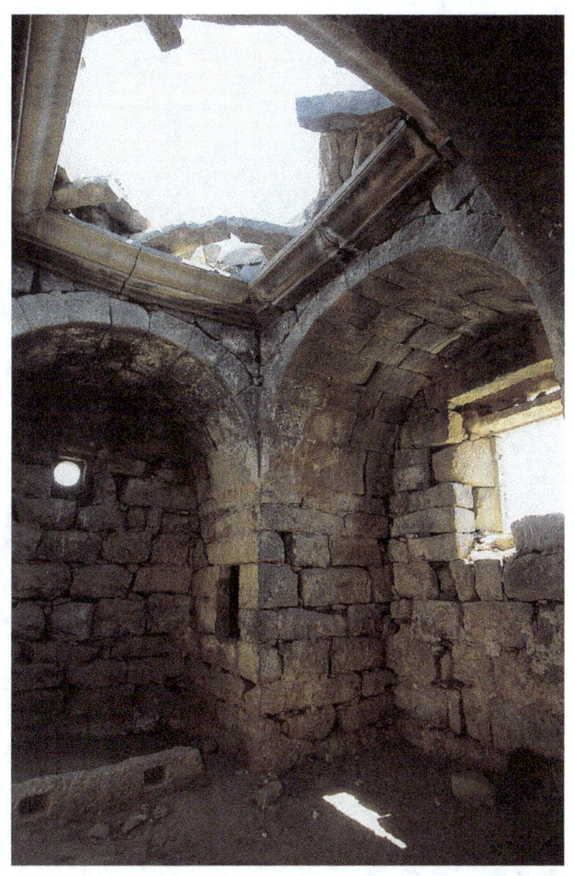

Praetorium, vista del interior, Umm al-Yimal.

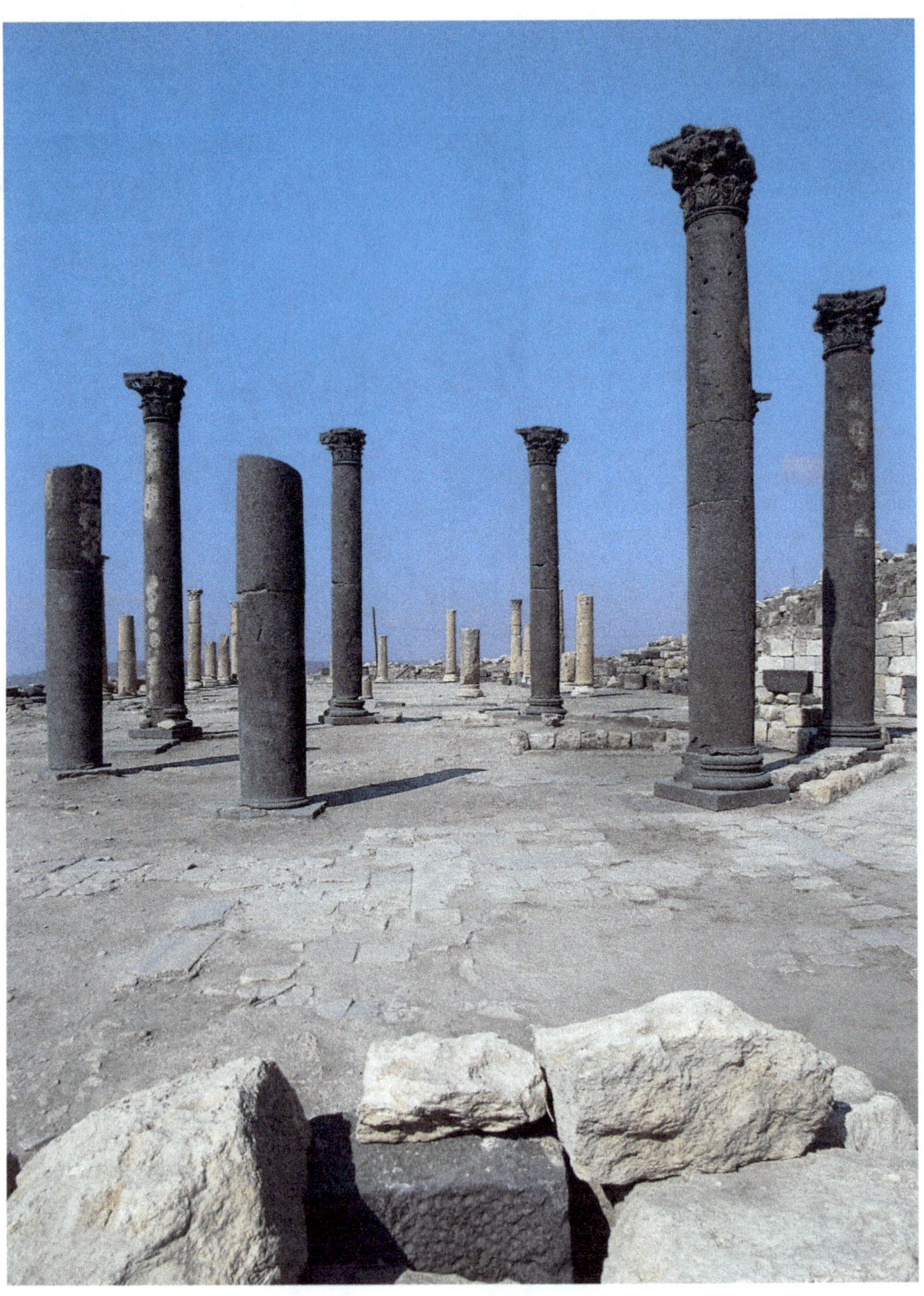

La *Decápolis* en el periodo omeya

Fawzi Zayadine, Ina Kehrberg, Lara Tohme, Ghazi Bisheh

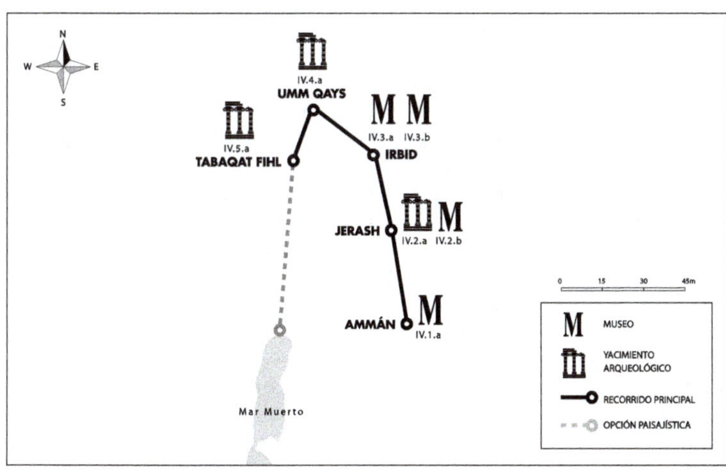

Iglesia octogonal, Umm Qays.

Umm Qays (Gadara), vista aérea (Cortesía de J. Taylor).

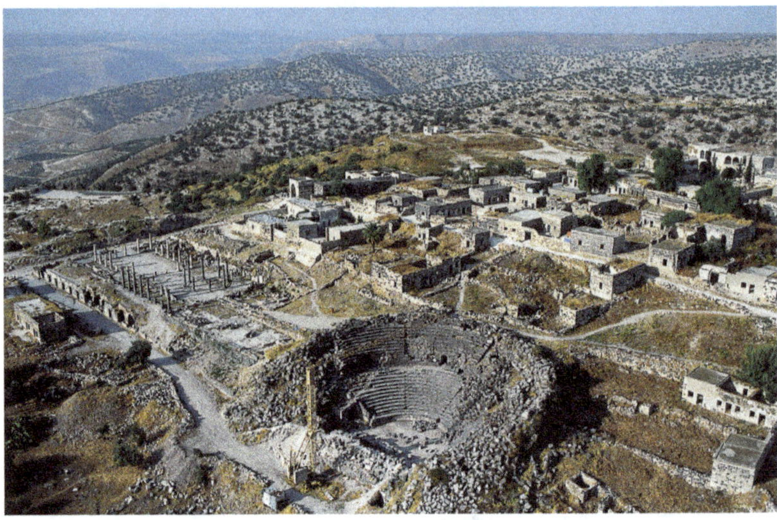

Iniciada por Pompeyo tras ocupar Damasco en el año 64 a. C., la *Decápolis* fue una liga de ciudades de Siria, Palestina y Jordania, cuyo número total, como indica el nombre, ascendió en un principio a diez. Las ciudades participantes en esta unión, sin embargo, debieron variar, ya que se conocen listas antiguas en las que aparecen desde 11 hasta 18 nombres diferentes. A la caída del imperio seléucida, siguió una invasión de los judíos asmoneos, quienes tomaron y destruyeron las ciudades helenizadas, tales como Pella y Gadara. En aquella época, los nabateos estaban en la cumbre de su poder y habían expandido su ámbito comercial al Hawran, llegando incluso a ocupar Damasco desde el año 83 hasta el 72 a. C. Pompeyo liberó las ciudades de la *Decápolis* del dominio asmoneo y emprendió su reconstrucción. Para controlar la expansión nabatea, creó la *Decápolis*, seis de cuyas ciudades se encuentran en Jordania. El conjunto adquirió la categoría de entidad administrativa regida por un gobernador. Todas ellas adoptaron el griego como idioma administrativo y religioso, y heredaron el sistema de planificación urbana de Atenas y Roma. En el siglo II, tras la anexión romana del reino nabateo en el año 106, las ciudades de la *Decápolis* disfrutaron de una gran prosperidad basada en la *pax romana,* y en la creación de una red de carreteras que abrió el camino a un comercio más libre y seguro entre las reorganizadas provincias orientales, desde Líbano hasta Siria-Palestina y la meseta jordana. La *Vía Nova Traiana*, pavimentada y equipada con nuevas estaciones entre los años 107 y 114 por orden de Trajano, contribuyó sobremanera a la unidad de la provincia de Arabia. Las ciudades, ya convertidas en romanas, de Filadelfia (Ammán), Gerasa (Jerash), Gadara (Umm Qays), Capitolias (Bayt Ras) y Abila (Quwailbeh) se embellecieron con calles flanquedas por columnas y con edificios de todo tipo, como teatros, templos y termas. A principios del siglo IV, tras la revuelta de la reina Zenobia en Palmira (Siria), el emperador Diocleciano reagrupó las provincias de Siria y Arabia en tres distritos, llamados *Palestina Prima*, *Palestina Secunda* y *Palestina Tertia*.

Durante el periodo bizantino, las ciudades de la *Decápolis* siguieron funcionando más o menos de la misma forma, aceptando el cristianismo como la religión del imperio romano tras la victoria de Constantino el Grande en el año 324 y la creación de Constantinopla como capital del Oriente Cristiano. Apareció una nueva tendencia artística y arquitectónica inspirada en las plantas monumentales y en la decoración romanas. La primera iglesia construida por Constantino el Grande en el año 313, la iglesia de San Juan de Letrán, basada en la planta de basílica (mercado) romana, y con los muros y los suelos revestidos de mosaicos, se convirtió en el modelo básico para los futuros edificios eclesiásticos.

Tras la conquista árabe islámica del año 15/636, el paso del poder a manos musulmanas se realizó de forma pacífica, y los cristianos siguieron practicando su religión y pavimentando sus iglesias con mosaicos (ref. Introducción histórica y artística, y Los omeyas. Los inicios del arte islámico). Cuando los califas omeyas establecieron su capital en Damasco, la *Decápolis* de Gerasa, la actual Jerash, siguió siendo una estación importante en la ruta hacia Filadelfia, la moderna Ammán, y hacia las ciudades santas del *Hiyaz*, en Arabia.

Al sur del *decumanus* (vía este-oeste) de Jerash y sobre el mismo emplazamiento de un conjunto doméstico romano y bizantino, se construyó un gran barrio omeya. Al parecer, se levantó también una pequeña mezquita junto al *cardo maximus* (vía norte-sur), sobre los cimientos de una casa romana abandonada

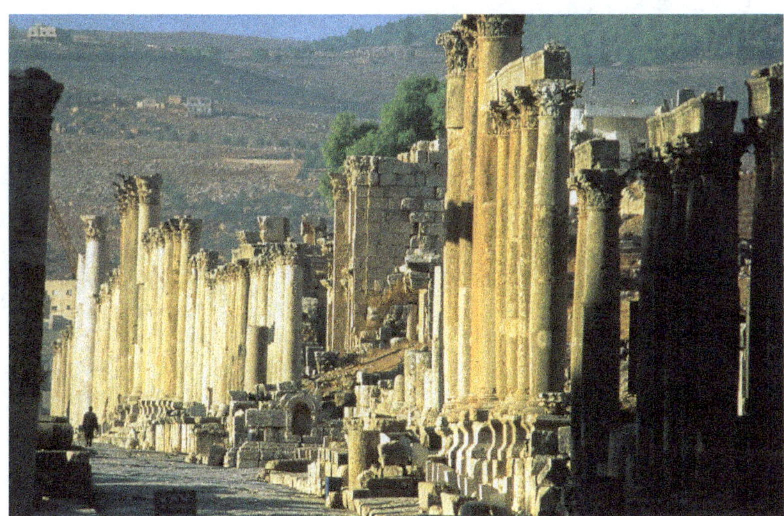

Jerash (Gerasa), vista general.

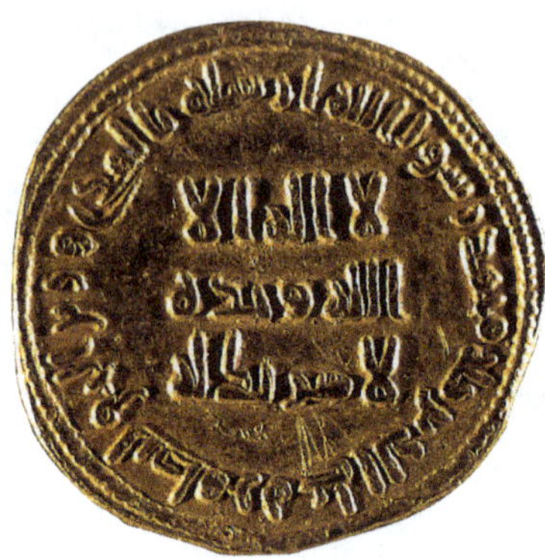

Anverso de una moneda de oro omeya, Abd al-Malik Ibn Marwan, Museo de Numismática, CBJ, Ammán.

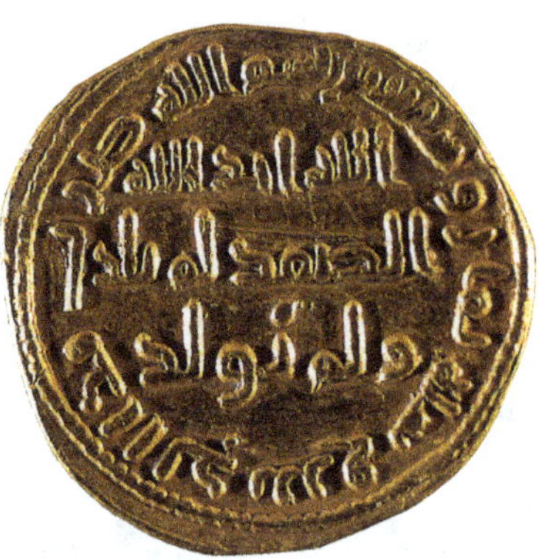

Reverso de una moneda de oro omeya, Abd al-Malik Ibn Marwan, Museo de Numismática, CBJ, Ammán.

(ref. Gerasa-Jerash). Las ciudades de la antigua *Decápolis* siguieron prosperando a través del comercio y emitieron monedas acuñadas con inscripciones en árabe y representaciones que imitaban las de las monedas bizantinas. También mantuvieron su prosperidad las ciudades de la *Decápolis* del norte, aunque de forma más modesta: se construyó un nuevo barrio en Pella (Tabaqat Fihl), en el valle del Jordán, y se renovaron las termas romanas de Hammath Gader en Gadara, bajo el reinado de Mu'awiya Ibn Abi Sufyan (41/661-60/680). La Basílica del Milagro de Cristo, junto a la puerta occidental de Umm Qays, siguió en uso durante el periodo omeya. Bayt Ras, la antigua Capitolias, conocida por su magnífico vino, se convirtió en la residencia de verano del califa Yazid II (101/720-105/724). Allí vivió con una famosa cantante, la esclava Habbaba, quien murió prematuramente al atragantarse con una semilla de granada. A la hora de construir sus palacios y sus estaciones de caravanas, los omeyas eligieron entre el rico repertorio arquitectónico y artístico de las ciudades de la *Decápolis* aquellas tipologías arquitectónicas, técnicas constructivas y estilos decorativos que más se adecuaban a sus gustos. Qusayr 'Amra (ref. Qusayr 'Amra y Residencias palaciegas) es uno de los ejemplos mejor conservados de este fugaz renacimiento de las artes grecorromanas a mediados del siglo II/VIII.

F. Z.

IV.1 AMMÁN

IV.1.a **Museo de Numismática**

Se encuentra alojado en el Banco Central de Jordania. El museo posee una colección de más de 2.000 monedas de diferentes periodos, desde el helenístico hasta el islámico, así como monedas jordanas del siglo XX.
Entrada gratuita. Horario: días laborables de 9 a 15. Información: Museo de Numismática, tel.: 06 4630301.

La acuñación de monedas se fue haciendo paulatinamente menos frecuente a lo largo del periodo omeya y de los posteriores periodos islámicos. Al principio, los omeyas utilizaron monedas tardobizantinas, pero también las reacuñaron, superponiendo sus propios emblemas a los bizantinos. Las primeras monedas omeyas siguieron en un principio los modelos persas y sasánidas en lo que se refiere a inscripciones e imágenes. Gradualmente se fueron añadiendo textos árabes y los nombres de los califas. En el año 77/696-697, el califa Abd al-Malik impuso una reforma en la acuñación e introdujo la estandarización de las monedas omeyas, eliminando las imágenes y sustituyéndolas por textos escritos (ref. Primeras monedas islámicas).

Moneda omeya de oro

Acuñada durante el reinado de Abd al-Malik Ibn Marwan en el año 78/697-698.

Tesoro omeya de monedas de oro

Esta colección completa de monedas fue acuñada durante el reinado de Walid I (86/705-96/715); la moneda pequeña es un tercio de *dinar* y fue acuñada en el año 91/709.

Tesoro omeya de monedas de plata

Esta colección constituye un juego completo de monedas y fue acuñada durante el reinado de Walid I (86/705-96/715), en la ciudad iraquí de Waset.

I. K.

Reverso de tesoro de monedas de oro, Walid I, Museo de Numismática, CBJ, Ammán.

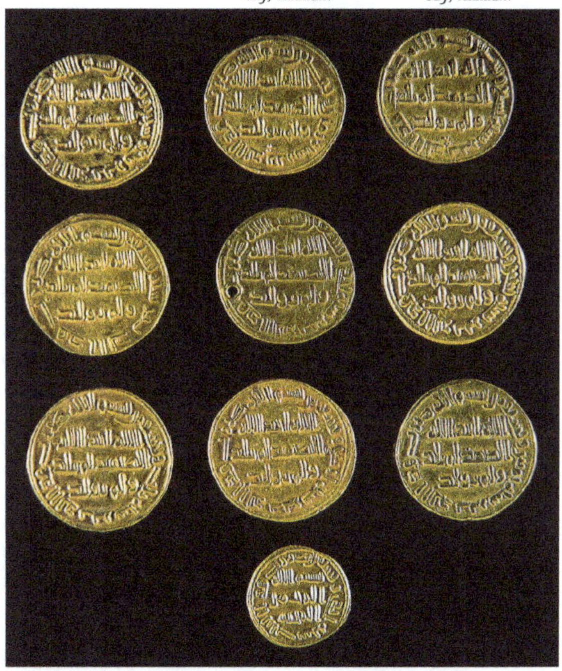

Reverso de tesoro de monedas de plata, Walid I, Museo de Numismática, CBJ, Ammán.

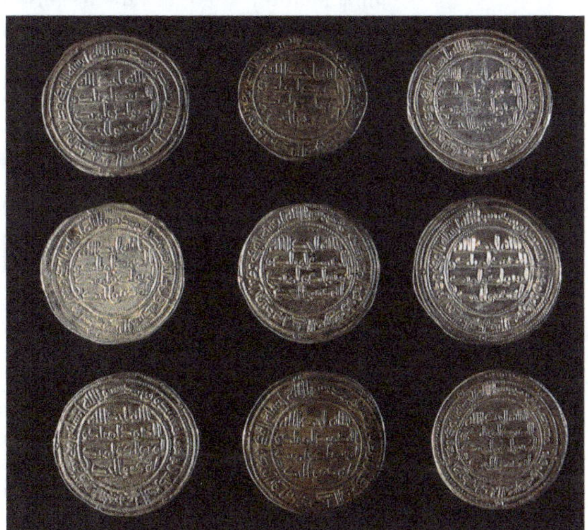

IV.2 JERASH (GERASA)

La ciudad está situada 42 km al norte de Ammán. Se puede llegar a Jerash en taxi, coche o autobús. Este último sale de la estación de autobuses de 'Abdali, en el centro de Ammán. Se pueden adquirir los billetes junto a la cercana Puerta Adriánica, en el Centro Turístico situado en el aparcamiento.
Acceso con entrada, en la que se incluye la visita al museo. Horario: el yacimiento arqueológico está abierto diariamente desde las 8 de la mañana hasta la puesta de sol.
Información: Oficina del Departamento de Antigüedades de Jerash, tel.: 02 6351014, o Centro de Visitantes, tel.: 02 6351272.

IV.2.a Yacimiento arqueológico de Jerash

Con un suelo rico, regado por torrentes inagotables y agraciado con un suave clima mediterráneo, el valle de Jerash ha atraído los asentamientos humanos desde la prehistoria. Las primeras evidencias de vida sedentaria se hallaron al este del Hipódromo y del Arco Adriánico, donde las labores de arados sacaron al descubierto grandes cantidades de herramientas neolíticas de pedernal fechadas en el milenio VII a. C. Los dólmenes y el poblado de la Primera Edad del Bronce (h. 2500 a. C.) hallados al noreste del valle no son sino indicios de la ocupación permanente de la Cuenca del Jerash y de la ciudad de Jerash en particular. El *tell* de la primera población, ocupado ahora por el museo local, al este de la Plaza Oval, muestra restos que abarcan de forma ininterrumpida desde las Edades del Bronce y el Hierro hasta los periodos helenístico, bizantino y los primeros tiempos del Islam: se trata de un débil reflejo de las huellas dejadas por la ciudad que creció en torno al núcleo del *tell* denominado la Colina del Campamento.
La primera mención histórica a Jerash la hizo en el periodo helenístico Tolomeo II o Filadelfo de Egipto (283-246 a. C.), quien ejerció la soberanía en esta parte de Jordania en el siglo III a. C. y dio a Ammán el nombre de Filadelfia. El cambio de nombre por Antioquía del Chrysorohas fue obra de Antíoco IV, quien reinó en la zona a principios del siglo II a. C. A finales del siglo I, el historiador Flavio José narró la historia del tirano Teodosio de Filadelfia, quien había vivido a finales del siglo II a. C. Al parecer, tras haber sido expulsado de Gadara (Umm Qays), había huido a Gerasa, donde, según se dice, había ocultado sus tesoros en el Templo de Zeus, solicitando allí protección, ya que nadie podía agredir a una persona que hubiera buscado el cobijo santo en aquel templo. Esta "ley" era conocida desde los primeros tiempos griegos, cuando algunos templos se convirtieron en refugios inviolables. Otro relato (reflejado en las inscripciones) nos habla del Sumo Sacerdote judío y soberano de Gerasa, un tal príncipe Janeo, quien gobernó la ciudad entre los años 102 y 76 a. C. Fue entonces cuando Pompeyo declaró Gerasa parte de la Provincia de Siria. Esta iniciativa hizo que Jerash entrara en el mundo romano propiamente dicho, pero no fue hasta 200 años más tarde cuando Gerasa fue declarada colonia, una de las más preciadas formas de anexión al Imperio Romano, lo cual elevó su categoría política, con los consiguientes beneficios y privilegios para sus habitantes.

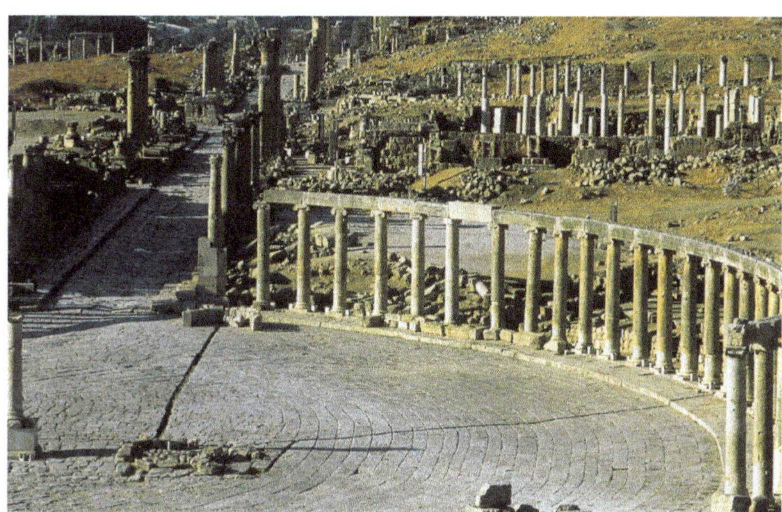

Plaza oval y cardo, Jerash.

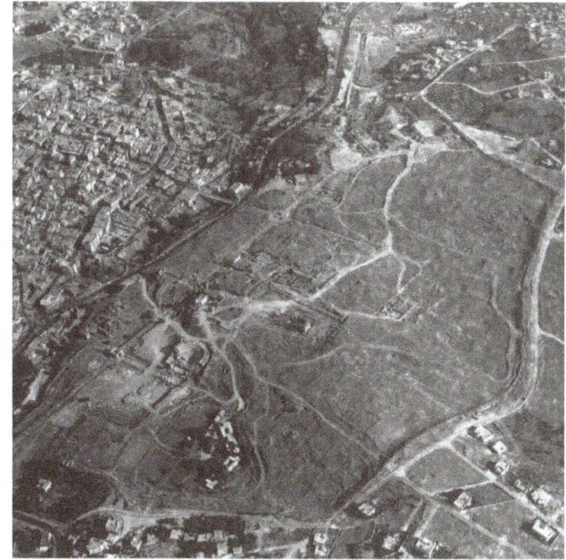

Jerash, vista aérea (Arqueología Aérea del Proyecto Jordano, foto B. Bewley).

Durante estos tres milenios, por tanto, Jerash creció desde su origen como poblado (el *tell*) hasta convertirse, durante la era de la *Decápolis*, en un vibrante centro provincial que comenzó a florecer con Trajano en el paso del siglo I al II. Gerasa, como fue rebautizada bajo el dominio romano, llegó a su cenit en la segunda mitad del siglo II, y luego volvió a declinar paulatinamente hasta convertirse en una pequeña ciudad a lo largo del siglo III. Este lento cambio fue causado por Roma, como producto de una serie de acontecimientos políticos que tuvieron lugar en la ciudad imperial. Aunque Gerasa perdió el papel privilegiado que había desempeñado hasta entonces como encrucijada de los caminos del norte y el sur, la ciudad siguió prosperando moderadamente desde finales del siglo II en adelante gracias a la agricultura y, sobre todo, a la producción alfarera y a su comercialización en ella. De hecho, fue la cerámica la que ayudó a Gerasa a mantener un nivel de vida decente e incluso una cierta riqueza durante los periodos tardorromano y bizantino, declinando realmente tan solo tras la conquista islámica. Los restos arqueológicos muestran un declive gradual causado más probablemente por la caída del Imperio Romano que por una ruptura cultural violenta entre los mundos bizantino e islámico, o por las nuevas rutas comerciales creadas cuando la primera capital islámica se trasladó de Damasco a Bagdad.

Ejemplo de la continuidad cultural a pesar de los cambios políticos es la reutilización de edificios cívicos como el Teatro Norte y el Artemision. Durante los siglos I/VII y II/VIII, partes de estos edificios y conjuntos se convirtieron en versiones en pequeño de los barrios de alfareros, como los que se habían formado en los siglos inmediatamente anteriores en el Hipódromo, el mayor conjunto industrial. Es muy posible que muchos de los alfareros del Hipódromo se trasladaran al interior de las murallas, hacia el norte de la ciudad, y ocuparan un espacio arquitectónicamente similar, como era el formado por el teatro y las tiendas cercanas que flanqueaban el *cardo* norte. Probablemente, esto fue debido no tanto a la incertidumbre generada por la conquista islámica (15/636-40/661), que en Jerash no ofrece indicios de haber sido destructiva, como de la peste o Muerte Negra que asoló Jerash a mediados del siglo I/VII por segunda vez en 100 años. Los enterramientos masivos llevados a cabo en este periodo en las cámaras de la *cavea* del Hipódromo sugieren que el área en su conjunto ya había sido abandonada y que se había elegido aquel edificio debido a su situación de aislamiento fuera de las murallas de la ciudad (y quizás también porque aquellos terrenos habían sido parte de una necrópolis romana). El conjunto del Teatro Norte siguió siendo ocupado espontánea y esporádicamente, al igual que otras ruinas de Gerasa, hasta los siglos IX/XV y X/XVI, en que los mamelucos se convirtieron en los únicos e incontestados soberanos del Oriente.

La llamada **Mezquita Omeya** (siglos I/VII-II/VIII) constituye uno de los muchos testimonios en piedra de esta práctica de reutilización de los edificios, ya fuera mediante el reciclaje de bloques sueltos o mediante el nuevo uso de ruinas *in situ*, habitual desde los primeros tiempos romanos hasta la ocupación circasiana de la ciudad en el siglo XIII/XIX. La mezquita, pues como tal ha sido identificado por los arqueólogos el nuevo uso que del edificio se hizo en la época omeya, no solo se levantaba sobre restos romanos sino que, de hecho, reutilizaba algunas de las características de la villa romana que en otro tiempo se había alzado allí a lo largo del lado oriental del *cardo* y no lejos de los *propileos* del Artimision. Solo el pavimento de la planta baja, algunos restos de la primera hilada del patio interior con peristilo, un nicho que se mantiene a una altura de 1,50 m y algunos tambores de los pilares sobrevivieron al terremoto del año 131/749. El acceso se realizaba por el muro occidental y por la esquina suroeste. El nicho reutilizado ha sido interpretado como un *mihrab,* y se baraja la hipótesis de que las plataformas elevadas de las esquinas opuestas pudieron utilizarse para rezar y para llamar a la oración. Una habitación contigua de 2,5 m de lado contiene restos de conducciones de agua con salida al *cardo*, mientras que otra sala con suelo de mosaico situada más al este pudo haber servido, según los arqueólogos, de aposento del *imam*. Todavía resul-

Casa omeya, restitución volumétrica, Jerash (A. A. Ostrasz).

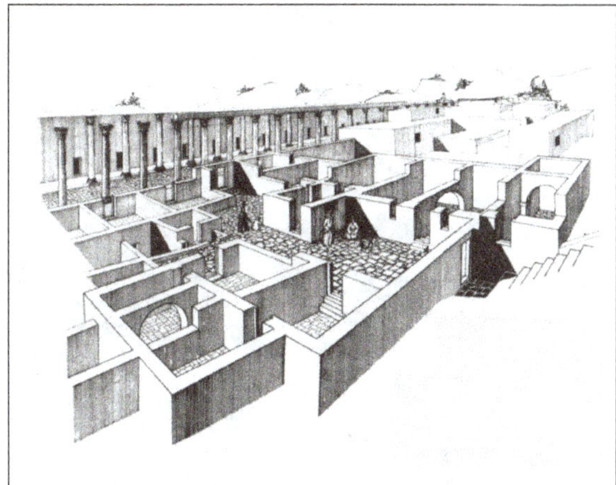

ta fácil distinguir el trazado de la villa romana a través del "velo" de las transformaciones islámicas, que no hicieron sino adaptar mínimamente los restos de aquella vivienda, destruida probablemente por uno de los terremotos que se produjeron en los siglos IV, V e incluso VI, tal como lo atestiguan las huellas de destrucción arquitectónica presentes en gran parte del distrito público de Gerasa.

La **Casa Omeya** (siglo I/VII-II/VIII) es uno de los poquísimos conjuntos domésticos que se conservan del primer periodo islámico y probablemente el más completo conocido hasta ahora en Jordania. Esta extensa edificación, organizada en torno a un patio interior pavimentado, se fundó directamente sobre las ruinas (de finales del VI a principios del VII, a juzgar por las pruebas arqueológicas) de una residencia similar tardobizantina. De hecho, los *decumani* (sing. *decumanus*) a lo largo de uno de los cuales se extiende esta casa omeya, constituían básicamente las vías traveseras de un barrio residencial bizantino con calles peatonales pavimentadas, y flanqueadas por casas y tiendas. Como era de suponer, a su vez los barrios bizantinos, hoy en día desaparecidos en gran parte debido a las posteriores ocupaciones del lugar, eran continuación de las zonas residenciales fundadas a principios del periodo romano, en los siglos I y II (y probablemente antes, durante el periodo tardo-helenístico). Las cisternas y las cuevas que se abren bajo el *decumanus* Sur, donde está situada la Casa Omeya, fueron construidas antes de la era de la *Decápolis*. Al igual que en el caso de las tumbas hipogeas con respecto al Hipódromo donde estaban construidas, las monedas halladas en estas cisternas y depósitos subterráneos nos proporcionan la fecha de construcción del *decumanus*, que puede situarse en este caso en torno al año 170, a juzgar por las últimas monedas.

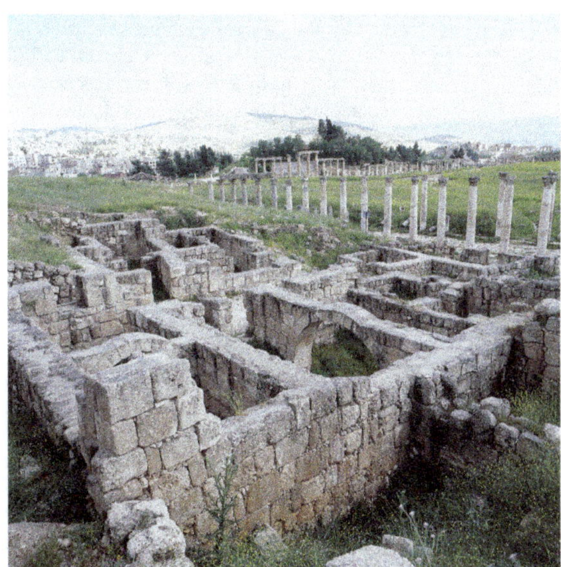

Casa omeya, vista general desde el oeste, Jerash (Zohrab).

Los arqueólogos consideran el año 39/660 como la fecha de la fase principal de construcción de la residencia omeya, basándose

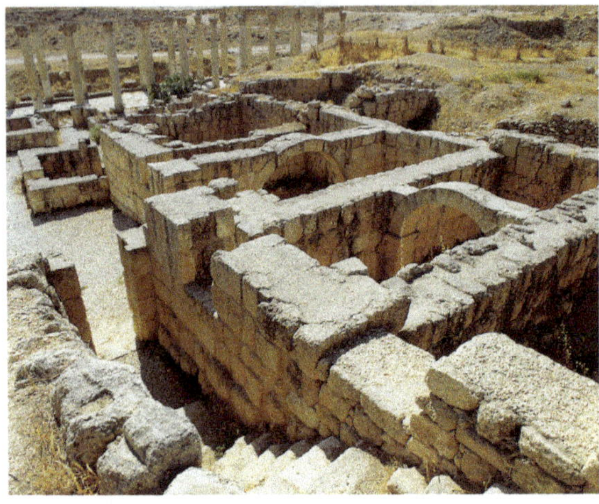

Casa omeya, vista general desde el norte, Jerash.

Casa omeya, sala principal de recepción, Jerash.

en los indicios arqueológicos de un terremoto que se produjo en el año 38/659 (ó 37/658), justo antes de la construcción del conjunto. Desde luego, es evidente que la edificación, con sus múltiples unidades, se construyó principalmente con bloques romanos y otros materiales reciclados de origen bizantino. La construcción responde al método utilizado ya desde los primeros tiempos por los bizantinos, que consistía en adaptar a sus requerimientos los restos romanos desperdigados, de forma parecida a la confección de un tejido a partir de retales. A base de trozos de bloques y, sobre todo, de piedras pequeñas y mortero, se rellenaban los intersticios irregulares que quedaban entre los bloques de diferente tamaño y estado de conservación. Esta despreocupación por el aparejo regular posibilitaba una construcción acelerada. Los muros eran luego enfoscados con un mortero fino y enlucidos con yeso, sobre el cual se aplicaba finalmente una capa de cal o de pintura. Parece ser que esta forma de construcción en retales se fue llevando a cabo de forma cada vez más descuidada, quizás debido a la gradual escasez de buenos materiales de construcción reutilizables. Incluso el propio trazado irregular del conjunto, reflejado en la forma casi sinuosa del patio que discurre entre diversas unidades muy compactas, revela la reutilización de anteriores edificaciones subyacentes. Este aspecto, que pone de manifiesto un afán de ahorro no tanto de gastos como de esfuerzos, no es fácilmente discernible en los espléndidos palacios omeyas. Se ha sugerido que la Casa Omeya constaba de dos plantas, y que posiblemente la planta alta era accesible a través del descansillo de la estrecha escalera posterior que conduce al patio interior. El acceso principal se llevaba a cabo, naturalmente, a través del *decumanus*, desde el cual un pasadizo conducía a través de las primeras unidades de cocina y almacén, situadas a ambos lados, hasta un espacio abierto en torno al cual se agrupaban las unidades residenciales. Estas ocupaban una superficie de unos 200 m^2, mientras que toda la casa medía 13 m de norte a sur y 21 m de este a oeste. La cubierta estaba formada por las tradicionales vigas de madera, probablemente enlucidas con mortero de arcilla y paja, según una forma de cons-

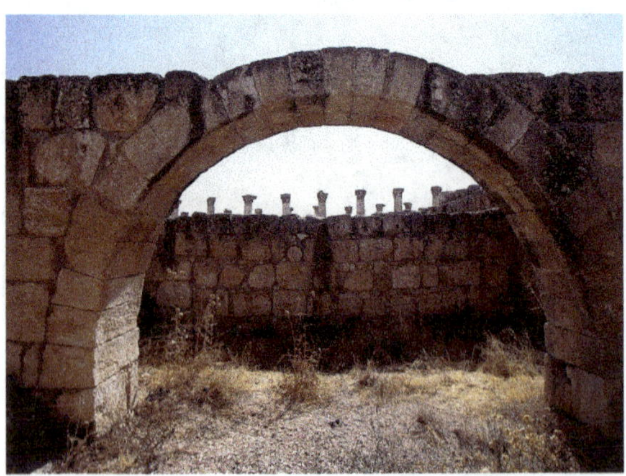

trucción aún evidente en las casas otomanas de finales del siglo XIII/XIX existentes en Jerash y otros lugares. En algún momento del siglo II/VIII, la residencia fue subdividida en unidades más pequeñas, aunque también se percibe claramente el reagrupamiento de otras habitaciones mediante el cierre de huecos de paso en algunas paredes y la apertura de los mismos en otras.
Las viviendas consistían en habitaciones rehundidas a las que se accedía a través de un hueco desde el patio, bajando varios peldaños. Algunas de las habitaciones de mayor tamaño estaban divididas, a su vez, en dos unidades por un amplio arco central, rasgo islámico que aún pervive hoy en día y que es especialmente frecuente en las casas modestas del siglo XIII/XIX. La cocina, situada también por debajo del nivel del patio, era pequeña pero estaba bien equipada con una cisterna y bancos.
En las proximidades se halló un sistema de desagüe subterráneo conectado con la red municipal, que, evidentemente, seguía en uso desde la época de los romanos. Tras el terremoto del año 131/749 y un periodo de parcial abandono, las unidades domésticas quedaron casi completamente cubiertas, en los siglos III/IX y IV/X, por hornos abbasíes y otras estancias edificadas sobre el barrio residencial omeya. Fue aquella la última ocupación a gran escala de este conjunto edificado.
Paralelos y contemporáneos de la Casa Omeya, gran residencia destinada a una familia acaudalada, los **Hornos omeyas del Santuario de Artemisa** constituyen un buen ejemplo de los primeros métodos constructivos islámicos, que, siempre que era posible, utilizaban los grandes sillares romanos. Este gran asentamiento alfarero estaba formado por tres hornos pequeños agrupados en torno a un horno de gran tamaño, todos ellos contenidos dentro de un entramado de talleres. Aparte del patio y de las antesalas de los hornos propiamente dichos, un grueso muro rodeaba cada cámara de combustión y cada almacén de combustible. Había canalizaciones de agua cubiertas por losas que proporcionaban agua a los talleres, zonas al aire libre para la preparación y el secado, y probablemente anexos domésticos para los trabajadores, además de espacio de almacenaje de los productos terminados. En su conjunto, debió de tratarse de un establecimiento bien gestionado y bastante lucrativo, a juzgar por las excavaciones; estas muestran que llegó a constar de, al menos, dos fases de producción, y que se fueron añadiendo hornos y talleres en un proceso de continuo crecimiento. Y así, lo que debió ser un modesto taller a finales del periodo bizantino (principios del siglo I/VII), no tardó en ampliarse desde la base del altar hasta el espacio mismo ocupado anteriormente por los peldaños del templo de Artemisa, que, por entonces, ya debían haber sido expoliados para aprovecharlos en otras actividades constructivas o para la producción de cal.

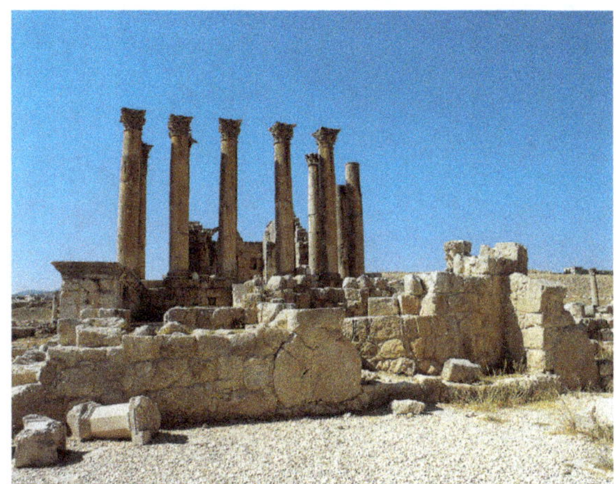

Templo de Artemisa, conjunto alfarero omeya, vista general, Jerash.

Linterna o incensario de cerámica, Museo Arqueológico de Jerash (Núm. Inv. G 1236).

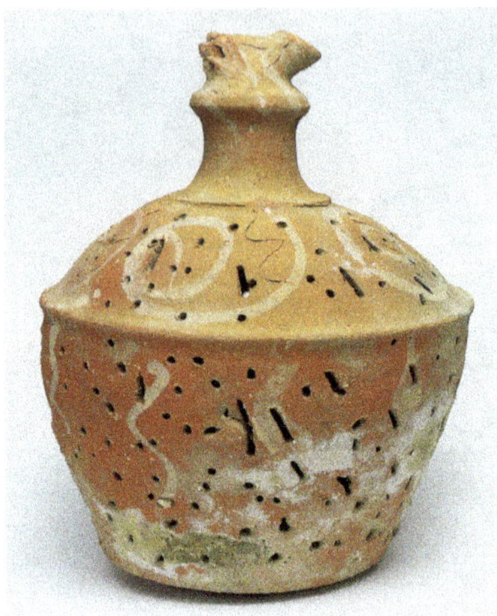

Los **Hornos de cerámica del Teatro Norte** eran idénticos en cuanto a la construcción de cámaras ovales. En algunos de ellos se han hallado restos de vasijas de alfarería mal cocidas, así como de la típica lámpara de Jerash, con su asa zoomórfica y su forma de babucha ovalada, que ya había surgido en el siglo VI de los hornos bizantinos del Hipódromo y de otros hornos de Jerash. La historia de la producción alfarera omeya de Jerash, tal como la ilustra el conjunto de hornos de Artemisa, es interesante desde varios puntos de vista. Por una parte, pone de manifiesto la pervivencia de Jerash como gran centro de fabricación de cerámica cuyos productos se difundían por la mayor parte de la Jordania norte, en fuerte competencia con los centros surgidos en otras ciudades de la *Decápolis* y especialmente durante el periodo bizantino (por ejemplo, Umm Qays/Gadara y Tabaqat Fihl/Pella, por nombrar otros mercados alfareros de prestigio de la orilla oriental del Jordán, aunque también se han excavado grandes depósitos asociados a hornos omeyas en Beisan/Escitópolis). Sin embargo, solamente el conjunto de hornos de Artemisa se ha conservado como ejemplo representativo de este comercio dinámico que no perdió impulso sino hasta después del periodo abbasí, en el siglo IV/X, cuando Jerash en su conjunto experimentó un declive generalizado en cuanto a sus actividades comerciales y probablemente también en cuanto a su población, dada la vinculación entre ambas. Gran parte de esta recesión permanente tuvo que ver con el desvío de las principales rutas comerciales entre la gran Siria e Iraq. Al encontrarse en situación tangencial respecto a las nuevas rutas, sometida a una fuerte reducción del comercio, Jerash se vio obligada a mantenerse a través de medios más modestos, recurriendo a pequeñas explotaciones agrícolas y a actividades productivas de carácter meramente local.

Unas pocas huellas, junto con alguna mención escrita, revelan que se produjo una destrucción deliberada, al parecer durante las Cruzadas, cuando las ruinas de los templos de Artemisa y Zeus, abandonadas desde hacía tiempo, ofrecieron refugio a los ayyubíes y más adelante, en el periodo posterior a las Cruzadas, a los mamelucos. Esta condición de ciudad rural sumida en el letargo y casi olvidada permaneció inalterada hasta que los dirigentes otomanos instalaron allí a la población circasiana en el siglo XIII/XIX, y Jerash, considerada incluso entonces una antigua ciudad en ruinas, revivió para convertirse una vez más en un lugar floreciente, tal como lo es hoy en día.

De todas formas, es preciso añadir una apostilla: la imagen histórica que se deduce hasta ahora de las excavaciones (llevadas a cabo desde finales de la década de 1920 hasta la actualidad) está probablemente distorsionada o, al menos, desequilibrada, ya que dichas excavaciones se han concentrado y siguen concentrándose en los restos monumentales y en los espacios públicos, más que en las viviendas ordinarias y en el tejido urbano general.

I. K.

IV.2.b. Museo Arqueológico de Jerash

Está situado en el Tell, *dentro del antiguo emplazamiento. Las exposiciones muestran, en orden cronológico, artefactos arqueológicos sacados de Jerash; el jardín del museo es un* lapidarium *al aire libre.*
Horario: verano: de 8 a 18; invierno: de 8 a 17; viernes y festivos, de 9 a 16; durante el Ramadán, de 8 a 16:30. La entrada al museo está incluida en la tarifa de entrada al yacimiento. Información: Museo Arqueológico de Jerash, tel.: 02 6352267.

Linterna o incensario de cerámica, núm. inv. G 1236

Este tipo de linterna o incensario de cerámica se introdujo a finales del periodo bizantino (f. siglo VI - p. siglo I/VII). Se hizo muy popular durante el periodo omeya en una versión más ornamentada, con motivos grabados o pintados casi siempre en blanco. La forma de la linterna está inspirada en la de una jarra perforada con huecos a modo de ventanillas, para que pudiera ponerse dentro una lámpara de cerámica o incienso. Se colgaba del techo (falta la anilla sujeta al pitorro). El farol se fabricaba en cerámica gris o roja, y solía tener decoraciones pintadas en blanco o grabadas.

Vasijas y jarras pintadas, núms. inv. G 234, 236, 1241, 1242

Esta cerámica roja con decoración pintada a mano en blanco es típica del primer periodo omeya, aunque está muy próxima en cuanto a estilo y factura a la cerámica bizantina de la cual proviene. Las decoraciones de múltiples líneas sinuosas, círculos en remolino y ángulos acentuados en el borde se hicieron muy populares durante este periodo, y la cerámica solía ser de gran calidad y a menudo estaba acanalada. Estas vasijas y jarras forman parte de una vajilla corriente.

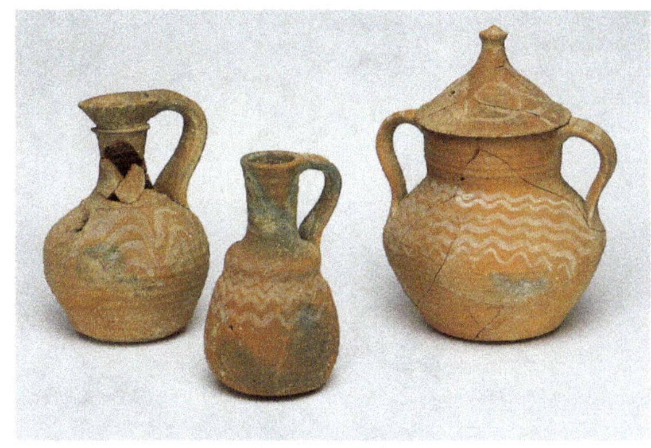

Vasijas y jarras pintadas, Museo Arqueológico de Jerash (Núms. Inv. G 234, 236, 1241, 1242).

Lámpara de aceite de cerámica, núm. inv. G 683

Esta lámpara de aceite hecha en cerámica gris con molde es un ejemplo de la ten-

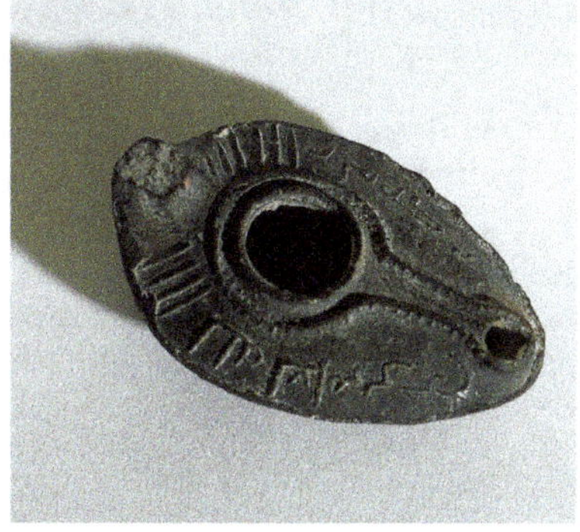

Lámpara de aceite de cerámica, Museo Arqueológico de Jerash (Núm. Inv. G 683).

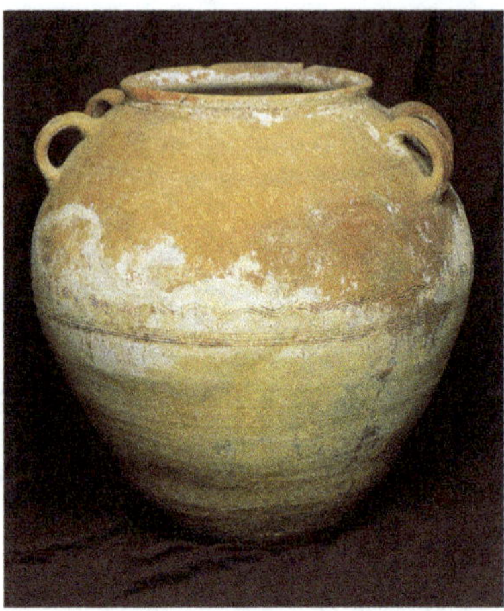

Gran ánfora proveniente de la Casa Omeya, Museo Arqueológico de Jerash (Núm. Inv. G 1391).

dencia entre los primeros alfareros omeyas a firmar sus obras y a usar la escritura como ornamentación, lo cual recuerda las bandas epigráficas que se utilizaban como decoración mural en las primeras mezquitas (ref. La Cúpula de la Roca). En aquellos sitios del cuerpo de esta lámpara donde la escritura no ha borrado las líneas impresas, aún se puede distinguir el motivo radial del molde bizantino tardío que se ha utilizado. El tamaño medio de estas lámparas oscila entre los 10 y los 13 cm de longitud, aunque en el periodo abbasí (siglo III/IX) se produjo una cierta tendencia a alargar la forma básica de babucha.

Ánfora de cerámica, núm. inv. G 1391

Esta gran ánfora de cerámica roja fue hallada en el patio de la Casa Omeya, donde debió servir como recipiente para agua potable. La cerámica muestra el color beige rojizo típico de los recipientes de mayor tamaño, como ánforas, vasijas de almacenaje y tinajas. Las 4 asas no eran tanto para levantar la pesada vasija como para poder inclinarla y moverla. Se trata de un perfecto ejemplo del tipo de producción cerámica que se realizó entre los periodos bizantino e islámico, y es únicamente el lugar del hallazgo lo que permite asociar la pieza con una u otra época. La decoración mediante raspado de la parte superior, el tipo de cerámica y el perfil de la pieza son características frecuentes a lo largo de los siglos VI y I/VII que se transmitieron del periodo cristiano al musulmán. El ánfora estaba sobre tierra y probablemente parcialmente enterrada, para mantener fresco el contenido y evitar que se volcara.

Embudo de cerámica, núm. inv. G 1345

Este embudo, un objeto de cocina, está realizado en cerámica roja y, de hecho, se fabricó en torno como una cacerola. En lugar de formar una base redondeada, el alfarero le añadió un cuello sin caño, además de un asa para facilitar el manejo. Sin embargo, la decoración en remolino pintada en blanco recuerda a una vajilla de mesa. El alfarero solía usar una serie muy limitada de formas estándar, a partir de la cual fabricaba todo tipo de objetos funcionales. Este enfoque minimalista de la producción demuestra eficiencia y profesionalidad en un oficio donde la velocidad, la cantidad y la uniformidad de los productos eran factores esenciales para el éxito comercial.

I. K.

LOS TALLERES DE ALFARERÍA DE JERASH

Ina Kehrberg

Jerash desarrolló una industria cerámica local desde el primer momento de su existencia como asentamiento de la Edad del Bronce. Pero no fue sino al final del periodo helenístico, al convertirse Jerash en una ciudad provincial de cierta envergadura, cuando la industria alfarera despegó realmente, gracias a la producción de imitaciones de las piezas importadas para los mercados locales y menos pudientes de la zona. Durante el periodo romano, los alfareros siguieron mejorando su oficio y desarrollaron piezas claramente autóctonas, llegando su arte a la perfección en el periodo de la *Decápolis*, una época de especial prosperidad para Gerasa debido al incremento del comercio, lo cual a su vez contribuyó a impulsar la artesanía local. En la época de los omeyas, Gerasa ya era conocida como uno de los principales centros de fabricación alfarera y sus productos llegaban mucho más allá de los estrechos confines locales: se podían hallar las piezas típicas tardobizantinas de Jerash —los famosos cuencos y lámparas de Jerash— en todos los mercados, desde Petra en el sur hasta Bostra en el norte (la moderna Siria), así como en el valle del Jordán, en Pella, y en la Ciudadela de Ammán. Estos tipos de piezas siguieron fabricándose en Jerash durante el primer periodo omeya (siglo I/VII-p. II/VIII), junto con vajillas y utensilios de cocina corrientes, que se mantuvieron prácticamente inalterados en sus formas hasta bien entrado el siglo II/VIII. En este periodo comenzaron a aparecer nuevas formas, en especial los cuencos angulares a modo de taza de fondo plano, con medallones y motivos decorativos pintados a base de semicírculos casi concéntricos; fue también en esta época cuando apareció la cerámica vidriada. La decoración pintada en blanco sobre la cerámica roja y a base de incisiones en la cerámica gris siguió aplicándose sobre piezas de formas estándar heredadas de la tradición tardobizantina, pero los motivos decorativos fueron diversificándose y alterándose.

Fue probablemente la sucesión de gobiernos tolerantes entre el periodo bizantino y el omeya lo que propició el mantenimiento de un nivel sustancial en la producción cerámica en Jerash, lo cual se refleja a su vez en la pervivencia de un comercio estable con el exterior. Este flujo ininterrumpido de la producción cerámica desde los talleres bizantinos a los

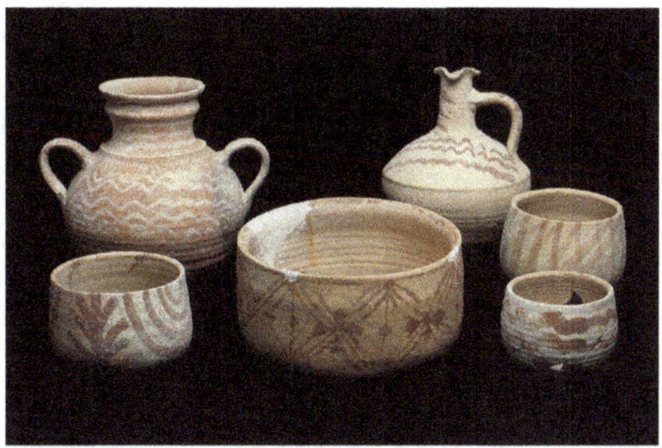

Vasija, jarra y cuencos pintados, vajilla del Odeun, Ciudadela de Ammán y Jerash, Museo Arqueológico de Jordania (Núms. Inv. J 14698, 12292, 14748, 14757, 5199, 5205), Ammán.

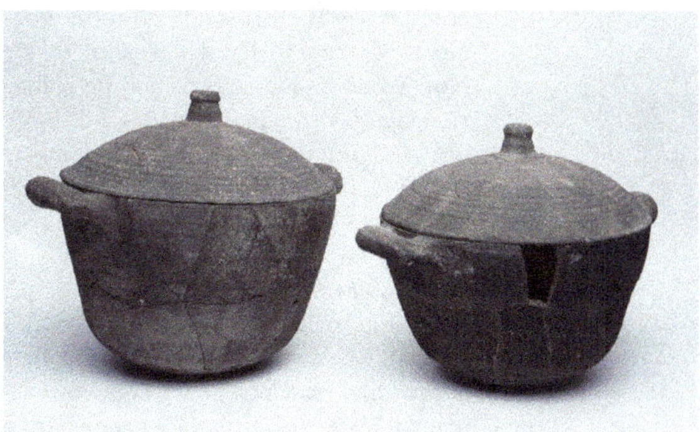

Cacerolas, Museo Arqueológico de Jordania (Núms. Inv. J 14805, 14806), Ammán.

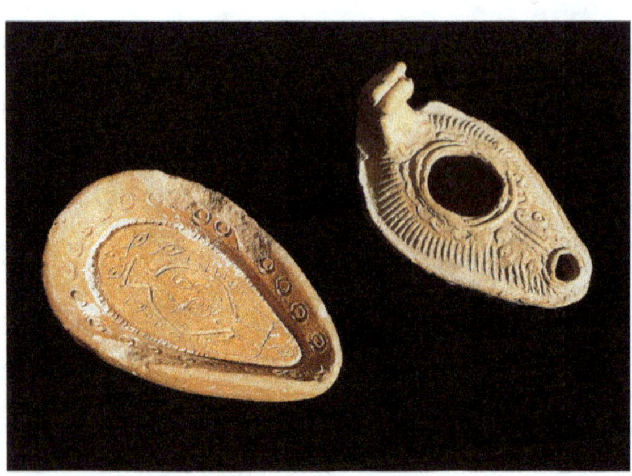

Molde para lámpara de aceite de cerámica y lámpara de Jerash, Museo Arqueológico de Jerash (Núms. Inv. G 685, 681).

omeyas se produjo en todas las ciudades de la *Decápolis*, cada una de las cuales producía sus ligeras variantes en cuanto a piezas y formas, pero ninguna consiguió igualar la especial calidad de los alfareros de Jerash.

Aún hoy en día pueden verse vestigios de este provechoso comercio: los restos restaurados de los hornos y los talleres cerámicos omeyas delante del Templo de Artemisa fueron construidos sobre el enorme altar del siglo II, que había sido en otro tiempo el punto más destacado del *temenos* romano. También se han encontrado hornos del mismo periodo en el interior y alrededor de los muros exteriores de la *cavea* del cercano Teatro Norte y en lo que en otro tiempo habían sido tiendas romanas situadas a lo largo del *cardo* norte y pegadas a los *propileos* del Artemision, por mencionar tan sólo unos pocos ejemplos. La importancia del reciclaje en las prácticas constructivas de Jerash no es sino una repetición de lo que había sido frecuente durante los periodos romano y bizantino, en que los habitantes ocupaban y readaptaban los edificios y las instalaciones antiguas para adecuarlos a sus necesidades inmediatas. De algún modo, esto siempre forma parte de la historia, muchos de cuyos episodios a menudo quedan olvidados antes de haber llegado a su completo término para reaparecer de nuevo bajo otra forma, como ocurre incluso con la producción cerámica, en que los moldes desechados para lámparas de aceite de estilos más antiguos han sido reutilizados en periodos posteriores.

Los informes de las excavaciones llevadas a cabo en los años 1950 en la *orquestra* del Teatro Sur, bajo la dirección del famoso Gerald L. Harding, y en los años 1970 en la terraza inferior del Templo de Zeus, revelan hallazgos similares de hornos islámicos de los siglos I/VII-II/VIII. Es interesante señalar que la mayor parte de los centros de producción alfarera preislámicos se encontraban en el sur y que, sin embargo, el conjunto industrial más importante estaba fuera de las murallas de la ciudad, en el Hipódromo, situándose los hornos más pequeños en el conjunto del Templo de Zeus y en el Macellum, dentro de un área de expansión poco densa, hacia el norte. Por el contrario, los hornos más importantes del primer periodo islámico hallados hasta el momento se encuentran en la mitad norte de la ciudad. Esto pudo estar relacionado con la plaga que afectó a gran parte de la ciudad antes y durante la conquista islámica y que, al parecer, arrasó la parte exterior sur, dejándola convertida en un sitio desolado, apto tan solo como lugar de enterramiento de las víctimas de la peste.

De todas formas, aún queda mucho por excavar entre el centro cívico y la muralla de la ciudad, y son muchas las historias inéditas sobre el lugar que promete este amplio espacio salpicado de iglesias. A principios de los años 1990 se pudo vislumbrar parte de esta riqueza de información oculta cuando el Departamento de Antigüedades sacó a la luz partes de la muralla occidental, restituyendo prácticamente el plano original del suelo. Al exponer las hiladas del muro que aún estaban en pie, aparecieron muchos restos de hornos, marcas de quemadura y pilas apoyadas en las hiladas inferiores del muro a modo de contrafuertes, todo lo cual indica la presencia de talleres de alfarería pegados o cercanos al muro oeste desde el periodo romano tardío hasta el final del periodo bizantino y en adelante, es decir, desde el siglo III hasta finales del VI - principios del siglo VII.

Los hornos omeyas del Teatro Norte eran casi idénticos en planta a los de finales del periodo bizantino, tal como lo evidencian los restos de finales del siglo VI - principios del VII excavados en el Hipódromo. La prueba de la continuidad estilística en cuanto a forma y decoración se descubrió en las cámaras de almacenaje derruidas, pertenecientes a los hornos omeyas del Teatro Norte, en las que se encontraron restos de vasijas mal cocidas ("residuos"). Entre ellos había ejemplos de las típicas lámparas de Jerash bizantinas, con sus asas zoomórficas, estrechamente relacionadas con los cuencos de Jerash.

La decoración de estas lámparas de Jerash es de especial interés, ya que ofrece uno de los pocos indicios de que motivos cuasi religiosos como la cruz griega siguieron siendo utilizados hasta principios del siglo II/VIII. Al igual que ocurre con otros objetos decorados, esto demuestra o bien que a los alfareros no les preocupaba demasiado el significado de las iconografías representadas, o bien que dichos objetos se produjeron en un ambiente de especial tolerancia o indiferencia religiosa: dichas lámparas eran adquiridas tanto por cristianos como por musulmanes por razones funcionales, más que por los motivos simbólicos con que estaban adornadas. Algunas lámparas halladas en los hornos y en otros lugares del emplazamiento han permitido datar con cierta precisión los hornos omeyas y la producción alfarera asociada a ellos, gracias a que llevaban inscripciones con el nombre del alfarero, así como el lugar (Jerash) y la fecha islámica de producción (ref. Museo Arqueológico de Jerash).

IV.3 IRBID

Se encuentra 88 km al norte de Ammán y se puede llegar fácilmente desde Jerash en coche, autobús, taxi o servicio-taxi. La estación se encuentra cerca del conjunto de los Baños Romanos del Este. La carretera se dirige directamente a Irbid atravesando la población de al-Husn.
Información: Sede del Departamento de Antigüedades en Irbid, tel.: 02 7277066.

La ciudad de Irbid, la segunda en tamaño de Jordania, se encuentra al noroeste de Ammán, próxima a la frontera siria. Está cerca también del *tell* al-Rameith, la antigua Ramot Galaad, situada al este y famosa por sus restos antiguos, que se remontan a la Primera Edad del Bronce. El antiguo *tell* Irbid se encuentra al norte de la ciudad moderna, y en él se han excavado tumbas de la Primera Edad del Bronce, la Segunda Edad del Bronce y la Primera Edad del Hierro. Se alza a una altura de unos 578 m sobre el nivel del mar y medía originariamente 500 x 400 m. Poseía una potente muralla defensiva de tres hiladas de anchura construida con grandes sillares de basalto, fechada alrededor del 2000 a. C. El sistema hidráulico de la ciudad, dominado por un canal subterráneo, se remonta también a esta época y fue adaptado para su uso moderno.
Se ha identificado Irbid con Abila, una de las ciudades de la *Decápolis* (ref. La *Decápolis* en el periodo omeya), pero la única referencia histórica al lugar se encuentra en el *Onomasticon* de Eusebio, donde el autor menciona la ciudad a principios del siglo IV (314-15). El escritor bizantino localiza Abila en la *Palestina Secunda*, en la frontera con la antigua Judea y en el territorio de Pella.

Bajo el nombre árabe de Arbed, Irbid se hizo famosa en el periodo omeya, junto con Bayt Ras, porque fue allí donde Yazid II vivió y murió en el año 105/724.
Bayt Ras, situada al norte de Irbid, estaba unida a esta antigua ciudad. Era más conocida que Irbid, ya que se la identificó antes con Capitolias, otra de las ciudades de la *Decápolis*. No es tan antigua como Irbid, pero sus ruinas del periodo grecorromano están mejor conservadas. El resto más impresionante es el canal de agua tallado en la roca que va a verter a un gran depósito. Cuando se construyó en el lugar una mezquita moderna, se descubrieron los restos de una iglesia bizantina dedicada a la Virgen María. El califa omeya Yazid II se asentó en Bayt Ras, donde recientes excavaciones en las proximidades de la moderna mezquita han sacado a la luz un *suq* (mercado) abovedado del periodo islámico. En una tumba del periodo romano tardío se pueden admirar unas pinturas murales bien conservadas que representan la Guerra de Troya y la victoria de Aquiles sobre Héctor. Otro panel representa la creación del hombre por Prometeo.

F. Z.

IV.3.a Museo Arqueológico de Irbid

Está en el centro de la ciudad, en el Tell Irbid. La colección del museo está formada por objetos arqueológicos del distrito y va a ser trasladada, junto con la sede del Departamento de Antigüedades, a un edificio tradicional otomano rehabilitado, conocido como Dar al-Saraya.
Horario: días laborables, durante las horas de oficina. Entrada gratuita. Información: Museo Arqueológico de Irbid, tel.: 02 7275817.

Mosaico de Qasr al-Hallabat, Museo Arqueológico de Irbid.

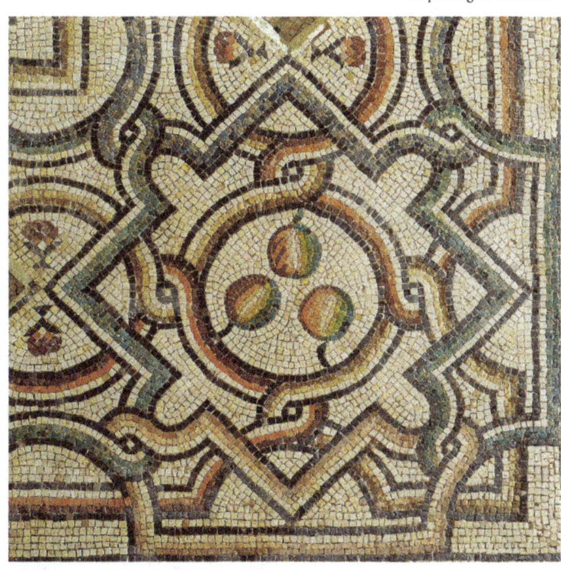

Mosaico de Qasr al-Hallabat

Este fragmento de mosaico proviene de la Sala 4 del *Qasr* y representa un rico bordado a modo de tapiz. La decoración de los bordes, de círculos entrelazados con racimos de granadas en el centro, constituye uno de los mejores ejemplos de su clase que se pueden encontrar en los primeros edificios islámicos, aunque existen ejemplos similares en otros castillos, como el de al-Qastal. La disposición geométrica de la iconografía es típicamente omeya, pero algunos rasgos singulares, tales como las granadas o la franja ensortijada y sinuosa, se remontan a los tiempos griegos y romanos.

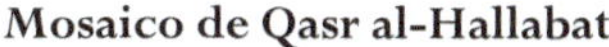

Mosaico de Qasr al-Hallabat

Este segundo mosaico de Qasr al-Hallabat muestra un orix y unas flores que simbolizan un campo o un jardín (tal vez incluso un parque silvestre para la caza, como los que muestran los famosos bajorrelieves neoasirios de los siglos VI y VII a. C). La calidad de los mosaicos de al-Hallabat permite albergar pocas dudas respecto a la maestría de los mosaístas, pero parece evidente que en ellos trabajó más de un maestro, cuyas huellas se pueden seguir de una sala a otra, fácilmente identificables por la forma de trabajar y la preferencia de motivos. La franja grabada que enmarca las imágenes individuales de animales, como la del ejemplo que aquí se muestra, puede interpretarse como un sendero pavimentado dentro de un jardín o un zoo; esto refuerza la idea de parque silvestre, ya utilizada en Jordania durante el periodo helenístico, pero asociada también con los palacios de los príncipes omeyas.

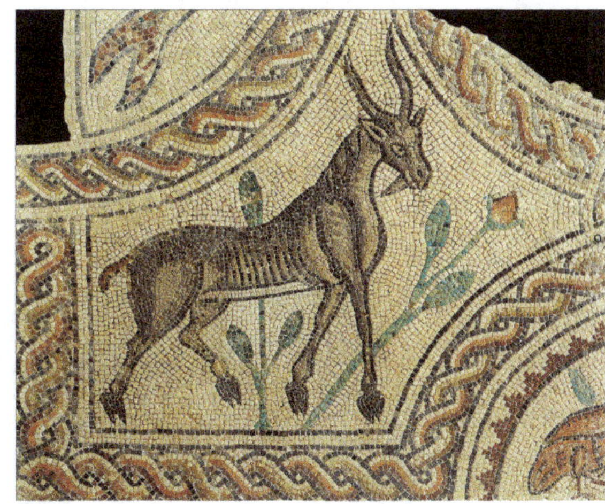

Mosaico de Qasr al-Hallabat, Museo Arqueológico de Irbid.

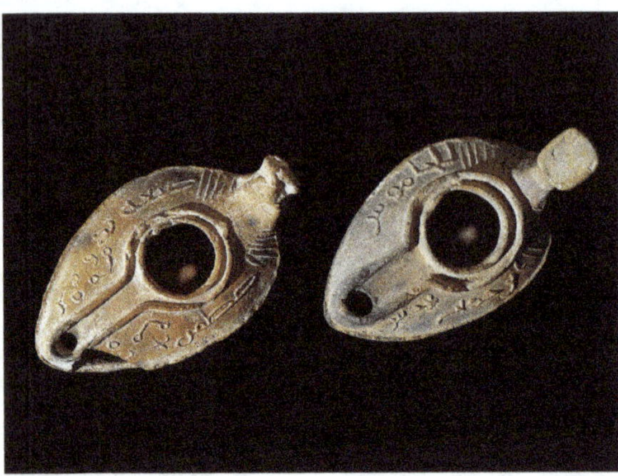

Lámparas de aceite de cerámica, Museo Arqueológico de Irbid (Núms. Inv. 1977, 2182).

Lámparas de aceite de cerámica, núms. inv. 1977, 2182

Las lámparas de aceite de cerámica provienen de las lámparas de Jerash, fabricadas con molde a finales del periodo bizantino, características por sus asas zoomórficas. Aunque los alfareros empleaban los mismos moldes, las adaptaron a los gustos islámicos de la época. Además de mejorar sus características funcionales (les añadieron un canalillo entre el agujero de llenado y la boquilla, para recoger el aceite derramado), los alfareros omeyas adquirieron conciencia comercial, firmando y fechando sus lámparas, lo cual acabó convirtiéndose en el principal rasgo decorativo, aparte de proporcionar al historiador una fecha precisa para el estilo y el contexto donde se encontró la pieza. La identificación del alfarero como un artesano de prestigio casa bien con el florecimiento del comercio de cerámica, ya establecido durante el periodo tardobizantino, durante el siglo I/VII y principios del II/VIII. Este tipo de lámparas se hacía solo en Jerash, como lo demuestra la firma, pero se han encontrado piezas en otros muchos sitios de Jordania.

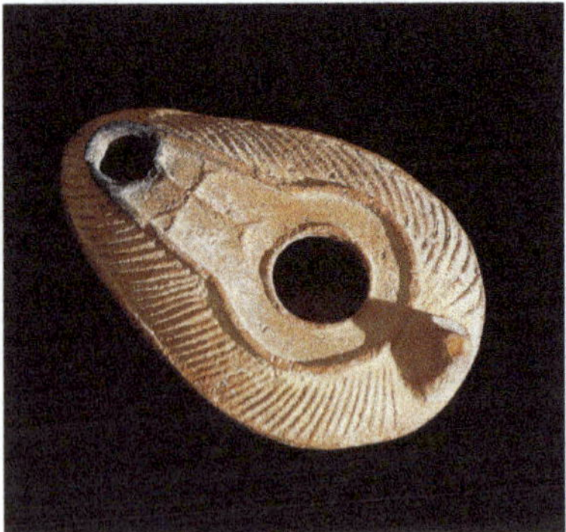

Lámpara de aceite de cerámica, Museo Arqueológico de Irbid (Núm. Inv. 130).

Lámpara de aceite de cerámica, núm. inv. 130

La lámpara de aceite de cerámica hecha con molde combina rasgos característicos de los mundos bizantino e islámico. La cerámica roja, la forma general y el dibujo radiante evocan las lámparas bizantinas: las de tipo babucha por su forma, y las de asa con lengüeta típicas de Jerash, por su decoración. El canalillo alrededor y entre el agujero de llenado y la boquilla son típicamente omeyas (de hecho, los primeros ejemplos de este tipo de canalillos se remontan a las lámparas helenísticas vidriadas en negro a la griega y a las lámparas romanas fabricadas en Galia), pero la gran cruz es claramente bizantina o cristiana, y constituye en sí misma un ejemplo singular. Aunque durante el periodo omeya siguieron produciéndose masivamente lámparas de Jerash con una cruz debajo del asa, que evidentemente eran adquiridas tanto por cristianos como por musulmanes, el ejemplo aquí presentado, debido a su carácter singular, parece haber sido diseñado para un hogar cristiano del siglo II/VIII.

Jarrita de vidrio de Tabaqat Fihl (Pella), núm. inv. 2131

Esta jarrita de rara perfección habría sido difícil de asignar al periodo bizantino tardío o a principios del omeya, si no hubiera sido por el contexto en que fue hallada. El vidrio omeya posee las mismas propiedades que el vidrio bizantino tardío, cuando es del mismo color azul claro o azul verdoso. Al igual que ocurre con la cerámica del siglo I/VII y principios del II/VIII, no existen apenas diferencias entre los respectivos repertorios de tipos y decoraciones, aunque quizás los omeyas, como es evidente en el caso de la cerámica, prefirieran una ornamentación más alambicada. El material mismo y el proceso de fabricación limitaban la gama tipológica de vasijas que se podía producir mediante el soplado, mientras que el vidrio de molde siguió siendo un producto caro que no se producía en masa (en agudo contraste con nuestra cultura, en la cual el vidrio moldeado es la norma y el soplado la excepción).

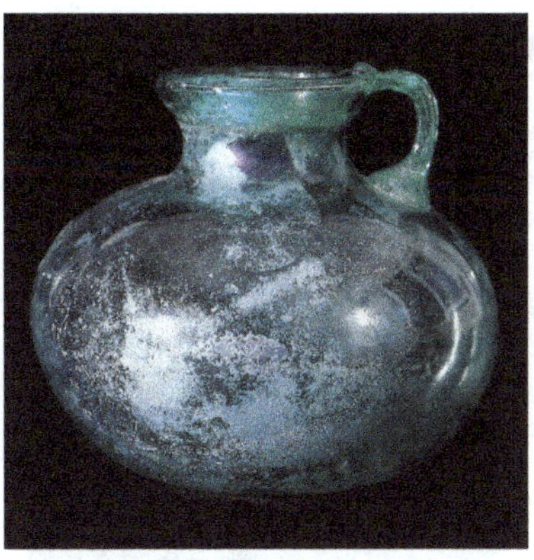

Jarrita de vidrio de Tabaqat Fihl, Museo Arqueológico de Irbid (Núm. Inv. 2131).

Lámpara de vidrio de Umm Qays (Gadara), núm. inv. 1892

Resulta difícil encontrar una vasija de vidrio intacta y aún más una lámpara de aceite. Estas lámparas se hicieron muy populares durante el periodo bizantino, cuando las iglesias comenzaron a necesitar más luz de la que podían ofrecer las lámparas de aceite. Adquirieron diversidad de formas basadas en la de las copas de vino: al igual que los alfareros, los sopladores de vidrio bizantinos u omeyas eran pragmáticos y, pensando en el mercado, usaban una forma básica para diferentes propósitos a base de introducir pequeñas alteraciones adecuadas a los mismos. Añadiéndole cuatro asas, una copa podía colgarse, normalmente de una malla de cadenas de bronce. La mecha, sumergida en aceite y sostenida por la copa, se enrollaba sobre el reborde. Este ejemplo corresponde a una jarra transformada en lámpara. Existían también lámparas con un pie alargado y pesado, para mantener el equilibrio, y sin asas, que se colocaban en un anillo de bronce y se colgaban del techo a modo de candelabros. Las lámparas de vidrio suelen provenir en su mayor parte de iglesias y mezquitas ya que, aparte de las clases dirigentes, eran muy pocos los que podían permitirse el lujo de estos caros objetos de vidrio, teniendo que confor-

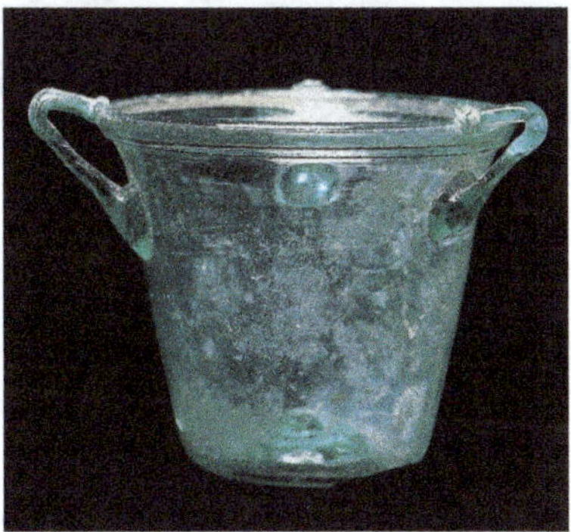

Lámpara de vidrio de Umm Qays, Museo Arqueológico de Irbid (Núm. Inv. 1892).

Relieve de basalto de Azraq, perro de caza, Museo del Patrimonio Jordano, Universidad de Yarmuk, Irbid.

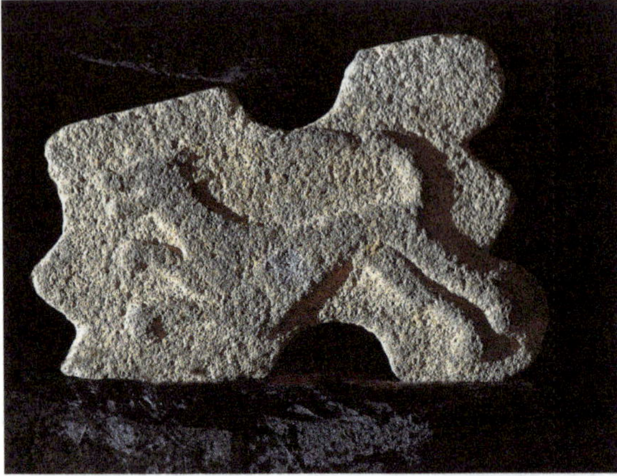

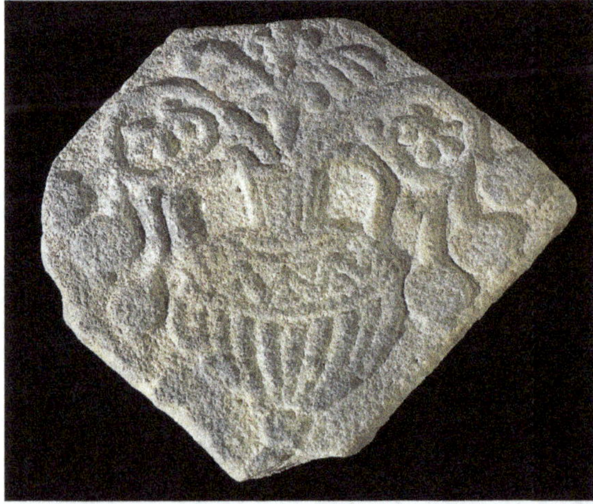

Relieve de basalto de Azraq, jarrón con flores, Museo del Patrimonio Jordano, Universidad de Yarmuk, Irbid.

marse la mayoría con las lámparas de cerámica normales y corrientes.

I. K.

IV.3.b Museo del Patrimonio Jordano

Forma parte del Instituto de Arqueología y Antropología de la Universidad de Yarmuk, Irbid. Las exposiciones están ordenadas temática y cronológicamente desde la prehistoria hasta el periodo otomano. Como institución pedagógica, el museo hace hincapié en el desarrollo tecnológico, en el crecimiento de los asentamientos y en los procesos de urbanización.

Entrada gratuita. Horario: días lectivos de 10 a 17; semestre de verano y Ramadán: de 10 a 15. Información: Museo del Patrimonio Jordano, tel.: 02 7276277, ext. 4275.

Relieves basálticos de Azraq

Los tres relieves basálticos del depósito de agua de Azraq constituyen un buen ejemplo de las artes menores que tomaban sus temas del mundo clásico anterior a la conquista islámica. Durante el periodo omeya, este género propició el renacimiento de un periodo muy anterior, el helenístico, que encontró mucho eco en Jordania. Los motivos del perro de caza, el caballo Pegaso y el ánfora llena de flores se remiten no solo a los suelos de mosaico bizantinos de las iglesias y a los mosaicos contemporáneos de los siglos I/VII-II/VIII, sino al arte griego y romano del que provienen en realidad. Pegaso es el más fabuloso de los tres, y se relaciona directamente con la criatura mitológica que supuestamente llevó a Perseo a través del Mar Egeo para poblar Halicarnaso, en la costa oeste del Asia Menor (Turquía). Es de señalar especialmente la habilidad con la que estos relieves han sido tallados en la roca basáltica, otorgándoles una apariencia sumamente vívida e incluso traviesa. El espíritu que caracteriza la época de los príncipes omeyas se puede sentir también aquí, donde la sencillez y el encanto se combinan con la alusión esotérica.

Altorrelieve de al-Qastal

Relieve de basalto de Azraq, Pegaso, Museo del Patrimonio Jordano, Universidad de Yarmuk, Irbid.

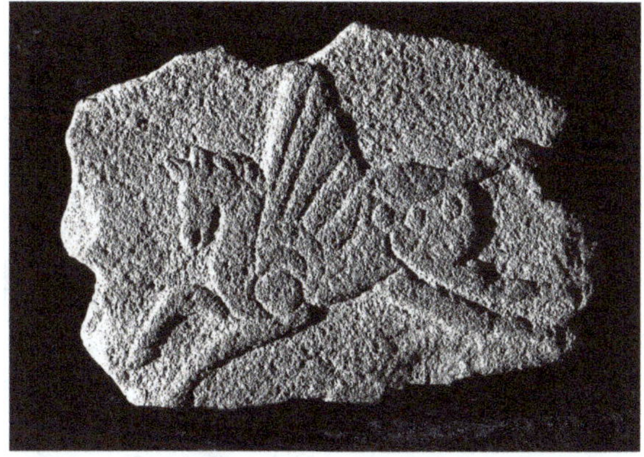

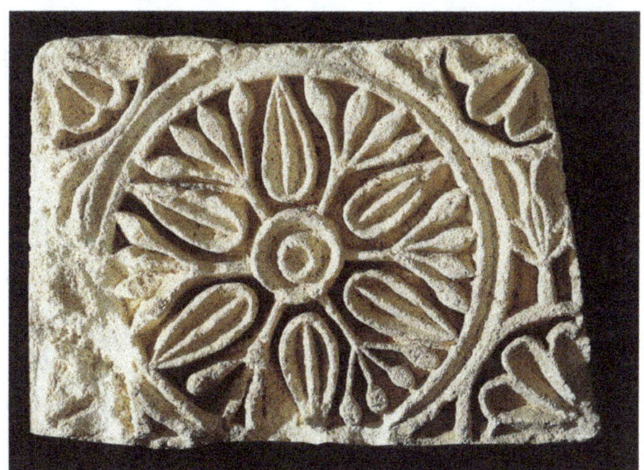

Relieve tallado de al-Qastal, Museo del Patrimonio Jordano, Universidad de Yarmuk, Irbid.

El relieve tallado en piedra se convirtió en una de las formas preferidas de decoración arquitectónica durante la época omeya, especialmente en las residencias palaciegas y los castillos. Esto también constituye un recordatorio de los tiempos pasados, en que los templos y las villas más lujosas estaban decorados de forma similar. Qasr al-Muchatta, al-Qastal y otros muchos lugares de Jordania abundan en esta forma de decoración interior propia de la época omeya y ofrecen un rico testimonio del nivel de refinamiento que existía en las artes menores de la época, basado sin duda en las habilidades desarrolladas y perfiladas en los muchos edificios públicos del periodo romano en adelante. La novedad se dio en la aparición de motivos geométricos y vegetales, que llegaron a sustituir prácticamente a todos los demás. La roseta dispuesta en un círculo rodeado de simples flores se convirtió en un tema favorito, entre el amplio abanico de imágenes que ofrecían las decoraciones arquitectónicas de épocas anteriores.

I. K.

IV.4 UMM QAYS (GADARA)

Se encuentra al noroeste de Jordania, a 120 km de Ammán y 30 km al noroeste de Irbid, cerca del punto de encuentro de las fronteras de Jordania, Israel y Siria. Se puede llegar al lugar por la carretera a Irbid, en sentido noroeste, siguiendo las indicaciones de esta vía bien señalizada. También se puede acceder en autobús local desde Irbid, pero resulta más sencillo ir en taxi o en coche. El servicio de autobús discurre entre Ammán, Umm Qays, Jerash e Irbid. Existen giras locales en autobús. El sitio se puede visitar a diario. Acceso con entrada, que incluye una visita al museo alojado en uno de los edificios otomanos del lugar. Se pueden comprar las entradas en el aparcamiento de la entrada principal. Información: Sede del Departamento de Antigüedades en Umm-Qays, tel.: 02 7500071, o Museo Arqueológico, tel.: 02 7500072.

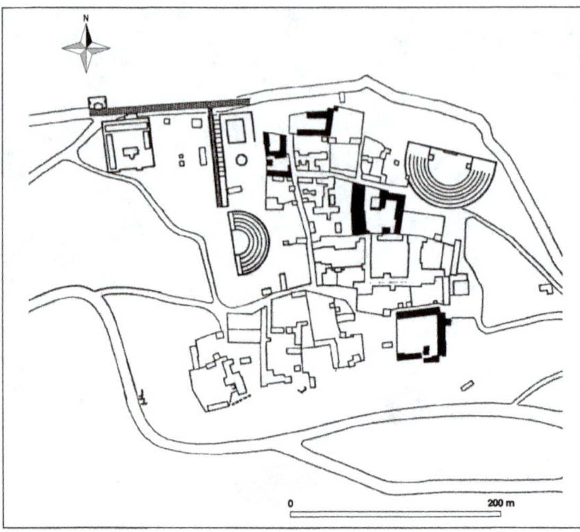

Umm Qays (Cortesía del Instituto Protestante, Ammán).

IV.4.a Yacimiento arqueológico de Umm Qays

La ciudad de Gadara (Umm Qays), centro de las artes y la alta cultura, se hizo famosa en toda la cuenca mediterránea por sus poetas, filósofos y retóricos. Encaramada a lo alto de una colina (a 378 m sobre el nivel del mar), con vistas al lago Tiberíades, los Altos del Golán y las termas de Hammat Gader en la garganta de Yarmuk, la ciudad ya era muy conocida en el periodo helenístico por su inexpugnable posición estratégica. La primera mención histórica a Gadara fue hecha en el 218 a. C. por Polibio, quien se refiere a ella como "la más fuerte de las plazas de aquella región". El soberano seléucida Antíoco III, quien arrebató Siria y Palestina a los tolomeos, puso sitio a la ciudad, que no tardó en capitular. Recientes excavaciones en el flanco meridional de la ciudad han sacado a la luz las murallas helenísticas, reforzadas por torres semicirculares ligeramente articuladas.

Al igual que muchas ciudades del este del Jordán, como Pella, Abila y Gerasa, Gadara fue reorganizada de acuerdo con el sistema urbano hipodámico, y todas ellas se convirtieron en centros del helenismo y adoptaron el griego como idioma oficial y el panteón de dioses paganos como objeto de veneración. Para los judíos ortodoxos, la helenización de las ciudades en las que vivían constituyó una agresión a sus tradiciones religiosas y, a raíz de la creación de un partido helenizado en Jerusalén, dirigido por el Sumo Sacerdote Jasón, estalló una revolución durante el reinado de Antíoco IV, en el año 167 a. C. Esta revuelta estaba encabezada por el sacerdote asmoneo Matatías y sus hijos. Las ciudades seléucidas de Jordania fueron severamente atacadas, y Gadara fue destruida por Alejandro Janeo a principios del siglo I a. C., pero recuperó su independencia cuando el general romano Pompeyo conquistó Oriente en el año 63 a. C. Gadara fue reconstruida por Pompeyo para complacer a Demetrio, uno de sus liberados favoritos. Esto supuso el inicio de una nueva era para la ciudad, la era de la *Decápolis*, en la cual se construyó la mayor parte de los monumentos que aún se mantienen en pie. Las ciudades helenizadas se convirtieron más tarde en el núcleo de la *Decápolis*, creado probablemente bajo el reinado de Tiberio como una forma de control frente a futuros levantamientos, así como para frenar también la expansión nabatea hacia el norte. El 30 a. C., Augusto cedió Gadara a Herodes el Grande junto con Hippos, situada en los Altos del Golán. Según los Evangelios, Jesús visitó el territorio de Gadara y curó a dos hombres poseídos por los demonios (Mateo 8:28-34). Se

cree que este milagro tuvo lugar cerca de la puerta de la ciudad, donde se ha construido una basílica sobre un mausoleo. Tras la muerte de Herodes el Grande, Gadara pasó a formar parte de la provincia de Siria. En el siglo II, después de la anexión del reino nabateo en el año 106, la ciudad alcanzó su edad de oro, embellecida por calles con columnas, teatros, la basílica, el *Ninfeo*, el Hipódromo, las termas etc. Una inscripción griega, en la que se transcribe el nombre árabe del califa, informa al lector de que las termas de Hammat Gader, llamadas Hammata por los romanos, fueron renovadas en el periodo omeya bajo el reinado de Mu'awiya Ibn Abi Sufyan.
En el siglo III, cuando Diocleciano reorganizó el Imperio Romano, Gadara pasó a formar parte de *Palestina Secunda*. El cristianismo había comenzado a dejar su huella en la ciudad y algunos cristianos sufrieron martirio. Bajo el reinado de Constantino el Grande, el cristianismo se convirtió en la religión oficial y Gadara se transformó en Obispado. Durante el periodo omeya, la ciudad se vio reducida a las dimensiones de pueblo, cuyos famosos vinos fueron celebrados por los poetas árabes.
Se puede entrar en el yacimiento arqueológico de Umm Qays, Gadara, por la puerta meridional, donde se ha desenterrado la muralla de la ciudad con sus torres circulares. El sendero conduce hasta el Teatro Oeste, de dos plantas y construido con sillares basálticos. El piso inferior tiene 14 filas de asientos mientras que en el superior sólo hay 10. Una galería (a modo de rellano) separa ambas

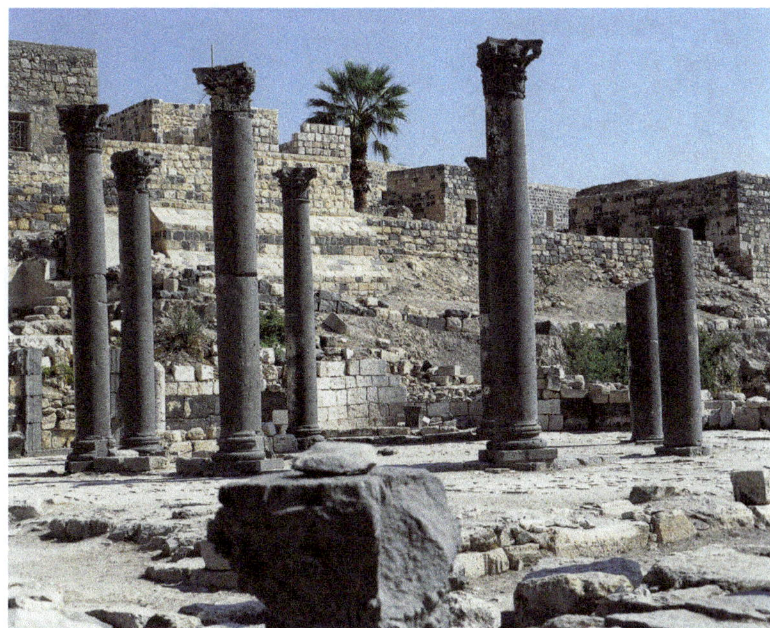

Iglesia octogonal, Umm Qays.

alturas, mientras que siete tramos de escaleras dividen el auditorio en secciones. Una estatua de mármol de una Tique sentada, que estaba en la primera fila de asientos, ha sido trasladada al museo.

Una calle norte-sur (*cardo*) discurre desde el teatro hasta la terraza de la basílica, que mide 95 x 32 m. El lado este de la terraza está tallado en la roca, mientras que el lado oeste, que sigue el eje de la calle, está sostenido por cámaras con bóvedas de medio cañón, que se usaban como tiendas. Aunque en principio fue un centro cívico, la basílica fue convertida en iglesia bizantina en el siglo V y siguió siendo usada como tal hasta el siglo II/VIII. La calle pavimentada este-oeste (*decumanus*) discurre por el lado norte de la basílica y conduce hasta el *Ninfeo* y los baños públicos. Estas termas siguieron en uso después del periodo bizantino. La calle pavimentada se prolonga hacia el oeste hasta encontrarse con la carretera de Tiberíades. Esta calle, excavada recientemente, muestra la imagen penosa de un pavimento lleno de columnas caídas y conduce hasta los restos de una torre circular que en otro tiempo protegía la puerta de la ciudad.

Al sur de la calle se encuentra un mausoleo subterráneo, que se usó desde el periodo romano al bizantino, descubierto accidentalmente en 1986 al reparar unas grietas. Sobre este mausoleo se construyó una basílica irregular, que siguió usándose durante el periodo omeya.

Más allá del mausoleo y la basílica, la calle se prolonga hacia el oeste hasta llegar a la muralla de la ciudad y a una torre, descubierta entre los olivares circundantes. Al

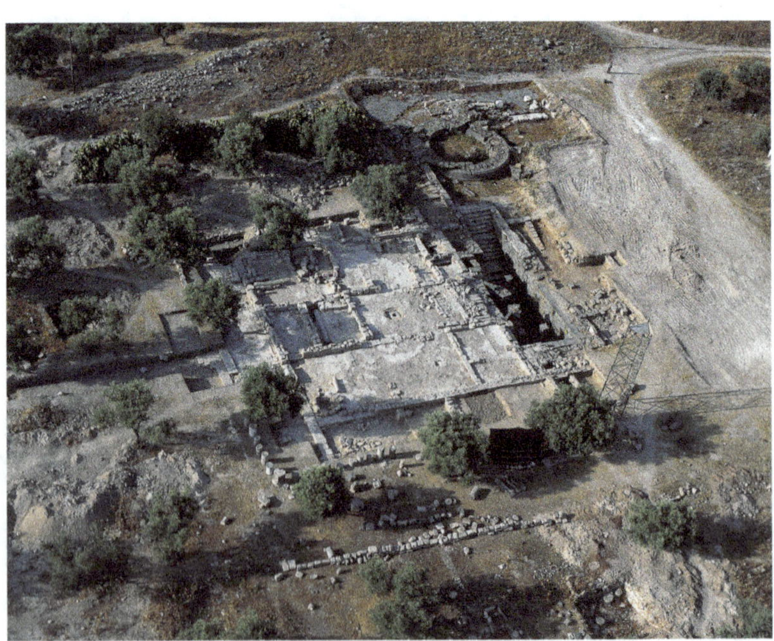

Vista aérea del mausoleo y la iglesia, Umm Qays (Cortesía de J. Taylor).

otro lado de la muralla se extiende un largo hipódromo y, unos 43 m al oeste de la pista de carreras, una puerta monumental. Mide 45 x 13,50 m y tiene un pasadizo central con sendas bóvedas más pequeñas a cada lado. En el lado oriental de la ciudad, cerca de la puerta, se encuentra una tumba familiar grecorromana perteneciente a los *Germani*, según la inscripción de la entrada. La carretera pasa junto al Teatro Norte, que se encuentra en un lamentable estado de ruina. Es de mayor tamaño que el Teatro Oeste, ya que su diámetro exterior es de 85 m. Sólo se conservan unas pocas bóvedas de la *cavea*. Al norte de este teatro se encuentra el foro o plaza pública de la ciudad, en cuyo lado oeste se ha desenterrado un templo del periodo helenístico. A juzgar por la estatua de Zeus Olímpico descubierta en el foro, este templo estaba dedicado a dicha deidad. Actualmente, la estatua se expone en el museo arqueológico abierto en la Casa Rusa, un edificio tradicional otomano. En el dintel de este museo, una inscripción reza lo siguiente: "A ti te digo, transeúnte, que, como tú eres, lo fui yo también; como yo soy, lo serás tú también. Disfruta de la vida ya que vas a morir", escrito sin lugar a dudas por el renombrado poeta de Gadara, Arabios (355-356).

F. Z.

Termas, Umm Qays.

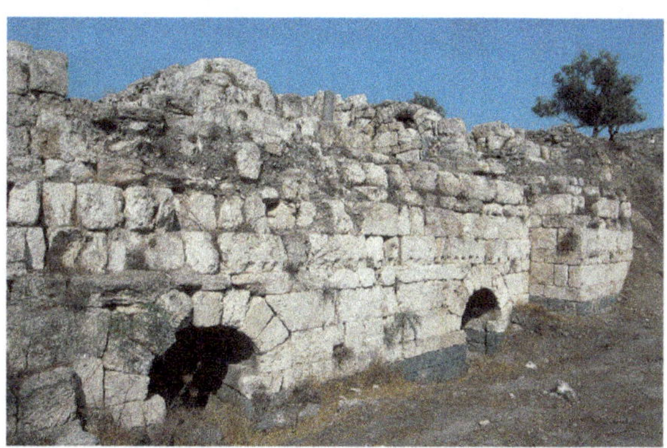

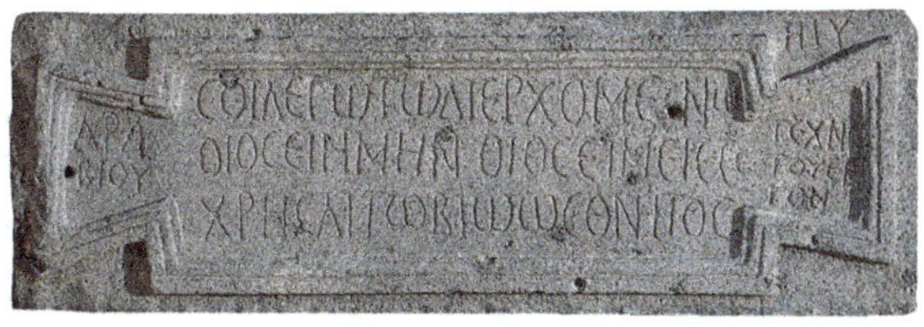

Inscripción funeraria en griego de Umm Qays, Museo Arqueológico de Umm Qays.

IV.5 TABAQAT FIHL (PELLA)

El tell *se encuentra en el valle del Jordán, 95 km al noroeste de Ammán. La manera más fácil de llegar al sitio es en coche, desde Umm Qays a través del valle del Jordán. Esta ruta, de gran belleza paisajística, permite disfrutar de las vistas del río Yarmuk y los Altos del Golán. Se puede gozar de una panorámica del yacimiento arqueológico desde la pensión situada en el punto opuesto al* tell. *A lo largo del tramo de carretera entre Umm Qays y Tabaqat Fihl, en el valle del Jordán, hay cinco santuarios de los Compañeros del Profeta, de construcción moderna.*
Entrada gratuita. Información: Sede del Departamento de Antigüedades en Tabaqat Fihl, tel.: 02 6560649.

IV.5.a Yacimiento arqueológico de Tabaqat Fihl

Pella (Tabaqat Fihl) se encuentra 4 km al este del río Jordán, en las laderas del valle del Jordán, al sur del Mar de Galilea y dominando la llanura de Esdraelon. En la

Antigüedad, el emplazamiento de Pella se hallaba cerca de la intersección de dos rutas principales de comunicación del antiguo Levante: la primera, una ruta norte-sur, conectaba la Península Arábiga con Damasco, mientras que la segunda, una ruta norte-oeste, unía la llanura jordana con la costa mediterránea. El yacimiento arqueológico de Pella está dominado por un monte oval al norte del Wad Yirm al-Moz, un pequeño valle que desciende desde las tierras altas situadas al este del lugar. Por su erosionada y muy empinada ladera sur, este monte se eleva 30 m por encima del suelo del valle, mientras que un torrente de aguas permanentes discurre a sus pies. Al sur del Wad Yirm al-Moz se alza una colina en forma de cúpula conocida como el *Tell* al-Husn, que se usó tanto para enterramientos como para asentamientos durante varios milenios hasta el siglo I/VII. La mayoría de las excavaciones arqueológicas, que se iniciaron en 1958 y se prolongaron hasta los años 1990, se han centrado en el monte principal de Pella y en el *Tell* al-Husn, revelando que se trata de uno de los yacimientos arqueológicos más ricos de Jordania. Las investigaciones y excavaciones han permitido saber que el lugar y sus alrededores han estado ocupados desde el Paleolítico Inferior (hace aproximadamente un millón de años) hasta el presente.

La primera vez que se menciona Pella es bajo su antiguo nombre semítico, *Pihil*, en unos textos egipcios del siglo XIX a. C. Las posteriores referencias que aparecen en los anales egipcios muestran que la ciudad progresó de forma continua entre las Edades del Bronce Media y Baja (siglos XIII-XIV a. C.) cuando, como lo han revelado varias tumbas excavadas, los habitantes usaban muchos artículos de lujo importados de Egipto, Chipre y Grecia. La población y el tamaño de Pella disminuyeron durante la Edad del Hierro. Pella no aparece mencionada en el Antiguo Testamento (a menos que sea bajo algún otro nombre). Las excavaciones han revelado muy pocas edificaciones u objetos que se pueden fechar con precisión en lo que respecta al periodo comprendido entre la Edad del Hierro tardía, en el siglo VII a. C., y el periodo helenístico, en el siglo IV a. C. La escasez de evidencias materiales de este periodo ha llevado a los arqueólogos a pensar que Pella estuvo prácticamente deshabitada a lo largo del mismo.

Tras la conquista de Levante por Alejandro Magno en el 332-331 a. C. y las posteriores reestructuraciones administrativas, económicas y culturales, Pella comenzó a renacer como ciudad griega. Fue recuperando población paulatinamente, mientras participaba en el comercio helenístico bajo el dominio tolemaico. Como consecuencia de la conquista seléucida del Levante Sur en el año 200 a. C., Pella experimentó un siglo de expansión y prosperidad. Se construyeron muchos nuevos edificios, mientras el griego seguía siendo el idioma de la cultura y el comercio. El antiguo nombre semítico de la ciudad, *Pihil* o *Pihir*, se helenizó, transformándose en *Pella*, en honor del lugar de nacimiento de Alejandro Magno en Macedonia. Entre los objetos helenísticos tardíos hallados en el lugar se cuentan numerosos ejemplos tanto de artículos importados como de productos locales de alfarería. En el año 83-82 a. C., según el historiador Flavio José, el soberano asmoneo Alejandro Janneo invadió Pella y destruyó la ciudad. Los numerosos indicios de una quema extensiva producida a finales del periodo helenístico parecen

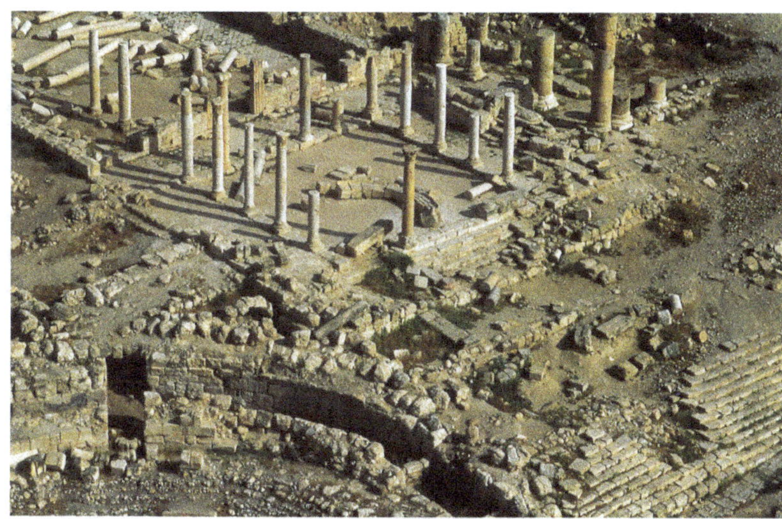

Gran escalinata del centro cívico con iglesia y teatro, Tabaqat Fihl (Zohrab).

confirmar la versión del historiador. En el año 63 a. C., el general romano Pompeyo puso fin al dominio asmoneo y seléucida. Pella se convirtió en parte del grupo de ciudades helenizadas del sur de Siria y el norte de Jordania conocidas colectivamente como la *Decápolis* (ref. La *Decápolis* en el periodo omeya; Gadara; Jerash). Pella experimentó un considerable desarrollo durante el periodo romano desde finales del siglo I a. C. hasta principios del siglo IV, llegando incluso a acuñar sus primeras monedas de bronce en el año 82-83. Las excavaciones han sacado a la luz varios edificios importantes de este periodo romano, entre ellos unas termas y un pequeño teatro en el conjunto cívico situado junto al manantial, así como un foro en el Wad Yirm al-Moz. Unos mojones con inscripciones grabadas indican que la carretera que conectaba Pella con Gerasa/Jerash, otra ciudad de la *Decápolis*, fue objeto de obras de mejora en los años 160-161.

Pella floreció durante el periodo bizantino (p. siglo IV – p. siglo VII), en el que abundaban las iglesias y los conjuntos monásticos, mientras las áreas residenciales se extendían por las laderas adyacentes. Hacia finales del siglo IV, Pella se había convertido en Obispado y el cristianismo había desplazado a la mayoría de las religiones de la ciudad, si no a todas. Las excavaciones han desenterrado tres grandes iglesias, una de las cuales —probablemente la catedral— se encuentra situada en el conjunto cívico, la otra en el lado occidental de la ciudad y la tercera en lo alto de una empinada cuesta orientada al este. Las pruebas arqueológicas permiten fechar la iglesia del conjunto cívico a principios del siglo V y muestran que fue remodelada en la primera mitad del siglo VI. Tanto la iglesia del oeste como la del este datan del siglo V. En el siglo VI, Pella alcanzó su tamaño máximo de unas 21 ha con una población de entre cinco y siete mil habitantes.

Tabaqat Fihl (Pella)

Barrio residencial, Tabaqat Fihl (Zohrab).

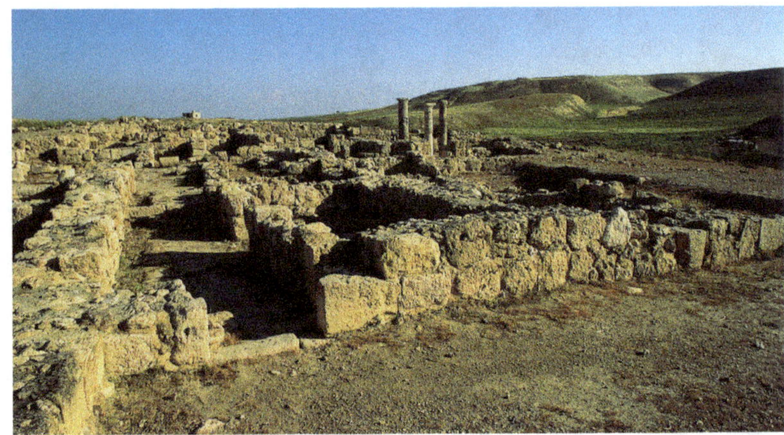

Patio anterior de unidad doméstica, Tabaqat Fihl (Zohrab).

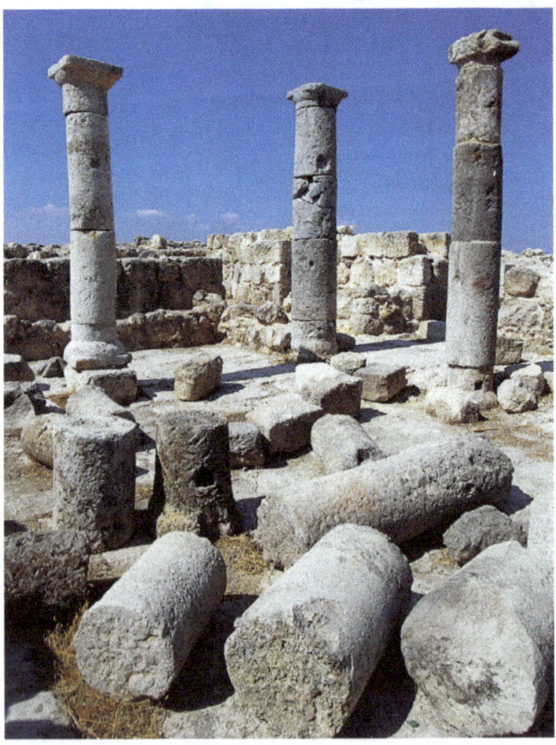

Esta era de prosperidad fue interrumpida a principios del siglo VII por la fugaz invasión persa que se produjo en algún momento entre los años 614 y 628. En el año 14/635, después de que el ejército musulmán derrotara al bizantino en la cercana llanura de Fihl, se firmó un tratado de paz y el ejército musulmán ocupó Pella. Este tratado permitió a los habitantes de Pella conservar tanto sus derechos como sus responsabilidades personales y cívicas, mediante el pago de una tasa y un impuesto sobre el suelo. Los registros arqueológicos confirman esta conquista no violenta de Pella, ya que las excavaciones en las tres iglesias bizantinas y en el barrio residencial muestran una transición ininterrumpida desde el dominio bizantino al musulmán. Bajo sus nuevos soberanos musulmanes, Pella recibió el nombre de Fihl (derivado de su nombre semítico original).

En la reestructuración de los territorios provinciales que los musulmanes llevaron a cabo en el año 18/639, se reservó a Fihl un papel administrativo. Este papel se mantuvo hasta el siglo III/IX, en que varios libros de geografía, entre ellos el *Kitab al-Masalik* de Ibn Jurdadbah, incluyen a Fihl como centro de distrito de *Yund al-Urdun*, la provincia administrativa y militar de Jordania (ref. El sistema administrativo omeya). Las excavaciones han sacado a la luz en diversas zonas de la ciudad numerosos restos de los barrios residenciales de los periodos omeya y abbasí.

Según parece, la población de Pella disminuyó en número durante el periodo omeya. El descenso generalizado de la riqueza cívica parecer haberse reflejado en el declive de muchos edificios públicos y residenciales. Sin embargo, en contraste con estos indicios, el amplio abanico y la buena factura de la alfarería omeya, por una parte, y la riqueza considerable representada por los numerosos esqueletos de animales desenterrados, por otra, parecen indicar que por lo menos algunos ciudadanos de Pella gozaban de un cierto nivel de opulencia doméstica.

Varios barrios residenciales de mediados del siglo II/VIII reflejan el nivel de vida razonablemente alto que disfrutaban algunos ciudadanos durante el periodo omeya en Fihl. El **barrio residencial** situado junto al monte principal fue objeto de una profunda remodelación tras el terremoto del año 39/659-660. Las casas de dos alturas de este barrio estaban organizadas en torno a un gran patio delantero y eran de construcción muy recia, con los muros inferiores de mampuesto y arcilla, los muros superiores de tapial y las cubiertas

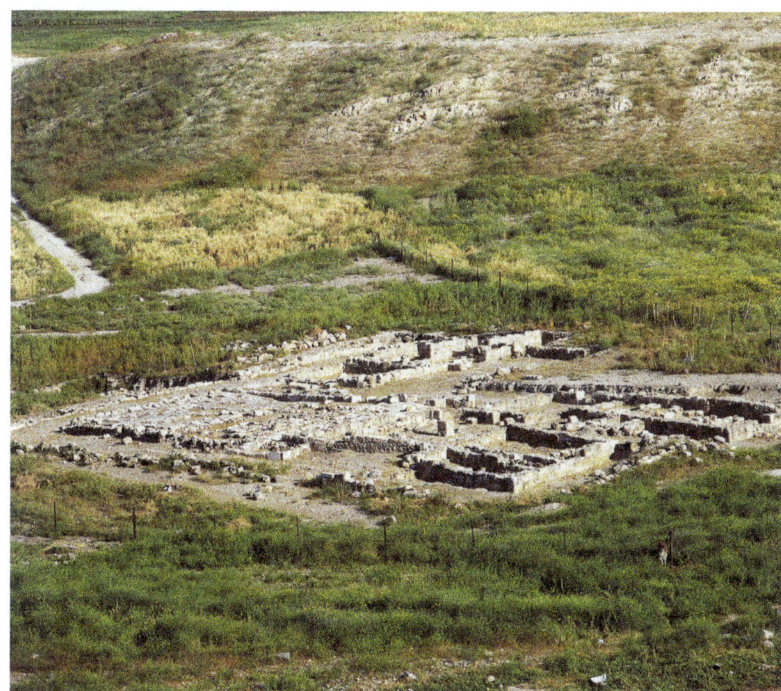

Vista del barrio residencial, Tabaqat Fihl (Zohrab).

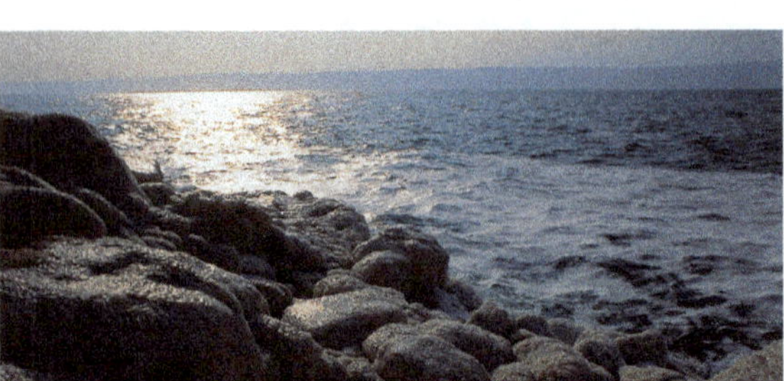

El Mar Muerto, valle del Jordán (Zohrab)

de vigas de madera, esteras y arcilla. Las habitaciones principales estaban situadas en la primera planta, y en algunos casos tenían las paredes enlucidas y pintadas, y los suelos de mosaico con teselas blancas. La planta baja se usaba como zona de trabajo de la familia, dividida en un pequeño taller y en varios establos para diversos animales, en especial vacas, ovejas o cabras y algún tipo de équido. Muchos de estos animales quedaron atrapados en las casas, junto con los ocupantes y sus posesiones, durante el terremoto del año 131/749.

Aunque Pella quedó destruida por el mencionado terremoto, no fue abandonada por completo. Las excavaciones llevadas a cabo al noreste del monte han sacado a la luz edificios importantes del periodo abbasí, durante los siglos III/IX y IV/X. También se produjo un cierto grado de ocupación del sitio durante los periodos mameluco (647/1250-923/1517) y otomano (857/1453-1335/1917). En el transcurso de la época mameluca se construyó una mezquita en lo alto del monte, pero la ciudad propiamente dicha nunca se llegó a reconstruir.

L. T.

El Mar Muerto

El Mar Muerto se halla 50 km al oeste de Ammán. Para llegar a la zona desde Tabaqat Fihl hay que seguir la ruta principal a lo largo del valle del Jordán hasta al-Chuna al-Yanobia. En al-Machari' se puede coger un taxi o alquilar un coche: de al-Shuna también salen taxis hacia los centros turísticos del Mar Muerto. El acceso es con entrada y se dispone de alojamiento.

Situado a la cota más baja de la tierra, a 392 m bajo el nivel del mar, el Mar Muerto sigue siendo visitado por sus propiedades curativas. Ya era famoso en los albores de la historia, y a lo largo de las orillas del Mar Interior crecieron los primeros asentamientos. Aparte de la sal, uno de los principales productos naturales de este mar es el alquitrán, cuya rareza hizo que los egipcios, los sumerios y los cananeos lo consideraran un artículo digno de comercio. El primer asentamiento calcolítico conocido, Talaylat Gassul, cuyos primeros excavadores creyeron por algún tiempo que podía tratarse de Sodoma y Gomorra, surgió en la orilla oriental (no muy lejos del moderno parador gubernamental). Esta misma orilla aloja otro emplazamiento recientemente descubierto, el Lugar del Bautismo de San Juan (al-Magtas), mientras que la orilla opuesta hace tiempo que consiguió su puesto en la historia, al encontrarse allí las famosas cuevas de Qumran, donde se hallaron los Manuscritos del Mar Muerto.

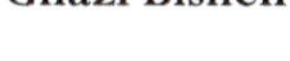

Ghazi Bisheh

Tras sus rápidas victorias militares en Siria, Iraq y Egipto, los árabes musulmanes se encontraron de pronto con la soberanía sobre unas poblaciones y unos territorios cuya economía se había caracterizado durante muchos siglos por un sofisticado sistema monetario. Este sistema consistía en monedas de oro (*solidi*), que constituían un monopolio imperial del estado bizantino, y monedas de plata (*drahms*), acuñadas por el imperio sasánida. Las cecas sirias, sin embargo, habían cesado de funcionar mucho tiempo antes de que aparecieran los árabes por Siria; así pues, no existían precedentes recientes de acuñación de moneda en la región. Carentes de experiencia para acuñar monedas propias, los árabes adoptaron sabiamente la maquinaria administrativa y el sistema financiero de las tierras conquistadas. En las provincias occidentales (Siria, Palestina y Egipto) imitaron los tipos de monedas bizantinas que circulaban por aquella zona a principios del siglo VII, mientras que, en las orientales (Iraq e Irán), tomaron como modelo las monedas sasánidas. Por este motivo, suelen agruparse las primeras monedas islámicas en dos amplias divisiones:

– El **tipo árabe-bizantino**, que se refiere a las monedas islámicas con imágenes y leyendas en griego, latín o árabe, acuñadas según el modelo bizantino.

– El **tipo árabe-sasánida**, que se refiere a las primeras monedas islámicas con leyendas en *pelvi* (persa medio) y en árabe, acuñadas según el prototipo sasánida, con el retrato convencional del rey sasánida, frecuentemente Josru II, en el anverso, y el altar zoroástrico del fuego, flanqueado por dos guardianes, en el reverso.

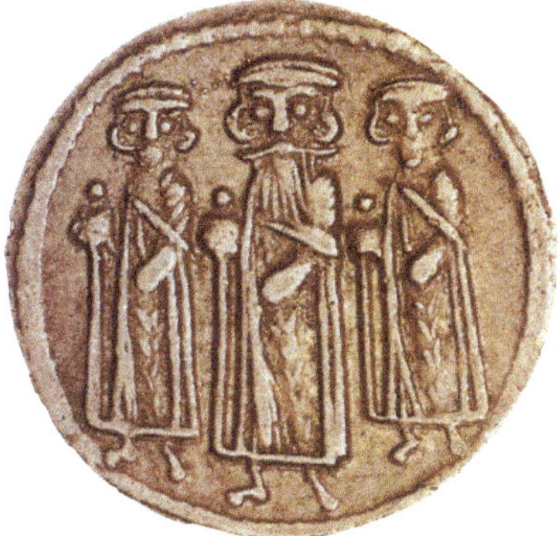

Anverso de moneda de bronce del tipo árabe-bizantino (Cortesía de N. Goussous).

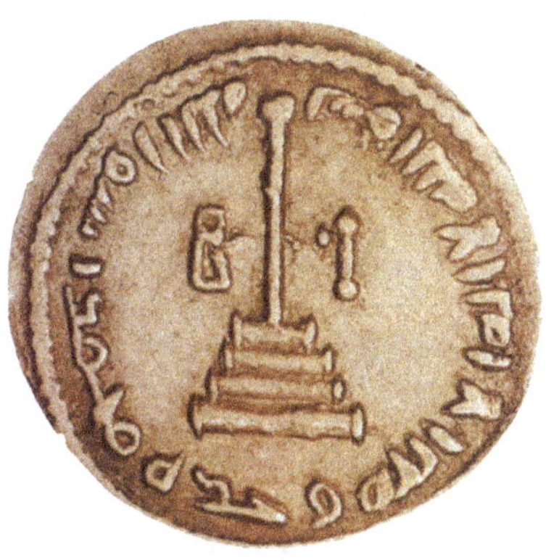

Reverso de moneda de bronce del tipo árabe-bizantino (Cortesía de N. Goussous).

Algún tiempo después —exactamente cuándo sigue siendo tema de discusión entre los numismáticos— comenzaron a aparecer en Siria, sobre todo en Damasco, varias adaptaciones árabes anónimas de las monedas locales. Aunque se ha admitido generalmente que los árabes comenzaron a acuñar monedas poco después de la conquista, Michael Bates, de la Sociedad Numismática Americana, opina que los recién llegados árabes no emitieron ninguna moneda hasta los años 71/691-72/692. Según argumenta Bates, antes de esa fecha Siria utilizaba el oro y el cobre importados de Bizancio, y las monedas de oro iraquíes e

Anverso de moneda de plata del tipo árabe-sasánida (Cortesía de N. Goussous).

Reverso de moneda de plata del tipo árabe-sasánida (Cortesía de N. Goussous).

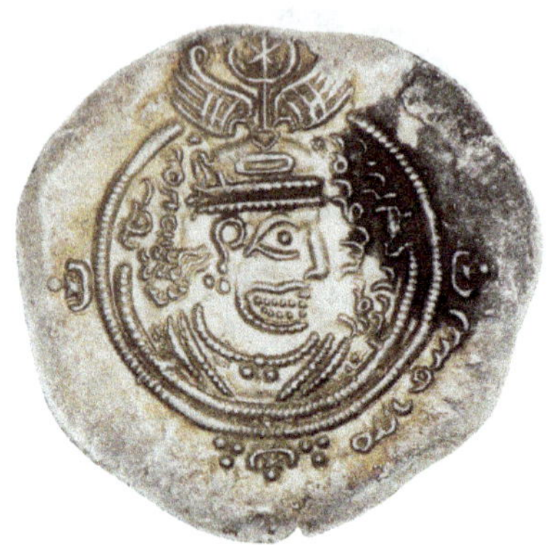

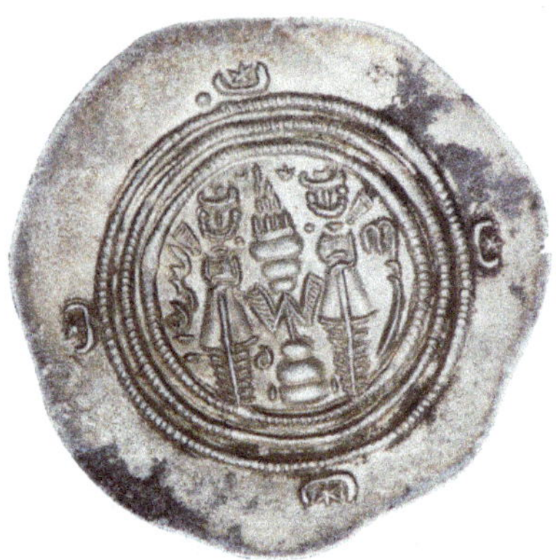

iraníes. En cualquier caso, fue durante el califato de Abd al-Malik Ibn Marwan (65/685-86/705), el constructor de la Cúpula de la Roca de Jerusalén, cuando se emitieron algunas monedas con carácter experimental. Estos experimentos reflejan claramente los esfuerzos por parte de los árabes por desarrollar una iconografía propia. Un nuevo tipo de moneda claramente árabe, con la imagen del califa de pie, apareció en Damasco con fechas de emisión entre los años 74/694 y 77/697. Estas monedas muestran en el anverso al califa con su espada: lleva barba y va ataviado con una larga túnica y un turbante árabe (*kufiyya*); en el margen se encuentra la leyenda escrita en caracteres árabes kúficos: "En el nombre de Dios, no hay más dios que Dios Él es el único [y] Muhammad es el enviado de Dios". En el reverso estaba grabada la cruz sobre gradas transformada y, en el margen, la leyenda en árabe: "En el nombre de Dios, este *dinar* fue acuñado en el año..."

En el año 77/696-697, Abd al-Malik introdujo una reforma de la moneda que transformó drásticamente el estilo de las principales piezas, cuyas inscripciones a partir de entonces pasaron a ser exclusi-

Anverso de un *dinar* omeya de oro, Abd al-Malik Ibn Marwan (Cortesía de N. Goussous).

Reverso de un *dinar* omeya de oro, Abd al-Malik Ibn Marwan, (Cortesía de N. Goussous).

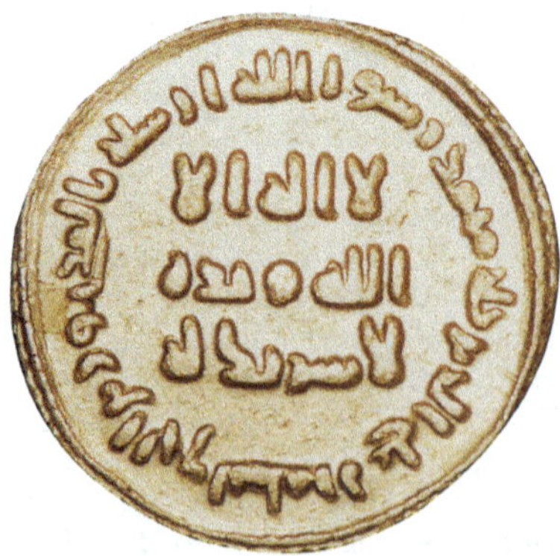

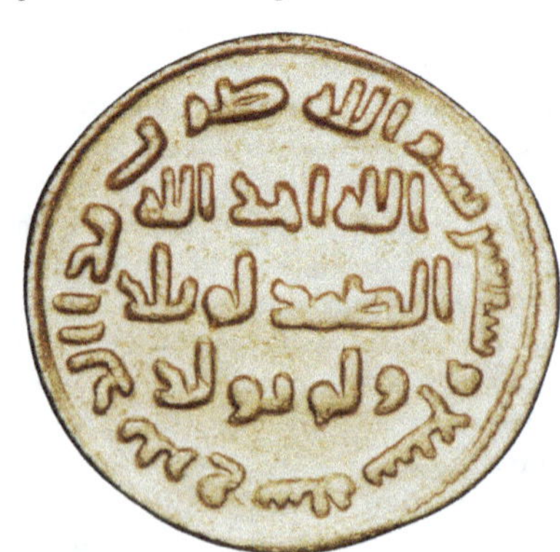

vamente epigráficas. La primera moneda de plata de este tipo, sin embargo, no apareció hasta el año 79/698. Las leyendas del *dinar* reformado (la unidad monetaria de oro) incluían la profesión de fe (*Chahada*) y parte del Corán CXII, la misión profética (Corán IX:33), así como una fórmula que respondía a la fecha de acuñación escrita con palabras.

La reforma de la moneda de Abd al-Malik fue una manifestación de su política de arabización de la administración omeya, y una expresión de la guerra ideológica y económica emprendida contra el enemigo bizantino. Su éxito, en cualquier caso, no habría sido posible de no existir unos fuertes fundamentos económicos.

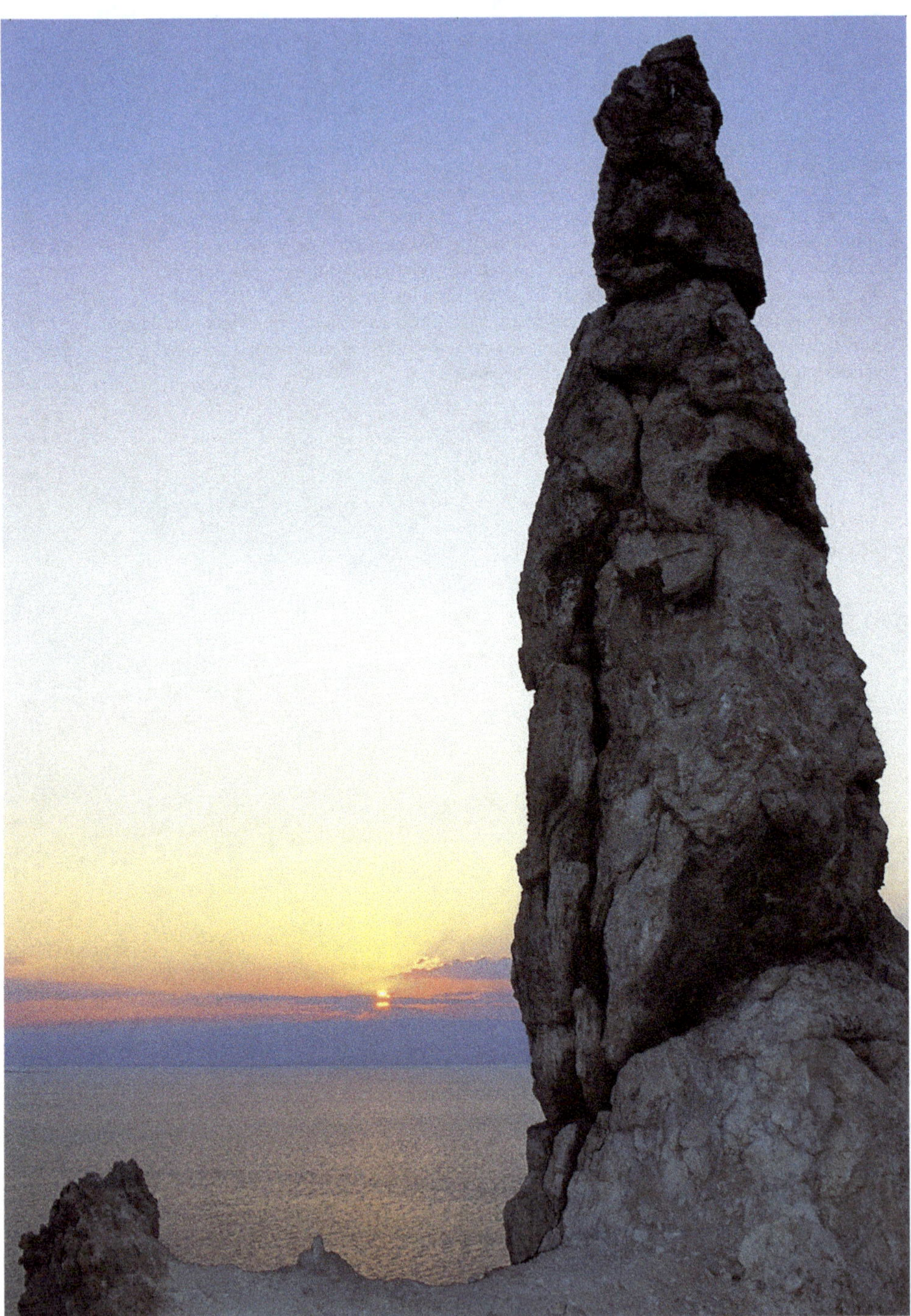

Mercaderes y peregrinos

Fawzi Zayadine, Ghazi Bisheh, Ina Kehrberg, Mohammad al-Asad

Primer día

V.1 GAWR AL-SAFI / SOAR
V.1.a Dayr 'Ayn 'Abata (Monasterio de San Lot)

V.2 AQABA
V.2.a Ciudad islámica de Ayla
V.2.b Museo Arqueológico de la Región de Aqaba

OPCIÓN PAISAJÍSTICA
Wad Ramm (Wad Iram)

Campamentos romanos de legionarios y planificación urbana

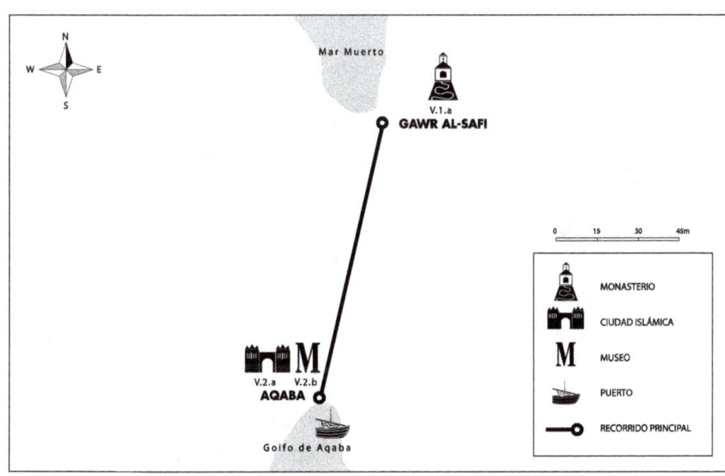

Pilar de la mujer de Lot, carretera del Mar Muerto.

La llanura del Jordán estaba atravesada, de norte a sur, por dos rutas principales de comercio. La más famosa era la Vía del Rey, que se conoce desde al menos el milenio II a. C., cuando la recorrieron los cuatro reyes del Antiguo Testamento que atacaron las cinco ciudades de los llanos del Mar Muerto (Génesis 14). Esta vía empezaba en Damasco, pasaba por Ammán (Filadelfia), atravesaba Wad al-Muyib (el Arnon), las tierras altas moabitas y Edom, para culminar en Aqaba (Ayla), en el Mar Rojo.
Tras la anexión del reino nabateo por el Imperio Romano (106), y entre los años 111 y 114, Trajano hizo pavimentar esta vía desde Ayla, junto al Golfo de Aqaba, hasta Bostra, en el Hawran (la moderna Siria). Petra, centro comercial y lugar de peregrinación a la tumba de Aarón, se encontraba en la intersección de tres rutas de caravanas: además de la *Vía Nova Traiana* y de la ruta a Udhruh y Ma'an, había una tercera que seguía el borde de la meseta por Ras Dilagah y al-Qanah. Esta ruta, llamada Darb al-Rasif, en los tiempos islámicos, era un atajo hacia Ayla por al-Humayma (Avara). Este último *caravansaray* fue fundado originariamente por Aretas III (r. 87-62 a. C.) como una parada entre Ayla, Wad Ramm (Wad Iram) y Petra. Recientes excavaciones han desenterrado un ingenioso sistema hidráulico instalado por los nabateos, un campamento romano y cuatro iglesias bizantinas, algunas de las cuales siguieron en uso durante los periodos omeya y abbasí.
En el periodo omeya, durante el reinado del califa Abd al-Malik Ibn Marwan (65/685-86/705), Alí Ibn Abd Allah Ibn al-Abbas hizo construir un palacio y una mezquita en al-Humayma para su familia. En él albergaba también a los peregrinos que se dirigían hacia las ciudades santas del Islam. Su hijo Muhammad reclamó el califato, y fueron sus sucesores quienes echaron a los omeyas en el año 132/750 (Los omeyas. Los inicios del arte islámico, y al-Humayma).
Las rutas de caravanas atraviesan el espectacular valle del Wad Iram, famoso por sus afloramientos rocosos de caliza, de gran altura y hermosos colores. Desde el siglo V a. C. en adelante, este fue el lugar de contacto entre las tribus talmúdicas, adiíes y nabateas. El valle siguió siendo una encrucijada en los periodos islámicos, y en el Wad Rabig aún pueden contemplarse varias inscripciones islámicas y los restos de una mezquita.
Siguiendo el Wad al-Yutm, la carretera llega hasta Aqaba, donde recientemente se ha descubierto la ciudad islámica de Ayla. Esta ciudad portuaria fue planificada por el califa Uzman Ibn Affan en el año 29/650. Por otra parte, bajo el reinado de los primeros califas se construyó cerca de la Puerta de Damasco una mezquita mayor que seguía usándose mucho después del siglo IV/X.
En Yadude, y paralela a la *Vía Nova*, empieza una segunda vía alternativa que prosigue hacia el sur por el límite de la estepa y, una vez pasada Umm al-Rasas (Mayfa'a), sigue hasta Leyyun y Udhruh (ref. Udhruh). Esta última estación de caravanas, situada entre Petra, Ma'an y Arabia, fue ocupada por primera por los nabateos y, en la época de Trajano, los romanos construyeron un campamento militar que fue reutilizado por los ejércitos de los soberanos bizantinos. En el año 18/630, Ayla, Udhruh y la cercana al-Yarba firmaron un tratado de paz con el Profeta Muhammad en Tabuk, lo cual permitió a los mercaderes musulmanes

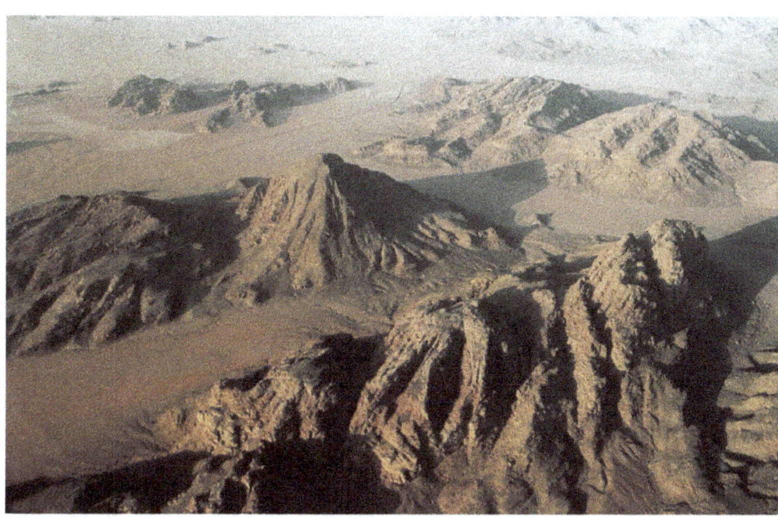

Wad Ramm (Iram), vista general.

pasar por la zona. El arbitrio entre Alí Ibn Abi Talib y Mu'awiya Ibn Abi Sufyan tuvo lugar también en Udhruh en el año 37/658.

F. Z.

V.I GAWR AL-SAFI / SOAR

El emplazamiento de la antigua Soar se encuentra en Jirbat Cheij Isa, cerca de Gawr al-Safi, en el extremo sureste del Mar Muerto, unos 63 km al suroeste de Karak. Soar aparece mencionada por primera vez en las narraciones bíblicas en el Génesis 14:2, en referencia al episodio de los cuatro reyes de Oriente que invadieron las cinco ciudades de la llanura del Mar Muerto. En este episodio, la ciudad aparece bajo el nombre de Bela. La campaña de los cuatro reyes se produjo, supuestamente, en la época de Abraham, en el milenio II a. C. Sin embargo, el famoso estudioso de la Biblia, De Vaux, argumenta que las historias del Génesis 14 resultan difíciles de situar en la historia del Próximo Oriente y que fueron escritas en gran parte para asociar a Abraham con los acontecimientos históricos del país.

En cualquier caso, Soar aparece de nuevo mencionada en el relato de la destrucción punitiva de Sodoma y Gomorra. En el Génesis 19, se cuenta que Lot, sobrino de Abraham, rezó para que la pequeña ciudad cercana a Sodoma fuera respetada y Yahvé le concedió esta gracia, tras lo cual la ciudad fue bautizada *Soar*, "la pequeña". Desde allí, Lot huyó al monte, donde estuvo viviendo en una cueva (ref. El monasterio de Lot). Fue allí, según el relato, donde una hija suya dio a luz a Moab, padre de los moabitas, y otra hija a Ben Ammi, el ancestro de los amonitas. Una reciente exploración de Gawr al-Safi ha localizado las ruinas de Jirbat Cheij

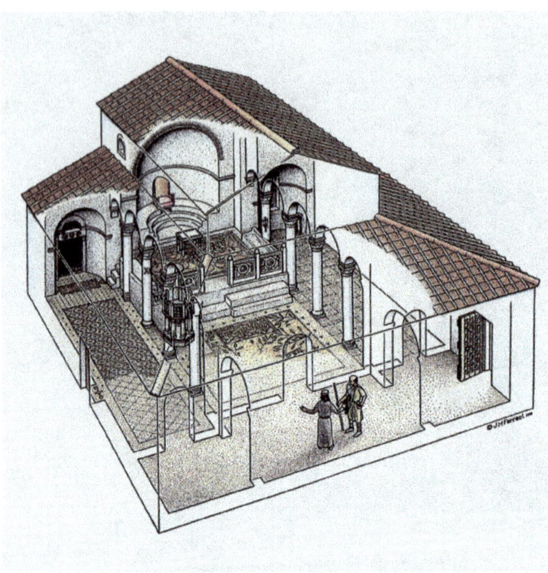

Monasterio de San Lot, restitución volumétrica, Gawr al-Safi.

Isa, entre las que se cuenta un tramo considerable de la muralla de la ciudad, y ha identificado el lugar con Soar.

En las profecías de Jeremías 48 e Isaías 15, se menciona de nuevo Soar en relación con los acontecimientos de mediados del siglo VI a. C.: "¿Por qué gime el corazón de Moab, por qué sus fugitivos han llegado hasta tan lejos como Soar?" Este oráculo se refiere a la invasión de los babilonios, ya fuera durante el reinado de Nabucodonosor II, en el año 598, o de Nabónido, en el 552 a. C. De camino hacia Tayma, en Arabia, Nabónido, el último rey de Babilonia, conquistó el Moab y el Edom, y su efigie ha quedado inmortalizada en un relieve tallado en la roca de Sela', al sur de Tafilah.

Bajo el dominio de los nabateos, la ciudad funcionó ciertamente como uno de los principales puntos de parada de la carretera de Petra al Mar Muerto, donde se recogía el alquitrán para venderlo a los egipcios, quienes lo usaban para la momificación. Debido a su localización en una vía estratégica, Soar fue tomada por el príncipe Alejandro Janneo en el año 83-82 a. C., pero le fue devuelta a Aretas III por Hircano II. Tras la anexión del reino nabateo en el año 106, en Soar se estableció una guarnición romana. Este campamento romano se encuentra por encima de Jirbat Cheij Isa, en el emplazamiento de Umm al-Tawabin.

Durante el reinado de Adriano (117-138), Soar aparece mencionado de nuevo en los archivos de Babatha. Babatha era una mujer acaudalada de origen judío que vivía en Maos, el puerto de Soar en el Mar Muerto. Cuando estalló la revuelta de Bar Kokebas en el año 132, ella se llevó todos sus documentos para esconderlos en una cueva cerca de En-Gedi. Estuvo casada dos veces pero, a juzgar por los archivos, tuvo problemas con su segundo matrimonio, ya que la mujer de su segundo marido se negó al divorcio. Babatha demandó a la esposa, así como a Juan, hijo de José Eglas, y a Abodobodas, hijo de Eluzas, los guardianes de Jesús, su hijo huérfano. La demanda fue atendida por el gobernador en Petra o en Areopolis-Rabba.

Cuando Diocleciano reorganizó el Imperio Romano a finales del siglo III, Soar quedó asignada administrativamente a la *Palestina Tertia*. En el Mapa del Mosaico de Madaba, hay representada una iglesia en Soar, a la izquierda de una palmera. Su nombre aparece como Balak.

Durante los periodos islámicos medievales, Soar (en árabe *Zagar*) disfrutó de una gran prosperidad, y su oasis alcanzó gran fama por su producción de dátiles, índigo, sirope, azúcar y bálsamo.

F. Z.

V.1.a Dayr 'Ayn 'Abata (Monasterio de San Lot)

Se encuentra 170 km al sur de Ammán, en un pueblo llamado Safi, 2 km al norte de las minas de fosfato. Se puede llegar al sitio desde el Mar Muerto, por la ruta de Araba en dirección sur durante unos 60 km. Se aconseja a los visitantes provenientes de Ammán que sigan la carretera del Mar Muerto desde Na'ur y continúen hacia el sur hasta Gawr al-Safi. La mejor forma de transporte es el coche privado.
Entrada gratuita. El lugar se puede visitar durante el día. Información: Sede del Departamento de Antigüedades en el valle del Jordán Sur, tel.: 03 378845.

Este antiguo lugar de peregrinación está asociado a la historia bíblica de la huida de Lot y su familia de la destrucción de Sodoma y Gomorra. Yahvé le ordenó que no se detuviera en la llanura ni volviera la vista atrás pero: "La mujer de Lot se volvió para mirar atrás y se convirtió en una estatua de sal" (Génesis 19:26). Lot pasó junto a la ciudad de Soar, "la pequeña" (Jirbat Cheij Isa), y se refugió en los montes circundantes. Allí, se nos dice, convirtió una cueva en morada para él y sus dos hijas.
En el Mapa de Mosaico de Madaba (siglo VI; ref. El concepto de la iconografía omeya y bizantina), el monasterio de San Lot está representado encima de la ciudad de Soar, la moderna Gawr al-Safi. El edificio del mapa es rectangular y tiene un frontón, un hueco circular sobre la entrada y tres ventanas laterales.
El emplazamiento auténtico se encuentra 63 km al sur de Karak, encima de Gawr al-Safi y en un punto que domina el extremo sur del Mar Muerto. Las ruinas se extienden sobre una ladera montañosa muy empinada y accidentada, cubierta por peñascos de tonos oscuros en los que hay excavadas varias celdas de eremitas. Al pie de esta montaña corre el arroyo conocido por el geógrafo árabe Yaqut al-Hamawi como Ayn Raya, en honor de una de la hijas de Lot. Las excavaciones han sacado a la luz en este lugar un monasterio y una iglesia triabsidal. En la nave central hay dos paneles de mosaico adornados con dibujos geométricos y aves entre volutas vegetales,

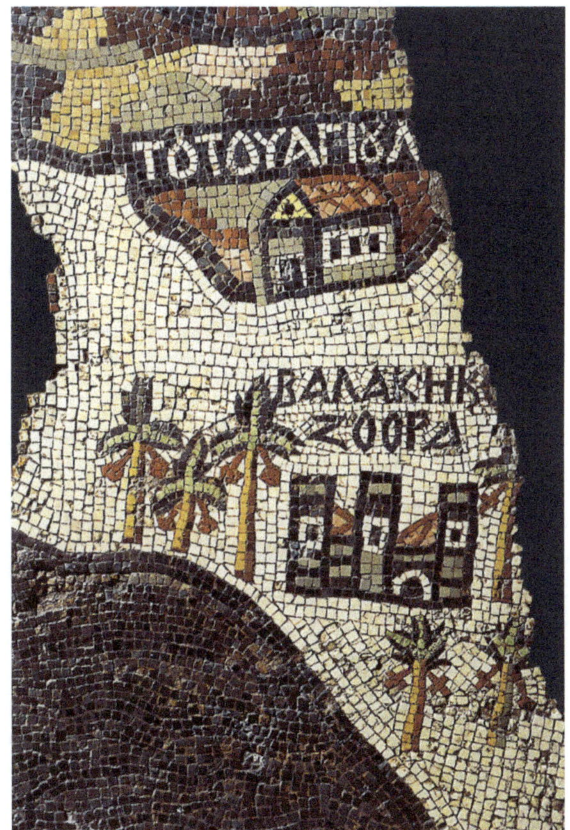

Iglesia de San Jorge, Mapa de Mosaico, Gawr al-Safi / Soar e iglesia de San Lot, Madaba.

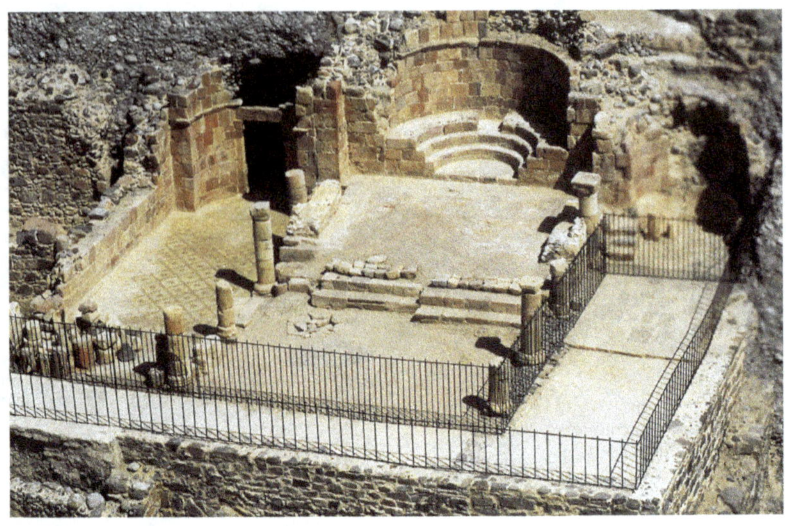
Monasterio de San Lot, vista aérea, Gawr al-Safi.

fechados gracias a una inscripción en el año 71/691, es decir, en el primer periodo omeya. En el área norte del ábside central se descubrió un púlpito decorado con columnillas y paneles tallados en esteatita, una piedra blanda. Pegada al ábside hay una cueva que fue originariamente una tumba de la Edad del Bronce y en la cual se cree que Lot y sus dos hijas buscaron refugio tras la destrucción de Sodoma. La historia aparece en el Antiguo Testamento (Génesis 19) y en el Sagrado Corán (*Azora Hud* 11, 74-83).

El suelo de mosaico con un dibujo geométrico que se extiende delante de la cueva ha sido fechado como perteneciente al periodo en que el Obispo Jacobo y el Abate Sozimos presidían la iglesia y el monasterio. En lo que respecta a un mosaico anterior, situado debajo del suelo de mosaico correspondiente a la época de la reconstrucción omeya, llevada a cabo en *Du al-hiyya* 71/mayo 691, existen firmes pruebas arqueológicas que permiten datarlo en abril del año 606. También existen evidencias de que el lugar ya se usaba como santuario religioso a principios del siglo VI. Al norte de la cueva, las excavaciones han desenterrado un hostal para peregrinos, formado por varias habitaciones y una sala de reuniones con un gran horno. En esta área se ha encontrado también una tumba comunal subterránea en forma de túnel. Al sur de la iglesia, un gran depósito de agua recogía el agua de lluvia a través de un canal tallado en la ladera y revestido de yeso.

Si se conduce por la carretera recién construida a lo largo de la orilla oriental del Mar Muerto se puede ver, al sur del puente del Wad al-Muyib y en lo alto de un acantilado, lo que considera la tradición popular el cuerpo petrificado de la mujer de Lot.

F. Z.

V.2 AQABA

Se encuentra 340 km al sur de Ammán. Para llegar a Aqaba desde Dayr 'Ayn 'Abata lo mejor es continuar a lo largo de la carretera de Araba hasta el tell *sur de Aqaba, ya sea en taxi o en coche privado. Desde Ammán, se puede acceder al lugar mediante una gira organizada en autobús o mediante autobuses locales que salen de 'Abdali o del Séptimo Círculo. El viaje dura unas 4 horas.*
Información: Sede del Departamento de Antigüedades en Aqaba, tel.: 03 2019063, o Centro de Visitantes, tel.: 03 2013731.

V.2.a **Ciudad islámica de Ayla**

Las ruinas de esta antigua ciudad están situadas en el corazón de la ciudad, cerca del Hotel Aqaba Gulf.
Entrada gratuita. El lugar permanece abierto durante el día. Información: Sede del Departamento de Antigüedades en Aqaba, tels.: 03 2019063 ó 03 2019063, o Centro de Visitantes, tel.: 03 2013731.

El moderno puerto de Aqaba (nombre otorgado al antiguo lugar en el siglo VII/XIII) se encuentra en la esquina noreste del Golfo de Aqaba, dentro de la región del Gran Valle del Rift y en estrecha proximidad con el extremo meridional del Wad Araba. Este *wad* está recorrido por aguas subterráneas que entran en el mar por debajo de la ciudad moderna, de modo que se obtiene agua potable derivando este acuífero unos pocos metros por debajo de la superficie del suelo. La ciudad está rodeada por el desierto y por altas montañas: el Sinaí al oeste, el Negveb al norte y el Hisma y el Wad Ramm al noreste.
Cuando los soldados de la Gran Revuelta Árabe avanzaron con Lawrence de Arabia desde el Wad Ramm hasta las orillas del Golfo en 1917, Aqaba era un pueblo primitivo con unas pocas casas de tierra y algunas palmeras. Bajo su suelo, sin embargo, se ocultaba una larga historia que se remontaba al milenio IV a. C. El nombre del lugar aparece bajo las más diversas formas según las fuentes históricas: Aila, Ailana, Elana, Haila, Ailath, Elath, Ayla y Wayla. Una verdadera procesión de pueblos bíblicos habitó la ciudad: edomitas, israelitas, nabateos, romanos y árabes. Las excavaciones arqueológicas más recientes han revelado que el foco de asentamiento ha tendido a desplazarse de norte a sur, a través de los diversos periodos históricos. Así, en las Edades del Hierro II y III (siglos VIII-V a. C.), el emplazamiento estaba localizado en el *tell* al-Kaliefe, unos 500 m al norte de la línea de costa y hacia el interior de la frontera jordana con Elat.
En un principio se identificó el lugar con la bíblica Esyón-Gvéber, donde el rey Salomón construyó una flota que zarpó hacia Ofir (Somalia) y regresó con 420 talentos de oro. Recientes excavaciones han arrojado dudas sobre esta identificación, al demostrar que no fue fundado antes del siglo VIII a. C. En cambio, parece claro que el lugar sirvió para fines a la vez comerciales, como estación de caravanas, e industriales, como centro de fundición del cobre extraído del Wad Faynan. En el siglo I a. C., Ayla y su región estaban habitadas por los nabateos, quienes, aparte de criar ganado, se dedicaban a ejercer la piratería contra los barcos mercantes del Mar Rojo. En el mismo periodo, había mercaderes de Ayla en Arabia del Sur (Yemen), donde compraban incienso, mirra y otros productos aromáticos. En el año 106, el emperador romano Trajano anexionó el reino nabateo a la recién creada *Provincia Arabia*, de modo

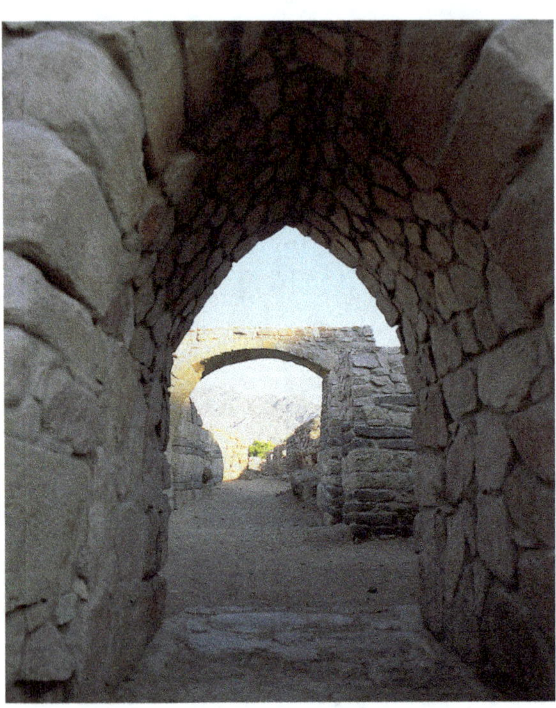

Ciudad islámica de Ayla, puerta de la ciudad que conduce al zoco y al pabellón central, Aqaba.

que Ayla quedó sometida directamente a la jurisdicción romana. Entre el 111 y el 114 se completó la *Vía Nova Traiana*, que se extendía desde Bostra, en el sur de Siria, hasta Ayla. Las reformas administrativas y militares de Diocleciano (r. 284-305) dividieron la *Provincia Arabia* en dos partes, y la parte sur (la zona al este del Mar Muerto) fue transferida a la *Palestina Tertia*. A principios del siglo III, la *Legio Fretensis* fue trasladada de Jerusalén a Ayla, donde permaneció estacionada al menos hasta finales del siglo V. Durante el reinado del emperador bizantino Leo I (457-474), un jefe árabe de nombre Amorkesos (Imru' al-Qays) ocupó la isla de Iotabe (identificada con la isla de Graye, conocida actualmente como Yazira Fir'awn, o con Tiran, situada en la boca del Golfo de Aqaba), de la que expulsó a los funcionarios de aduanas bizantinos. A continuación, Amorkesos visitó al emperador en Constantinopla, recibió presentes y fue reconocido como *filarca* de *Arabia Petraea*. El que esto pudiera ocurrir hallándose la Décima Legión estacionada en Ayla es algo difícil de explicar. Es probable, sin embargo, que se convenciera a Amorkesos de ponerse de parte de los bizantinos y que se le confiara la responsabilidad de garantizar la navegación comercial entre el sur de Arabia y el mundo mediterráneo. Existen pruebas de que, a principios del 325, había varios obispos en Ayla cuando su obispo asistió al Concilio de Nicea. Las excavaciones iniciadas en 1994 localizaron la ciudad nabateo-romana de Ayla a una distancia de 2 km del *Tell* al-Jaliefe, dentro del radio de la actual Aqaba. En el transcurso de la excavación, se descubrió una construcción basilical de grandes dimensiones, fechada a principios del siglo IV e identificada por los arqueólogos como una iglesia. Si esta identificación demuestra ser acertada, se trataría del edificio eclesiástico más antiguo hallado hasta el momento en Jordania y Palestina. En el año 8/630, Ayla se rindió pacíficamente al Profeta Muhammad, quien garantizó la seguridad de los barcos y caravanas de la ciudad. A mediados del siglo I/VII, los musulmanes fundaron un nuevo asentamiento amurallado al sur de la ciudad romano-bizantina. Esta nueva ciudad, un ejemplo singular de planificación urbana islámica de primera hora, fue descubierta en el curso de las excavaciones iniciadas en 1986. La planta de la ciudad islámica (165 x 140 m) se ordena en torno a dos ejes que conducen a las cuatro puertas, y en la intersección de ambos se encuentra un *tetrapilon* o edificio con cuatro entradas.

Este edificio central fue reconvertido posteriormente en una lujosa residencia, decorada con frescos. Hacia el noreste de esta residencia y ocupando una gran porción del cuadrante nororiental había una mezquita. Su planta muestra un amplio patio rodeado por galerías de columnas, y la del lado suroeste es de doble columnata. En el centro de este lado se abría un nicho profundo, el *mihrab*. Toda la ciudad estaba rodeada de potentes murallas y torres en forma de U. La planta regular responde estrechamente al modelo de los campamentos romanos de legionarios como los de las cercanas Udhruh y Leyyun, y pudo haberse inspirado en el campamento bizantino de la propia Ayla, que aún está por descubrir (ref. Campamentos romanos de legionarios y planificación urbana). Además de servir como punto de transbordo de mercancías, la Ayla islámica se beneficiaba de la peregrinación anual a La Meca y siguió prosperando hasta finales del siglo VI/XII. Poco después, sin embargo, la ciudad sufrió una serie de desastres en forma de terremotos, incursiones beduinas y ataques de los cruzados. El proceso de desplazamiento del lugar desde el norte hacia el sur continuó a lo largo del periodo medieval tardío, cuando se estableció un nuevo asentamiento en torno a la fortaleza mameluca, a una distancia aproximada de 1 km al sur de la primera Ayla islámica.

G. B.

V.2.b Museo Arqueológico de la Región de Aqaba

Está junto al castillo de Aqaba (la histórica residencia de Charif Hussein Ibn Alí). La exposición está formada por los hallazgos arqueológicos de Ayla, al-Humayma y otros lugares de la región de Aqaba, y abarca desde el periodo calcolítico al islámico tardío.
Hay que pagar una cantidad simbólica por la visita. Horario: verano: todos los días, de 8 a 18:30; invierno: de 8 a 17:30; en Ramadán:

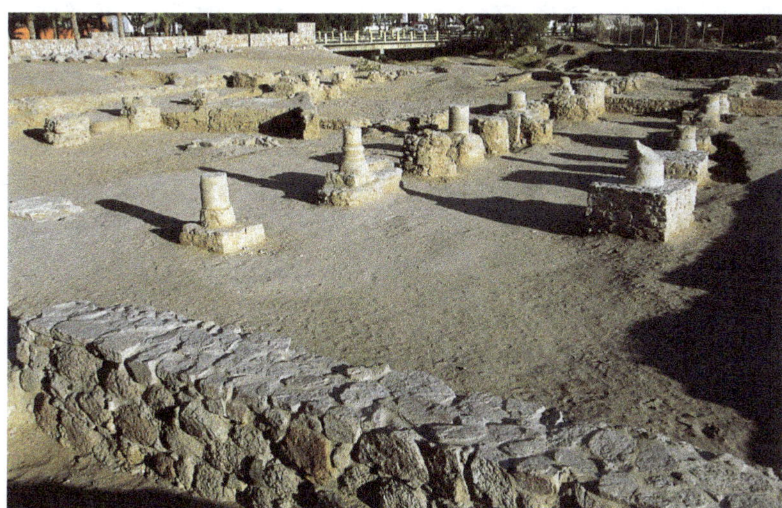

Ciudad islámica de Ayla, vista de la mezquita, Aqaba.

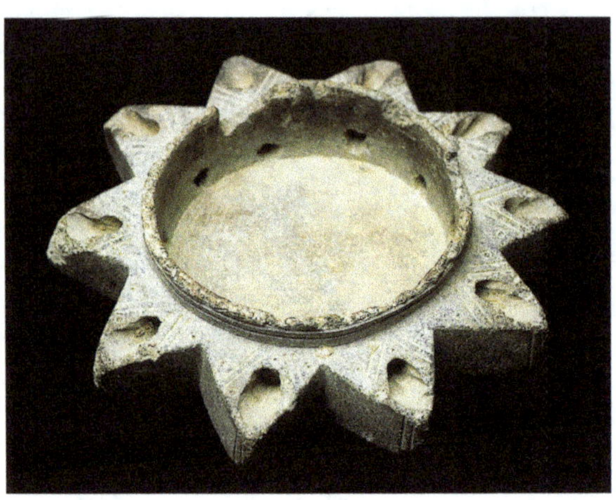

Lámpara de aceite de esteatita de la Ayla islámica, Región de Aqaba, Museo Arqueológico (Núm. Inv. AM 10).

Pesas de bronce de la Ayla islámica, Región de Aqaba, Museo Arqueológico (Núm. Inv. AM 51).

de 9 a 16. Información: Museo Arqueológico de la Región de Aqaba, tel.: 03 2013861.

Lámpara de aceite de esteatita de la Ayla islámica, núm. inv. AM 10

Esta lámpara de aceite es insólita en cuanto a su estilo, material y forma, y sólo puede ser omeya o islámica de primera hora. La esteatita era muy apreciada por las clases omeyas más opulentas, y la mayor parte de los objetos fabricados con esta piedra blanda y oscura están ricamente decorados. De hecho, la esteatita era conocida por las antiguas culturas orientales y se usaba de forma particular para la fabricación de cilindros y otras formas de sellado en las que la necesidad de grabar delicados diseños dictaba la elección de esta piedra. Esta lámpara en forma de plato estrellado se remonta a aquellos periodos antiguos (la estrella presente en muchos relieves asirios simboliza al dios Assur, e incluso hoy en día se puede ver la estrella con un ojo en el centro como amuleto para ahuyentar el mal) y no deja lugar a dudas respecto a su origen en el Próximo Oriente. Cada punto es una boquilla para que apoye la mecha encendida, mientras que en el centro se sitúa el depósito de aceite.

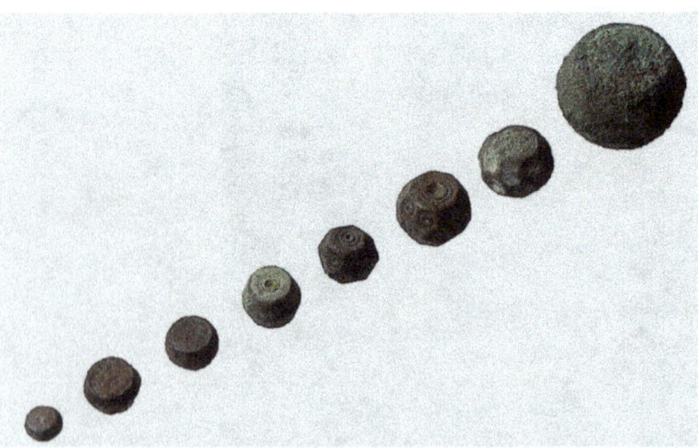

Pesas de bronce de la Ayla islámica, núm. inv. AM 51

Estas 8 pesas de diferentes tamaños (y, por tanto, pesos) varían poco en cuanto a su forma, como podría esperarse de un artículo así. De hecho, son más o menos del mismo tipo que las primeras pesas conocidas de la Edad del Bronce, que a menudo estaban perforadas en el centro y tenían forma de cuenta o de cono. El agujero del centro era para evitar que se perdieran, probablemente ensartándolas en una cuerda de cuero, con lo cual se las mantendría todas juntas y se las podría transportar con facilidad.

Piezas ornamentales de bronce de la Ayla islámica, núms. inv. AM 47, 45, 46, 546, 44

Estas pequeñas piezas formaron parte de vasijas u otros objetos domésticos. El gallo se encuentra a menudo como asa en la tapa de las cafeteras árabes (incluso hoy en día); la roseta pudo haber pertenecido a un brasero; el doble gancho servía para sostener una báscula o quizás una cacerola sobre el fuego. Estas piezas ornamentales de bronce son conocidas en todas las culturas y en todos los periodos y, por tanto, resultan difíciles de datar por sí mismas. El lugar de hallazgo y el paralelismo con otros lugares y objetos sugiere que se trata de objetos claramente islámicos. Esto se puede confirmar fácilmente hoy en día mediante el análisis físico-químico de los metales y las técnicas de fundición usadas, que varían de un periodo a otro.

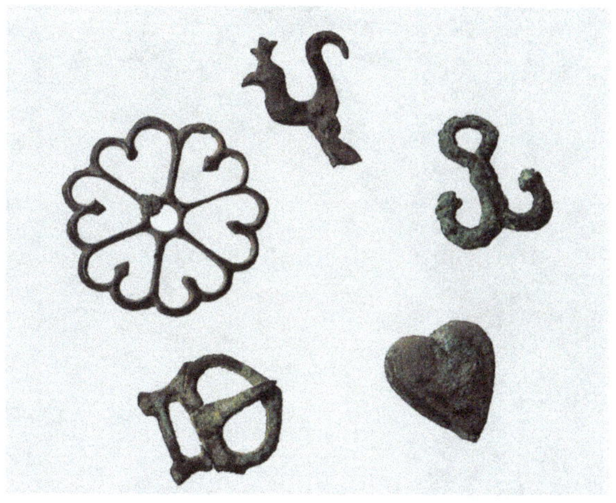

Piezas ornamentales de bronce de la Ayla islámica, Región de Aqaba, Museo Arqueológico (Núms. Inv. AM 47, 45, 46, 546, 44).

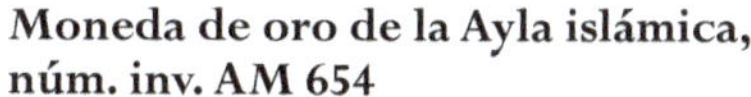

Moneda de oro de la Ayla islámica, núm. inv. AM 654

Esta moneda de oro hallada en la ciudad islámica de Ayla es una pieza original no solo por ser de oro, sino aún más porque constituye un testimonio de la transición entre la cultura bizantina y la islámica. Fue acuñada a finales del periodo bizantino tardío y en el anverso (frente) muestra una imagen de Heraclio y sus hijos sosteniendo un cetro con una cruz. En el reverso aparece una gran cruz con una inscripción en griego. Heraclio (r. 610-640) fue el penúltimo emperador bizantino y reinó a mediados del siglo I/VII. Su reinado corresponde al momento de cambio de un mundo cristiano a otro musulmán en el Próximo Oriente.

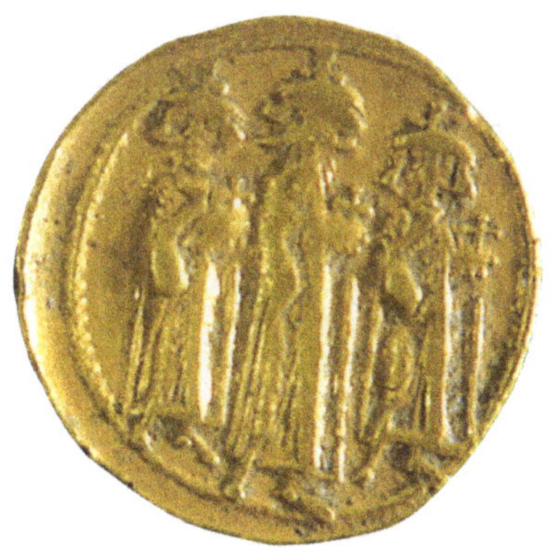

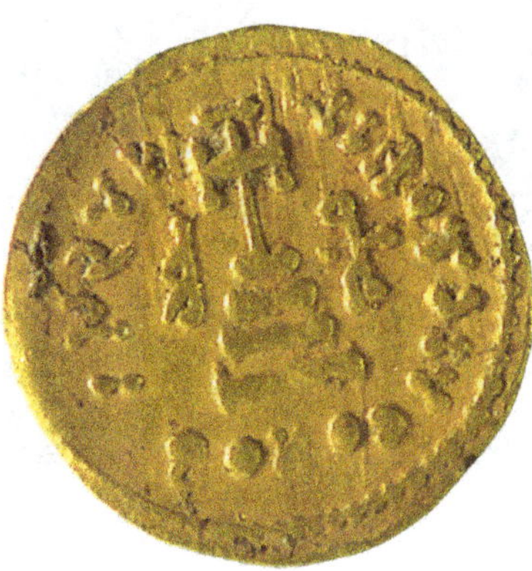

Anverso de moneda de oro de la Ayla islámica, Región de Aqaba, Museo Arqueológico (Núm. Inv. AM 654).

Reverso de moneda de oro de la Ayla islámica, Región de Aqaba, Museo Arqueológico (Núm. Inv. AM 654).

Aqaba

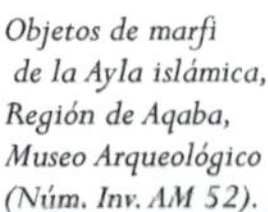

Jarra de cerámica blanca de la Ayla islámica, Región de Aqaba, Museo Arqueológico (Núm. Inv. AM 633).

Objetos de marfi de la Ayla islámica, Región de Aqaba, Museo Arqueológico (Núm. Inv. AM 52).

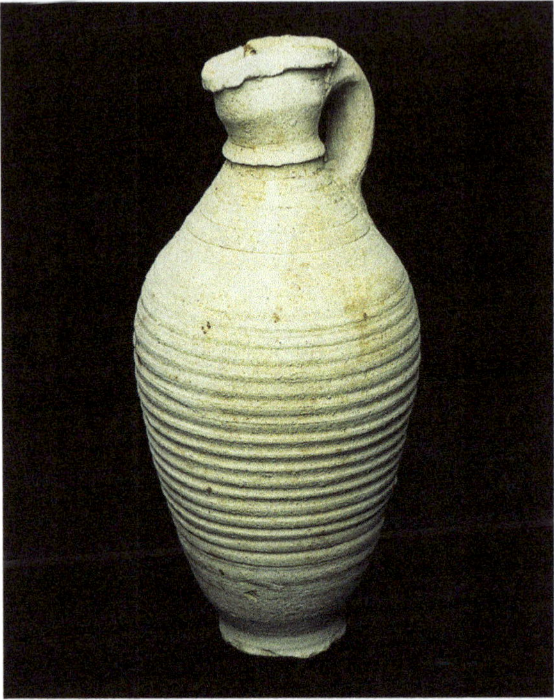

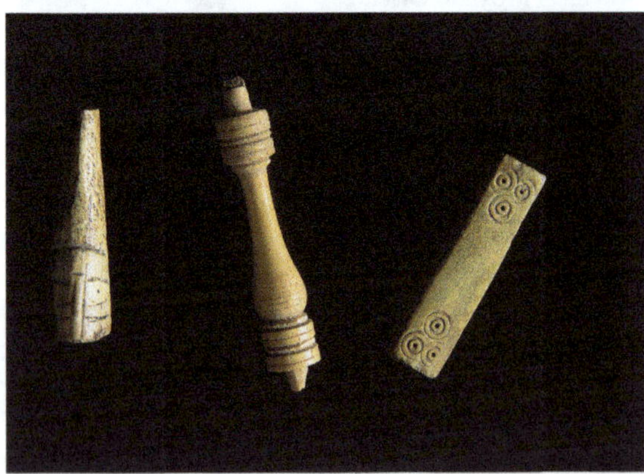

Jarra de cerámica blanca de la Ayla islámica, núm. inv. AM 633

La cerámica blanca de esta humilde jarra ha sido objeto de mucho debate académico, porque tanto la forma como la cerámica blanca inconfundiblemente islámica sin ningún tipo de barniz o acabado pueden ser tanto omeyas como abbasíes, es decir, pueden tener su origen en un amplio periodo entre el siglo I/VII y finales del III/IX. Sea cual sea su verdadero origen, este tipo de jarra se encontraba en muchos hogares del primer periodo islámico. Las vajillas responden a modas, como muchas otras cosas, y las de cerámica blanca ya eran populares al principio del periodo romano y especialmente en el sur, en Petra y Aqaba, donde este tipo de pieza ha seguido usándose para agua o vino muchos siglos después.

Objetos de marfil de la Ayla islámica, núm. inv. AM 52

El marfil era por entonces, al igual que antes y ahora, un material precioso que se usaba para embellecer los muebles con incrustaciones o para fabricar pequeños objetos de adorno. Uno de estos tres objetos es una muñeca o la cabeza de una muñeca copta, con unos enormes ojos tallados y pintados. Esta figura es importante porque ofrece una prueba material de que existían intercambios comerciales entre los puertos de Egipto y el de Aqaba o Ayla, como se la llamaba por entonces. Las demás piezas están decoradas a la manera tradicional de la artesanía del marfil del Próximo Oriente, de la cual son un ejemplo los famosos marfiles de Nemrod de la Edad del Hierro tardía.

I. K.

Wad Ramm (Wad Iram)
El Wad Iram se encuentra 340 km al sur de Ammán. Si se sale de Aqaba, hay que conducir hacia el norte unos 25 km, sin salir de la Autopista del Desierto, y luego tomar un desvío hacia el este durante otros 35 km hasta llegar al lugar. La zona está abierta a las visitas durante el día pagando entrada y es esencial disponer de un 4 x 4. Dispone de alojamiento. Información: Posada, tel.: 03 2018867.
Las amplias extensiones de "arena roja" del desierto con escarpadas formaciones rocosas constituyen un panorama de insólita belleza. Es esta parte de Jordania la que más testimonio guarda de las rutas de caravana nabateas, salpicadas de caravansarays *y de primeros asentamientos no muy distantes entre sí. Especialmente interesantes son los sistemas de riego ideados por los nabateos, que convirtieron en habitable esta región del desierto para los pobladores y los viajeros nabateos, y que posteriormente fueron adaptados para servir a viajeros más recientes como, por ejemplo, los omeyas de al-Humayma.*
El Wad Iram es conocido en particular por sus tallas en la roca y por las primeras inscripciones del norte de Arabia (safaíticas y tamúdicas) en las que se registran los movimientos y la distribución de las tribus que poblaban una amplia zona comprendida entre el desierto de Arabia Saudita al norte (Meda'in Saleh y al-Ulah), y Aqaba y más allá (el Sinaí) al sur. Es también el escenario de las actividades de Lawrence de Arabia y de los conflictos que jalonaron la lucha por la independencia.

Ghazi Bisheh

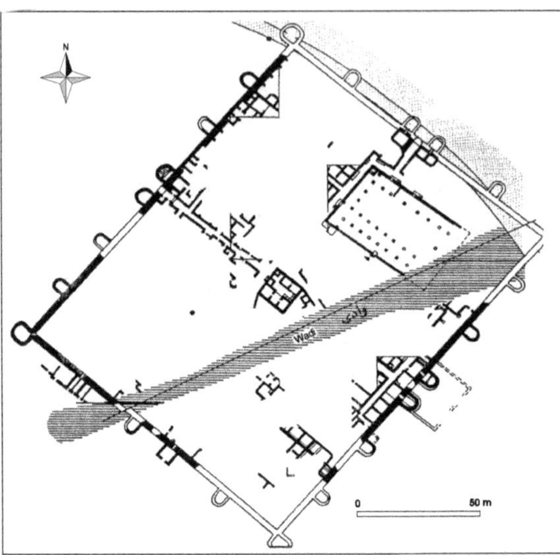

Ciudad islámica de Ayla, Aqaba (Whitcomb, SHAJ 5, 1995).

La Ciudad Islámica conjura en las mentes de los contemporáneos una imagen de callejuelas sinuosas e intrincadas que con frecuencia terminan en callejones sin salida; estas calles conducen hasta barrios residenciales cuyas casas siempre miran hacia el interior para proteger la vida privada de la familia; en el centro de la ciudad está la actividad del mercado-bazar dominado por el ruido y los gritos de los vendedores. "...La irregularidad y la anarquía parecen ser las características más llamativas de las ciudades islámicas. En términos sociales, la ciudad islámica representa un conglomerado de grupos e individuos dispares con intereses contrapuestos."

Según algunos comentaristas, estas características son el resultado de la ausencia de instituciones municipales (*curia*) y de autogobierno local en las ciudades islámicas, las cuales aparecen representadas en este modelo imaginario como entes estáticos, atemporales e inmunes al cambio. Dicha imagen, sin embargo, se halla muy lejos de responder a la realidad, porque no toma en consideración ni las diferencias regionales ni el factor tiempo, rasgos concomitantes del crecimiento urbano.

Por razones de conveniencia, las ciudades islámicas se dividen a veces en dos tipos: las creadas y las espontáneas, es decir, las ciudades surgidas en la época islámica por la voluntad deliberada de un soberano o de una dinastía, y aquellas que se han mantenido o desarrollado orgánicamente a partir de núcleos formados en periodos anteriores. Ejemplos importantes de la primera categoría son *Dur al-Hiyra* ("moradas de la emigración") tales como Basra y Kufa en Iraq, Fustat en Egipto y Kairuán en Túnez. Todas estas ciudades fueron en un principio grandes campamentos de tiendas o asentamientos provisionales de tribus emigradas, establecidos para controlar a las poblaciones no árabes de los países ocupados y a modo de trampolines de cara a futuras expansiones. Al cabo de dos generaciones, como mucho, estos asentamientos se habían convertido en ciudades defensivas permanentes (*amsar,* sing. *misr*) y, dado que el estado alentaba el crecimiento de su población árabe, no tardaron en convertirse en focos de todo tipo de actividades culturales y sociopolíticas. El crecimiento constante de estos *amsar* es prueba del acierto en su creación original. La configuración de estas ciudades-fortaleza es muy conocida gracias a las fuentes históricas árabes. Investigaciones recientes han demostrado que, lejos de responder al azar, su trazado estaba cuidadosamente planificado con criterios de regularidad. En cada *misr*, el suelo se dividía en barrios residenciales (*jitat*) en función de los linajes tribales. En el centro se dejaba un espacio abierto (*rahba*, *sahn*) que servía a las necesidades del gobierno local. En este espacio se localizaba la mezquita del viernes (*yami'*) y junto a ella, en el lado sur (*qibla*), la casa del gobernador (*Dar al-Imara*): la proximidad entre ambas instituciones representaba la unidad del estado y la religión. A partir del centro radiaban las vías principales de circulación (*manahish*), de 40 cúbitos (27 m) de anchura, y las calles principales (*turuq*), de 20 cúbitos (9 m) de anchura, que separaban los diferentes *jitat*. Estas calles, a su vez, se ramificaban en un laberinto de callejuelas (*zuqaq*) de 7 cúbitos de anchura. Las calles eran regulares, aunque no necesariamente ortogonales, y formaban un entramado de avenidas principales y secundarias dentro del cual quedaban comprendido los barrios residenciales. La división de la ciudad en *jitat* de acuerdo con los linajes tribales era una cuestión de conveniencia, ya que facilitaba el control sobre las tribus, el reclutamiento para el ejército y el pago de estipendios a los soldados.

En Siria, Jordania y Palestina, los árabes musulmanes se encontraron con países que llevaban tiempo urbanizados. Cuando llegaron, sin embargo, las ciudades grecorromanas, con sus amplias calles flanqueadas por columnas y sus templos, teatros y mercados, ya se habían visto transformadas en entidades menos grandiosas; las termas monumentales habían desaparecido, los magníficos templos habían entrado en declive, las calles con columnatas habían quedado invadidas por tiendas y casas modestas, y los estamentos cívicos autónomos habían desaparecido al ocupar su lugar al frente de los asuntos de la ciudad los obispos y el clero. Como recién llegados que eran sin experiencia ninguna en la planificación de ciudades, los árabes no emprendieron grandes modificaciones en las ciudades existentes, sino que introdujeron nuevas funciones que reflejaban el dinamismo de la sociedad islámica. Por esta razón, resulta aún más notable que, a la hora de fundar un nuevo asentamiento como el de Ayla (Aqaba), los árabes adoptaran una planta de acuerdo con los criterios del típico campamento romano de legionarios, con dos calles que se cortan en ángulo recto en el centro (ref. Ciudad islámica de Ayla). Y Ayla no fue en absoluto el único ejemplo, porque el mismo tipo de planta regular se encuentra en 'Anyar, en Líbano, y en Qasr al-Jayr (este), en Siria. Estos ejemplos muestran que, en contra de la visión predominante, la irregularidad fue desde el principio un concepto ajeno al arte, la arquitectura y el urbanismo islámicos, donde la simetría y la armonía eran los principios rectores. La ausencia de autoridad municipal no impidió el florecimiento de numerosas ciudades islámicas, ni coartó la formación de comunidades integradas, con un fuerte sentimiento de solidaridad y cohesión social. En la filosofía islámica de primera época, la ciudad era un factor indispensable para que el individuo alcanzara la perfección moral y cultural.

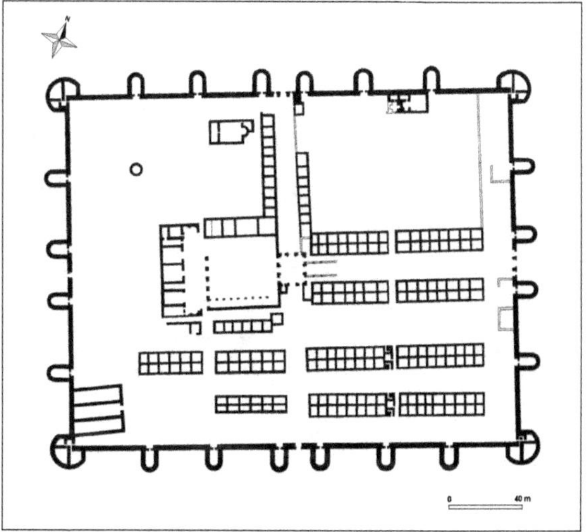

Campamento militar, periodo romano, Leyyun (Parker, SHAJ 5, 1995).

Mercaderes y peregrinos

Fawzi Zayadine, Ghazi Bisheh, Ina Kehrberg, Mohammad al-Asad

Segundo día

V.3 AL-HUMAYMA

V.4 UDHRUH

OPCIÓN PAISAJÍSTICA
Reserva de Dana

La tierra de los Profetas y Compañeros
La ruta siria de peregrinación a las ciudades santas del Islam

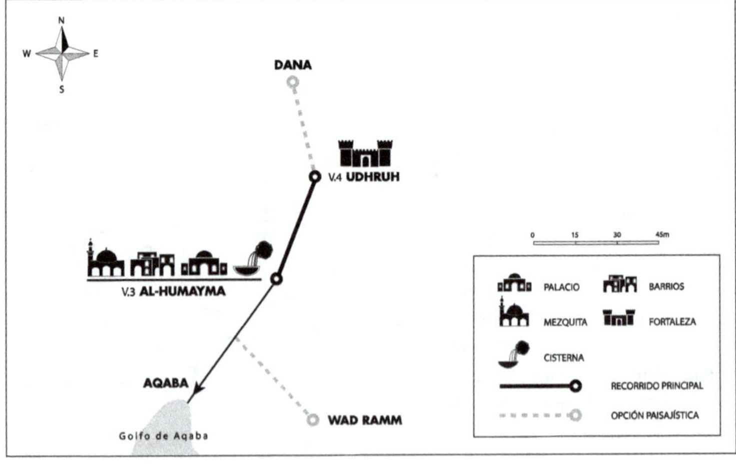

V.3 AL-HUMAYMA

El emplazamiento se encuentra 280 km al sur de Ammán y se puede llegar al mismo en coche desde Wad Ramm o desde Aqaba, recorriendo unos 60 km hacia el norte. Es conveniente alquilar un todo terreno, ya que se trata de una ruta accidentada.
Entrada gratuita. Se puede visitar durante el día. Información: Sociedad para la Preservación de al-Humayma, tel.: 03 2014385.

El asentamiento de al-Humayma tiene importancia histórica debido a que fue la sede de la dinastía abbasí durante la primera mitad del siglo II/VIII, siendo allí donde planeó su revolución contra los omeyas. Las numerosas excavaciones llevadas a cabo en el lugar desde finales de los años 1980 han sacado a la luz mucha información sobre las pautas de asentamiento humano que se han producido en al-Humayma durante los dos pasados milenios
Al-Humayma se remonta a la época de los árabes nabateos, cuando fue fundada con el nombre de Avara (del árabe *al-Hawra'*) por el rey nabateo Aretas III (*al-Hariz* r. 87-62 a. C.), cuyo reino estaba asentado en Petra. Las excavaciones llevadas a cabo en al-Humayma han sacado a luz varias tumbas y una casa nabateas, pero los restos más importantes son las instalaciones hidráulicas construidas por los habitantes de la ciudad. El sistema de al-Humayma, como los descubiertos en otros lugares, demuestra el ingenio de los nabateos para interceptar y almacenar el agua: la red de acueductos que llevaba agua al sitio abarcaba una longitud de 33 km. Las investigaciones han permitido descubrir más de 50 cisternas y dos diques en un área de 240 m^2 en torno a al-Humayma. Dos de las cisternas localizadas en la propia al-Humayma tienen una capacidad de más de 900 m^3 de agua. Las **cisternas pequeñas** son circulares, ya que así eran más económicas y más fáciles de construir e impermeabilizar. Las **cisternas grandes** solían ser rectangulares, para que fuera más fácil techarlas. La eficiencia de estos sistemas hidráulicos se demuestra en que continuaron siendo usados en los siguientes periodos.

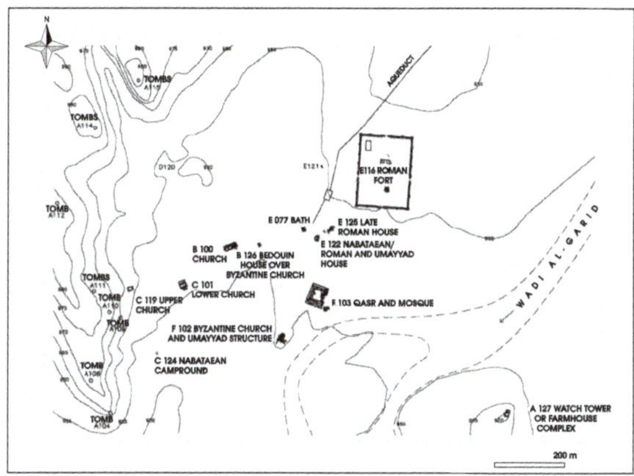

Al-Humayma (Avara) (Oleson et al., ADAJ 43, 1999).

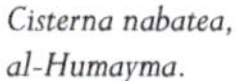

Cisterna nabatea, al-Humayma.

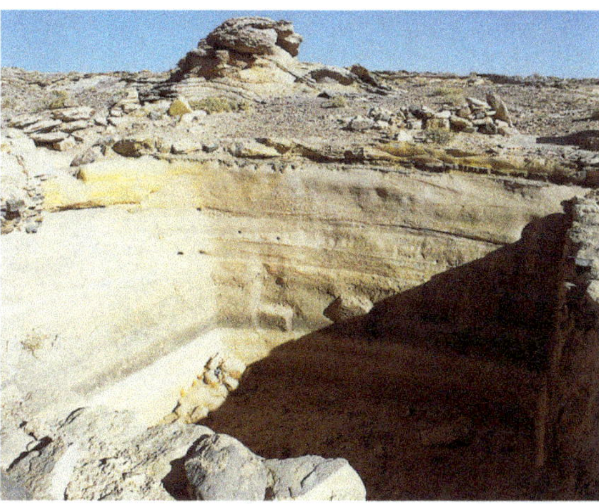

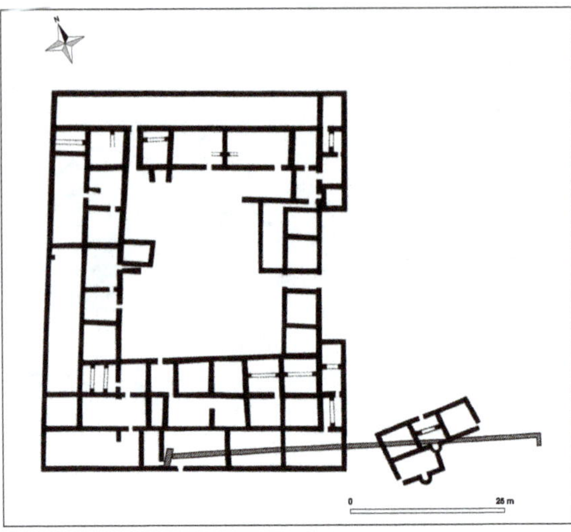

Palacio abbasí, al-Humayma (Oleson et al., ADAJ 43, 1999).

Vista general de dos pequeñas mezquitas: las mezquitas se ven en primer plano y, al fondo, al-Humayma.

Tras la anexión del reino nabateo por los romanos en el año 106, al-Humayma siguió manteniendo cierta importancia debido a su localización junto a la *Vía Nova Traiana*. Esta vía romana, que cruzaba la provincia de Arabia de norte a sur hasta el puerto de Aqaba, se completó en tiempos de Trajano, como indica su nombre, y los primeros mojones fechados son de los años 111 y 114.

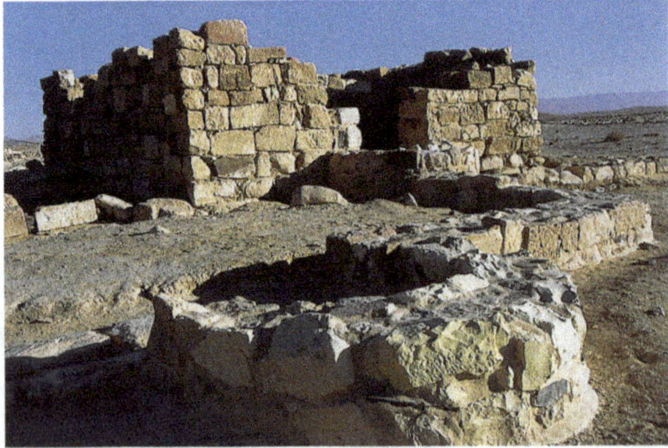

Los ocupantes del periodo romano desarrollaron los sistemas hidráulicos nabateos y construyeron un fuerte de gran presencia en el extremo norte del emplazamiento. Esta construcción ha sido fechada entre la segunda mitad del siglo II y principios del siglo III. Medía aproximadamente 205 x 150 m y tenía cuatro torres de esquina y una serie de torres intermedias. Dentro de la Arabia romana, este fuerte era el segundo en tamaño después del de Bostra (en la moderna Siria). Las excavaciones han sacado a la luz unos restos al suroeste del fuerte que parecen pertenecer a unas termas romanas. El emplazamiento siguió desempeñando un papel durante el periodo bizantino del siglo VI a principios del siglo VII, como lo demuestran las cuatro iglesias de esta época que se han desenterrado hasta el momento.
Según los textos históricos, el abbasí Alí Ibn Abd Allah Ibn al-Abbas adquirió al-Humayma en el periodo omeya, durante el califato de Abd al-Malik Ibn Marwan (65/685-86/705). Otras fuentes indican que fueron los omeyas los que se la cedieron. Fue tras la muerte de Alí cuando su hijo Muhammad comenzó a preparar el levantamiento abbasí contra los omeyas.
Alí Ibn Abd Allah hizo construir un *qasr* y una pequeña mezquita en al-Humayma. También hizo plantar 500 olivos. El *qasr*, construido sobre unos restos anteriores, medía unos 64 x 50 m y estaba formado por un patio central rodeado por estancias domésticas. Sin embargo, en este caso no se recurrió a la disposición en *bayt*, con habitaciones dispuestas en torno a un pequeño patio, como era habitual en los palacios omeyas. Los muros del *qasr* no poseen ninguna torre y la entrada se sitúa en un retranqueo. Estos rasgos lo diferencian de otros palacios omeyas del siglo II/VIII de *Bilad al-Cham* y señalan una

influencia de la Península Arábiga más que de Bizancio. Esto no resulta extraño, habida cuenta de que Alí Ibn Abd Allah llegó a al-Humayma proveniente de la ciudad de Ta'if, situada en el *Hiyaz*.

La función de las estancias del *qasr* aún no se conoce con exactitud, excepto en el caso de una de ellas, identificada como un horno de pan. Una de las habitaciones, situada en mitad del lado oeste, poseía grandes frescos, pero gran parte de esta decoración quedó destruida por el fuego. En el transcurso de las excavaciones se han hallado muchos objetos preciosos, entre ellos una moneda omeya del año 115/733-734 y miles de fragmentos de marfil.

A partir de algunos de estos fragmentos se ha conseguido reconstruir un panel de unos 30 cm de longitud que representa una vista frontal de una figura militar masculina con una espada en la mano y la cabeza de perfil. Desde el punto de vista estilístico, esta talla revela la influencia persa o de regiones aún más orientales. Entre los otros artículos hallados, se encuentran una cáscara de huevo de avestruz pintada de rojo, varias asas de hierro y algunos fragmentos de cuero. Todo ello sugiere que los propietarios de este palacio llevaban una vida de lujo. Dentro de este contexto, es preciso añadir que la familia abbasí mantenía intercambios comerciales lejanos y recibía regularmente en al-Humayma a viajeros provenientes de Siria y del *Hiyaz*.

Una **pequeña mezquita** situada a unos 10 m de la esquina sureste del *qasr* fue reconstruida a principios del siglo XX, y del edificio original sólo se conservan las tres primeras hiladas. Se trata de una mezquita de planta romboidal y el *mihrab* es visible desde el exterior. Las dimensiones de sus lados oscilan entre los 5,60 y los 5,75 m. El edificio no está orientado adecuadamente en dirección a La Meca, pero esto no era infrecuente en las primeras mezquitas, cuyas orientaciones eran más bien aproximadas.

Esta mezquita se encuentra entre las más pequeñas que han sobrevivido en *Bilad al-Cham* del primer periodo islámico, y su reducido tamaño indica que era de uso privado. Al sureste de este edificio, se ha descubierto una segunda mezquita, que apoya en parte del muro de la *qibla* de la

Palacio abbasí, vista aérea, al-Humayma.

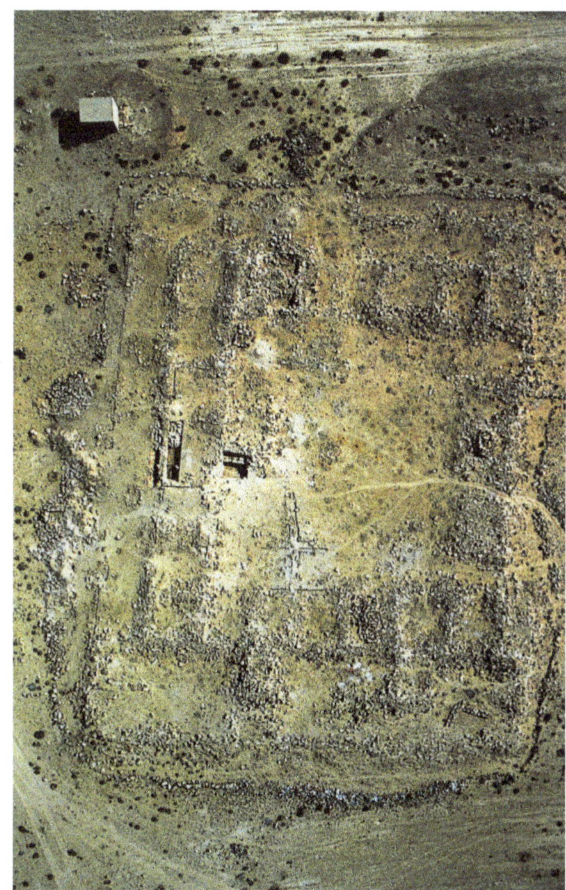

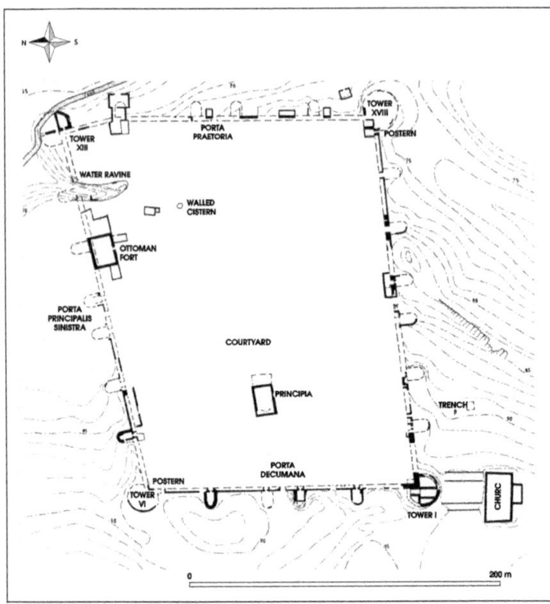

Campamento legionario, periodo romano, Udhruh (Killick, rep. prelim., 1983, n. p.)

primera. De todas formas, no ha sido posible aún fechar este segundo edificio religioso. Es interesante señalar que al-Humayma no posee ninguna mezquita *aljama,* y que ninguna de sus numerosas iglesias del periodo bizantino fue reconvertida en mezquita durante el periodo islámico. Esto sugiere que, al menos durante el principio de este periodo, no eran muchos los musulmanes que vivían en al-Humayma y que la mayoría de sus habitantes seguían siendo cristianos.

La familia abbasí abandonó al-Humayma en dirección a Iraq en la primera mitad del siglo II/ finales de los años 740. El lugar siguió ocupado en los periodos siguientes, incluso después de que los otomanos establecieran su dominio sobre la zona en el año 923/1517.

M. A.

V.4 UDHRUH

Se encuentra 120 km al norte de Aqaba y 20 km al oeste de Ma'an. Se puede llegar allí desde al-Humayma en coche, siguiendo la Autopista del Desierto y prosiguiendo hacia el norte hasta Udhruh a través de la ciudad de Ma'an.
Entrada gratuita. Se puede visitar durante el día.

Udhruh está situado 20 km al noroeste de Ma'an y al este del Wad Musa, en una región árida donde la precipitación anual media no llega a los 200 mm. Un arroyo perenne cercano compensa la escasez de agua de lluvia y parece haber sido una razón decisiva para la elección del emplazamiento. El rasgo principal del sitio es un gran campamento romano de legionarios, de planta trapezoidal, cuyas medidas son 246 m por el lado norte, 248 m por el sur, 117 m por el oeste y 207 m por el este. Las torres de defensa de la muralla exterior siguen en pie, pero el interior está plagado de piedras desperdigadas y otros restos de edificación. A horcajadas del tramo norte de la muralla perimetral se alza un fuerte otomano con muros de 6 m de altura que aún se mantienen en pie. En la parte exterior de la torre de esquina del suroeste hay una iglesia bizantina. La muralla oriental está curvada por su extremo norte para envolver el arroyo, que había que proteger. Aparentemente, la zona encerrada dentro del recinto estaba dividida originariamente en cuatro cuadrantes por dos calles axiales que se cruzaban en el centro y terminaban en cuatro puertas. Además de estas puertas principales, hay otros tres pasajes abovedados en medio cañón que hacían las funciones de puertas traseras o poternas. En caso de haber existido otras poternas, hace tiempo que fueron destruidas.

La localidad de Udhruh fue fundada debido a la proximidad de su emplazamiento a Petra y a su localización junto a una ruta principal de comercio. La red de vías construidas durante el periodo romano, en especial la *Vía Nova Traiana*, hizo aumentar la importancia estratégica de Udhruh. La referencia más antigua a la ciudad aparece en la obra de Tolomeo (siglo II), quien se refiere a ella como una de las ciudades de la *Arabia Petraea*. El edicto justinianeo de Berseba consigna que Udhruh pagaba 650 piezas de oro, la cantidad más alta de toda la lista de ciudades de *Palestina Tertia*, lo cual es indicio de su importancia en el siglo VI. En este período se produjo la ascensión del Filarcato de los gassaníes, a quienes se encomendó la seguridad de la región. Es interesante señalar que una fuente árabe del siglo IV/X atribuye la reconstrucción de Udhruh al Filarca gassaní al-Hariz Ibn Yabala. En el año 8/630, mientras Heraclio entraba victorioso en Jerusalén tras arrebatárselo a los sasánidas, el Profeta Muhammad llegaba a Tabuk. Durante su estancia allí, una delegación de Ayla, Udhruh y la cercana ciudad de Yarba se reunió con el Profeta y negoció un tratado de paz con él. Mediante este acuerdo, Udhruh convino en pagar un tasa de 100 *dinares* (piezas de oro), una suma mucho menor de la que había tenido que pagar durante el reinado de Justiniano, debido quizás a una disminución de población. Cuando la batalla de Siffin (36/657), entre las fuerzas de Alí Ibn Abi Talib, el cuarto califa ortodoxo, y los seguidores de Mu'awiya I Ibn Abi Sufyan, gobernador de Siria, estaba en su momento más encarnizado, ambas partes acordaron recurrir al arbitrio para poner fin a la lucha. Los árbitros, con sus correspondientes comitivas, se reunieron en Udhruh y todo acabó en

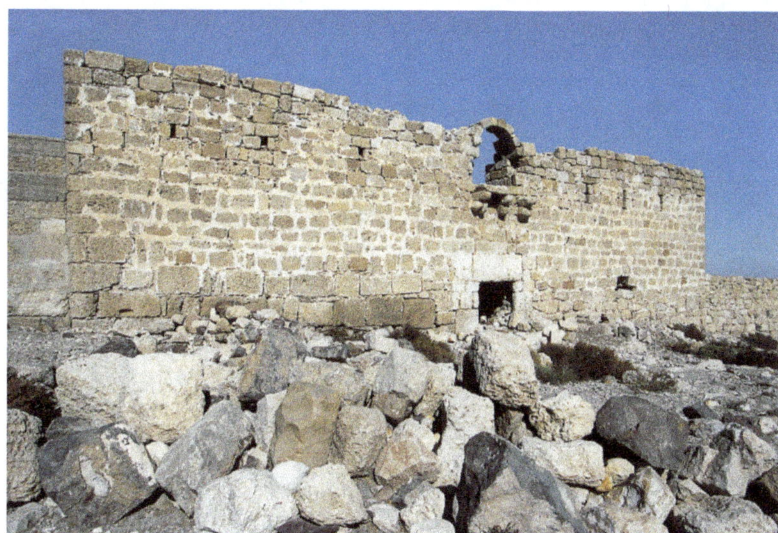

Fuerte en el campamento de legionarios, Udhruh.

Udhruh

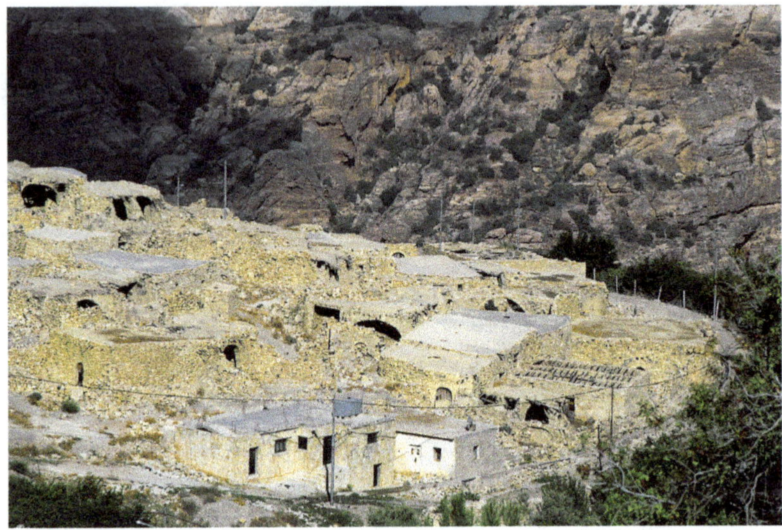

Vista general del poblado tradicional, Dana.

un fiasco para los seguidores del califa Alí. En el año 341/661, Hassan, el hijo mayor de Alí, se rindió a Mu'awiya en la misma localidad y le prometió lealtad, sentando así las bases para el establecimiento de la dinastía omeya, cuya capital se situaría en Damasco. En los años 67/687-68/688, Alí Ibn Abd Allah Ibn al-Abbas y otros miembros de la familia abbasí se establecieron en Udhruh. Su estancia allí, sin embargo, no fue prolongada, porque pronto se trasladaron a al-Humayma (ref. al-Humayma), desde donde iniciaron la revolución y el movimiento misionero abbasí que habrían de terminar con la dinastía omeya en el año 132/750.

G. B.

Reserva de Dana

Dana se encuentra unos 25 km al sur de Tafilah y al norte de Chobak siguiendo por la Autopista del Rey. En coche, se puede llegar al lugar desde Udhruh siguiendo por el norte hacia Tafilah. Es una de las seis reservas naturales protegidas de Jordania al cuidado de The Royal Society for the Conservation of Nature (RSCN). El parque natural de Dana es quizás la zona más pura y más rica para la observación y el estudio de la flora y la fauna autóctonas, y su caleidoscópica belleza sigue sin tener parangón. El Proyecto Dana es uno de los más ambiciosos de Próximo Oriente y combina siete diferentes hábitats que se inician a 250 m bajo el nivel del mar y ascienden hasta los 1.500 m en sus áreas más montañosas. En los primeros tiempos, los aldeanos de Dana dependían del comercio a través del Wad Arabia. El proyecto ha alentado a los habitantes locales a revivir la vida aldeana de la localidad, restaurando las casas tradicionales otomanas y recuperando la práctica del comercio y la artesanía.
Información: Reserva de Dana, tel.: 03 368497.

LA TIERRA DE LOS PROFETAS Y COMPAÑEROS

Mohammad al-Asad

La zona correspondiente a la Jordania moderna alberga numerosos emplazamientos de considerable importancia para los seguidores de las tres religiones monoteístas: el judaísmo, el cristianismo y el Islam. Estos lugares están relacionados con acontecimientos y personajes mencionados en el Antiguo y en el Nuevo Testamento, en el Corán y en las principales historias de las tres religiones. Considerando la continuidad existente entre el Islam, por una parte, y el cristianismo y el judaísmo, por la otra, no resulta sorprendente que muchos de estos sitios sean importantes también para los musulmanes.

Los restos históricos que se conservan en gran parte de estos emplazamientos son, en su mayoría, el resultado de restauraciones o renovaciones modernas. Por consiguiente, dichos lugares ofrecen más en cuanto a los recuerdos colectivos que albergan que en cuanto a la arquitectura que muestran.

La tradición ha vinculado varios sitios de Jordania con una serie de personajes bíblicos tales como Noé, Abraham, Lot, Isaac, Moisés, Aarón, Josué, Elías, David, Salomón, Job, Juan el Bautista y Jesucristo: se cree que el Monte Nebo, cerca de Madaba, fue el lugar donde murió Moisés; en Mukawir, al sur de Madaba y dominando el Mar Muerto, se cree que Juan el Bautista fue decapitado; la orilla oriental del río Jordán, identificada con el Wad al-Jarrar, está considerada como el lugar donde Juan el Bautista bautizó a Jesús. La idea de que fue en una cueva del valle del Jordán, la cueva de Lot, donde Lot y sus hijas vivieron tras escapar de la destrucción de Sodoma y Gomorra, está ampliamente aceptada. Este lugar alberga un monasterio bizantino del siglo VI recientemente excavado y la iglesia de San Lot (Dayr 'Ayn 'Abata). Por otra parte, ciertas tradiciones sitúan las tumbas de Aarón, Josué y Job en Jordania. Según estas tradiciones, las tumbas de Josué y Job se

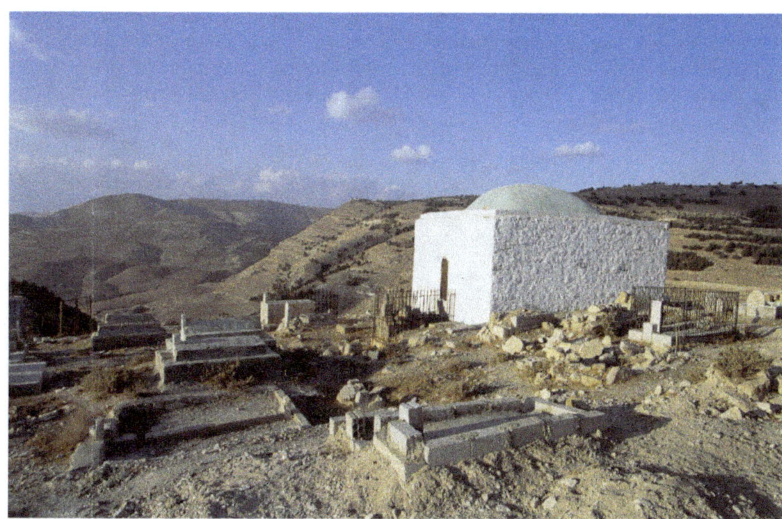

El santuario de Noé, cerca de Karak.

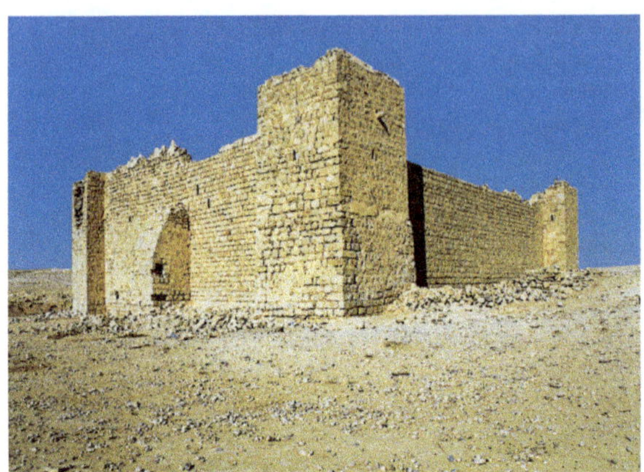

Castillo de Dab'a.

encuentran cerca de la ciudad de Salt, mientras que la de Aarón se localiza en las proximidades de Petra.

La importancia de la región correspondiente a la moderna Jordania para la peregrinación cristiana se puso ya de manifiesto en los primeros tiempos del cristianismo. El primer ejemplo documentado de estas peregrinaciones es el de una mujer de nombre Egeria, de la cual los estudiosos creen que fue una monja española que vivió durante el siglo IV. Egeria escribió cartas muy detalladas a sus hermanas relatándoles sus viajes. Desde entonces, han llegado hasta nosotros una serie de relatos de peregrinos cristianos a Jordania, como el de Pedro el Ibero, del siglo V, o el de un peregrino anónimo del siglo VI, originario de Piacenza. Estos primeros relatos contienen información muy valiosa en relación con la arqueología y la historia de la Tierra Santa.

Mezquita en el campo de batalla de Mu'ta, cerca de Karak.

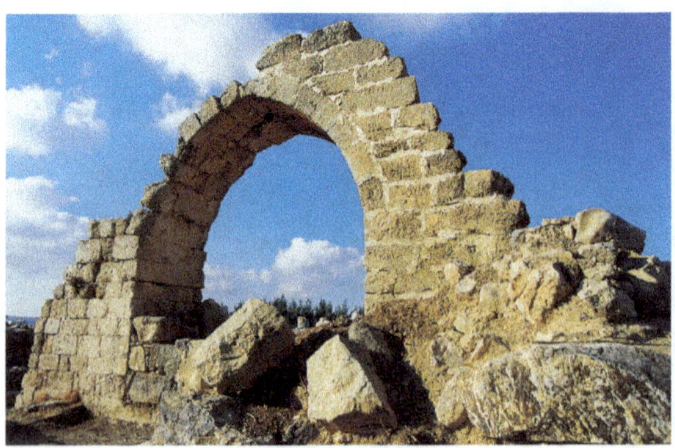

Jordania contiene también muchos sitios de importancia para el primer Islam: dos batallas decisivas tuvieron lugar entre las fuerzas musulmanas y las bizantinas en Mu'ta y en Yarmuk; las tumbas de unos catorce Compañeros del Profeta Muhammad se encuentran en Jordania. Muchos de los Compañeros habían luchado en ambas batallas, y sus tumbas o mausoleos están distribuidos por todo el país y son visitados por musulmanes de todos los confines del mundo islámico.

La **Primera Batalla de Mu'ta**, cerca de Karak, al sur de Jordania, tuvo lugar en el año 7/629. El Profeta había enviado un ejército de unos 3.000 hombres y había nombrado comandante del mismo a su hijo adoptivo, Zayd Ibn Hariza. El segundo en jefe era Ya'far Ibn Abi Talib, primo del Profeta y hermano de Alí. El tercer general era Abd Allah Ibn Rawaha, un cristiano convertido al Islam en quien el Profeta tenía gran confianza. Los musulmanes fueron derrotados y los tres comandantes murieron en combate. Sus tumbas se encuentran en el pueblo de *al-Mazar* ("lugar de visita"), cerca de Mu'ta. Este pueblo alberga también un conjunto religioso recientemente terminado.

La **Batalla de Yarmuk** data del 15/636, cuatro años después de la muerte del Profeta. Recibe su nombre del río Yarmuk, el afluente del Jordán donde tuvo lugar el encuentro. El ejército musulmán estaba conducido por el brillante general Jalid Ibn

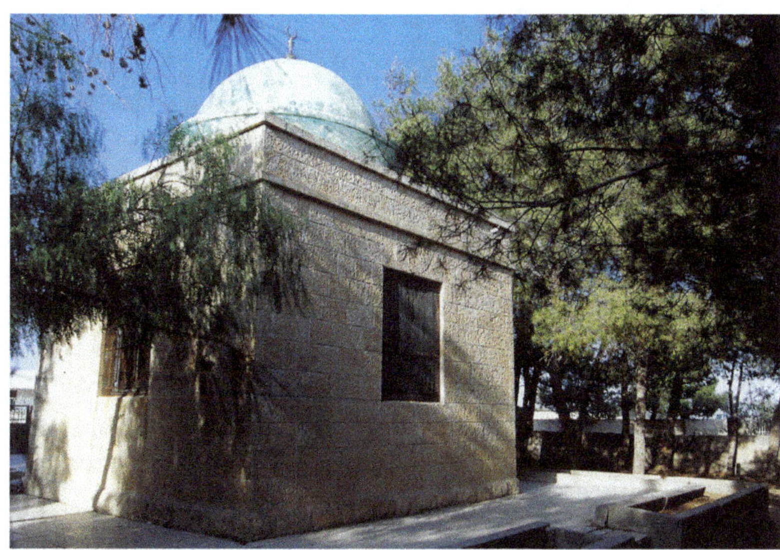

Tumba de Abd Allah Ibn Rawaha, Mazar, cerca de Karak.

al-Walid. Jalid había combatido en Mu'ta, y había conseguido conducir sanos y salvos de vuelta a Medina los restos del derrotado ejército musulmán tras la muerte de los tres generales. Aunque las tropas enemigas casi doblaban en número a los musulmanes en Yarmuk, estos consiguieron una victoria decisiva sobre las fuerzas bizantinas, debido a la cual el destino de Siria como provincia musulmana quedó sellado.

Varios de los Compañeros del Profeta que combatieron en la batalla de Yarmuk y en otras batallas que tuvieron lugar en Siria contra las fuerzas bizantinas se asentaron en la zona correspondiente a la moderna Jordania. El más importante de todos ellos es probablemente Abu Ubayda al-Yarrah, uno de los primeros en convertirse al Islam y a quien el Profeta había bautizado como *al-Amin* ("el digno de confianza"). El califa Umar Ibn al-Jattab lo nombró comandante del ejército musulmán en Siria, como sucesor de Jalid Ibn al-Walid, y primer gobernador de Siria. De hecho, las crónicas consignan que Umar tuvo la intención de nombrarle sucesor suyo, lo cual no fue posible porque Abu Ubayda murió antes que Umar, como resultado de la peste del año 18/639. Su tumba se encuentra en el valle del Jordán.

Fawzi Zayadine

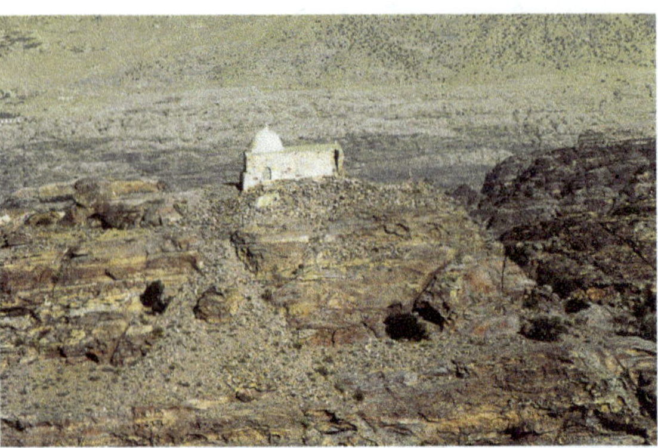

Tumba de Aarón, cerca de Petra.

La peregrinación es una de las cinco obligaciones del Islam. Todo adulto musulmán debe ir a La Meca al menos una vez en su vida. De hecho, esta tradición se remonta al periodo preislámico, porque la *Ka'ba* de La Meca ya era sagrada para Quraych y otras tribus antes del Islam. La Meca no era el único lugar sagrado para los árabes, y existieron otras *Ka'bas* en el *Hiyaz* durante la *Yahiliya* o periodo de paganismo. Había una *Ka'ba* en el valle de Hurad, cerca de La Meca, dedicada a al-Uzza, y otra en Ta'if, a la diosa Alat. Sin embargo, la *Ka'ba* de La Meca era el más sagrado de todos los santuarios porque había sido fundado por Abraham y su hijo Ismael antes de la aparición del judaísmo y el cristianismo. Tras conquistar La Meca en el año 8/630, el Profeta Muhammad entró en la *Ka'ba*, destruyó los ídolos, realizó la *'Umra* (pequeña peregrinación) y estableció esta *Ka'ba* como uno de los centros religiosos del Islam.

Castillo de al-Qatrana.

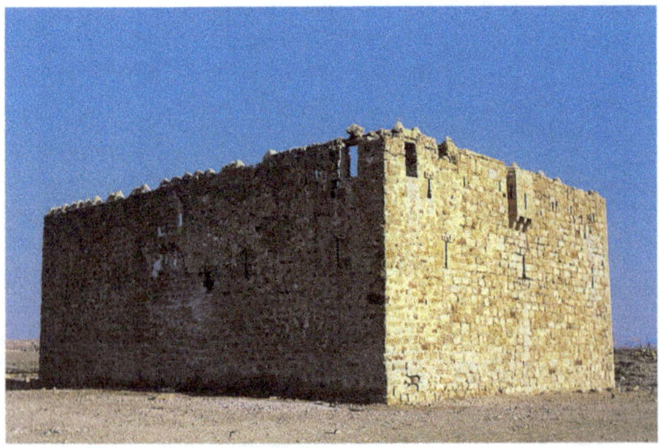

La carretera siria de peregrinación fue la primera que se estableció oficialmente después de que los califas omeyas convirtieran Damasco en su capital en el año 41/661. La caravana de peregrinos se organizaba durante los meses de *Chawwal*, *Du-al-Qi'da* y los diez primeros días de *Du al-Hiyya*. Los peregrinos debían llegar a La Meca el noveno día del *Du al-Hiyya*. Se nombraba un jefe de peregrinación (*amir al-hayy*) y la caravana partía hacia el sur, seguida por los amigos y parientes de los peregrinos. Según un rito que se desarrolló posteriormente, la noche de la partida de la caravana se llevaba a cabo la procesión del baldaquino (*mahmal*), en la que se paseaba el velo de la *Ka'ba*.

La primera parada se hacía en Kiswe, al sur de Damasco. Los musulmanes reverenciaban este lugar porque había sido allí donde los mensajeros del Profeta Muhammad, enviados al emperador de Bizancio, habían sido martirizados por los gassaníes. Tras esta parada, la caravana proseguía hacia el sur, hasta Jan Danun y Gabageb. Desde este pueblo, la peregrinación llegaba a Sanamayn, desde donde se alcanzaba Muzyrib. Esta ciudad tenía abundantes manantiales y en ella se organizaban mercados para que los peregrinos adquirieran todo lo necesario para el viaje. La última estación siria era Der'a, que actualmente se encuentra en la frontera de Jordania.

En Jordania, los peregrinos seguían la ruta que actualmente está marcada por el ferrocarril hasta al-Fudayn (Mafraq), que era un asentamiento omeya (ref. al-Fudayn). La ruta proseguía desde Mafraq a lo largo de la antigua autopista, hasta Jirbat al-Samra, Sarqa y Ammán. En esta última ciudad, la mejor parada se hacía en el centro, en la zona del *Ninfeo* y la Mezquita al-Husseini (ref. Ammán, sede del gobernador).

A lo largo de la carretera del Desierto, que se convirtió en la principal ruta de peregrinación durante el periodo otomano, se construyó en esta época una cadena de fuertes. Tanto Zizya, situada actualmente junto al aeropuerto y 30 km al sur de Ammán, como Da'ba, la siguiente estación (a 50 km), estaban equipadas con sendos fuertes y sendos depósitos de agua. Qatrana, cuya fortaleza ha sido restaurada en los años 70, era otra estación importante, porque se encontraba en la intersección de las carreteras de Ammán y Karak. Su depósito de agua es enorme y recoge el agua de lluvia del *wad*. Desde esta parada, una vez que llegaban las caravanas provenientes de La Meca, se enviaba un mensajero a Damasco para anunciar la llegada de los peregrinos. Hasa es otra de estas estaciones equipadas con fuerte y depósito. En el periodo mameluco se construyó un puente para que las caravanas pudieran cruzar el *wad* y también se pavimentó la carretera. El puente de Hasa era además un punto de peaje donde se cobraba un arancel a las caravanas.

En Ma'an, una antigua ciudad fundada por los mineos (*ma'in*), los peregrinos se agrupaban en un hostal. Desde aquí emprendían la marcha hasta la estación de Mudawwara, la última antes de partir hacia Arabia. En Ma'an hay dos barrios: Ma'an al-Chamiya, al norte, donde se reunían los peregrinos provenientes de Damasco, y Ma'an al-Hiyaziya, reservado a los provenientes del *Hiyaz*. También en esta ciudad, se organizaba un mercado y los peregrinos podían dejar almacenado su equipaje más superfluo.

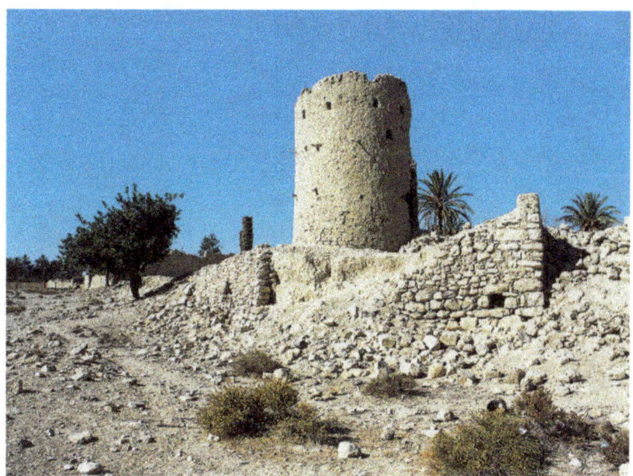

Vista de un palmeral, Ma'an.

Desde Ma'an, la ruta proseguía hasta al-Chidiyya (28 km) y a la ciudadela de Fassu'a, y desde allí a Batn al-Gul, a medio camino entre Ma'an y Mudawwara. Esta era la última estación en Jordania. En la época otomana se construyeron allí una fortaleza (19 m de lado) y un depósito de agua. Desde Mudawwara, la ruta cruza la frontera saudí hasta Halat 'Ammar.

En total, son tres las carreteras que conducen desde las fronteras jordanas hacia las ciudades santas del Islam: la primera es la carretera de Tabuk, que seguía las antiguas rutas de caravanas entre Meda'in Saleh (Hegra) y Tabuk a través de Wad al-Qura. Esta era la ruta más antigua, utilizada por los nabateos, quienes dejaron testigos de piedra en Hegra, ya por entonces una importante estación nabatea, caracterizada por las típicas fachadas de tumbas nabateas talladas en los riscos de caliza. La segunda carretera seguía la costa del Mar Rojo desde 'Aynuna hasta encontrarse con la de Tabuki. La tercera carretera discurría directamente desde Ayla-Aqaba hasta Yedda y Medina.

GLOSARIO

Aynad	(Sing. *yund.*) Provincias militares.
al-Gawr	La depresión (valle del Jordán).
al-Haram al-Charif	El noble santuario.
al-'Iqd al-Farid	El collar excepcional.
al-Jadra'	Palacio de la Cúpula Verde de Damasco.
Aljama	Mezquita mayor donde se celebra la oración cotidiana y la del viernes.
al-Mazar	Lugar de visita.
al-Yawf	Nombre de una ciudad moderna de Arabia Saudita, que significa "depresión".
'Amil	Gobernador.
Amir	Comandante militar, príncipe o funcionario de alto rango.
Amsar	(Sing. *misr.*) Originariamente, campamentos militares islámicos que más tarde se convirtieron en ciudades como Basra, Kufa y Wasit.
Apodyterium	Vestuario.
Arcosolia loculi	(Sing. *arcosolium loculus.*) Nicho tallado en la roca y utilizado como tumba.
Auditorium	Gradas para espectadores.
'Ayn	Manantial.
Azora	Capítulo del Corán.
Badiya	Zona semidesértica o situada en los confines del desierto. Durante la época omeya, el término se utilizaba para referirse a las fincas campestres.
Baqara	Vaca.
Bayt	Unidad autónoma, dispuesta en torno a un patio común. Cada *bayt* está formado por cuatro o cinco habitaciones.
Bazar	(Del persa, "mercado con puertas y cubierto".) En Oriente, mercado público o lugar destinado al comercio.
Bilad al-Cham	Zona que comprende actualmente Jordania, Palestina y Siria.
Caldarium	Sala caliente de unas termas.
Calibé	Monumento sirio del periodo romano, erigido probablemente en honor a la familia imperial.
Califa	(Del árabe *jalifa.)* Jefe supremo de la comunidad musulmana dentro del linaje de los sucesores del Profeta.
Caravansaray	Hospedería destinada al albergue de los viajeros y el almacenamiento de sus mercancías.
Cardo maximus	Calle romana orientada según un eje norte-sur.
Castellum	Barracones.
Castrum	Campamento de legionarios.
Cavea	Zona de asientos de un auditorio.
Ciborium	Cofrecillo para preservar los recipientes litúrgicos cristianos.

Cúfico	Forma de escritura árabe angulosa y muy estilizada, y a menudo muy decorativa, que se usaba en los primeros *Coranes* e inscripciones fundacionales, supuestamente originaria de Kufa, en Irak.
Curia	Consejo o junta municipal.
Chahada	Profesión de fe.
Chayj	Jeque. Anciano, hombre respetado por su edad y conocimientos. Jefe de tribu o de cofradía.
Chi'a	(Lit. "escisión, sección, partido".) Más correctamente *Chi'at Alí* que significa "el partido de Alí". Los chiíes recusan la legitimidad de todos los califas instaurados posteriormente al asesinato de Alí.
Dar al-Imara	Casa del Gobernador.
Day'a	Finca agrícola.
Decápolis	Liga de ciudades de Siria, Palestina y Jordania, originariamente formada por diez ciudades, tal como indica el nombre.
Decumanus	Calle romana orientada según un eje este-oeste.
Deiknutai	Verbo griego que significa "se muestra".
Deuteronomio	Libro del Antiguo Testamento, quinto y último del Pentateuco, donde Moisés proclama por segunda vez la ley judía.
Dinar	Moneda islámica de oro.
Drahm	Moneda de plata.
Dur al-Hiyra	Moradas de inmigración.
Dux Arabiae	Gobernador de Arabia.
Filarca	Líder árabe que se ponía bajo la tutela del Imperio Romano o Bizantino.
Funduq	En el norte de África, hospedería (alhóndiga) para mercaderes y sus animales de carga, almacén para mercancías y centro de comercio equivalente al *caravansaray* o al *jan* del Oriente islámico.
Germani	Nombre de una familia romana.
Hammam	Baño público o privado.
Hégira	Era islámica que se cuenta desde la emigración (*hiyra*, en árabe) del Profeta Muhammad desde La Meca a Medina en el año 622 de la era cristiana.
Hipocausto	Sistema de calefacción por suelo y techo de las termas y villas romanas.

Imam	El que preside la plegaria islámica. Guía, jefe o modelo espiritual o religioso, y a veces también político, en una sociedad musulmana.
Imaret	En turco, comedor de beneficencia.
Iwan	Sala abovedada con muros por tres de sus lados.
Jalifa	Sucesor o lugarteniente.
Jan	(En turco, *han.*) Posada, *caravansaray*, lugar de alojamiento para viajeros y mercaderes.
Janqa	Monasterio u hospedería para *sufíes* o derviches.
Jarash	El mayor impuesto sobre el suelo.
Jariyí (movimiento)	Secta musulmana puritana y muy radical que se oponía tanto a Alí como a Mu'awiya.
Jitat	Zona residencial en los *amsar* que se organizaba en función de los linajes tribales.
Ka'ba	(Lit. "cubo".) Templo de La Meca convertido en el centro del culto islámico.
Kitab al-Agani	Libro de canciones.
Kufiyya	Turbante árabe masculino.
Kuras	Pequeñas unidades administrativas.
Lapidarium	Recinto abierto destinado a exponer elementos arquitectónicos.
Legio Fretensis	Legión romana.
Limes	Frontera romana fortificada.
Mahmal	Baldaquino.
Manahish	Calles o vías.
Maqsura	Recinto reservado, en una mezquita, para el califa o el *imam* en las oraciones públicas.
Masyid	Mezquita donde se celebran las oraciones diarias, excepto las del viernes.
Mawat	Erial.
Madrasa	Escuela de ciencias islámicas (teología, derecho, Corán, etc.) y lugar de alojamiento para estudiantes.
Mihrab	Nicho situado en el muro de la *qibla* que indica la dirección de La Meca, hacia donde los orantes deben dirigir sus rezos.
Mimbar	Púlpito de una mezquita desde donde el *imam* dirige el sermón (*jutba*) a los fieles.
Muqarnas	Decoración en forma de estalactitas o panal que adorna las cúpulas o los canes de un edificio. Mocárabe.
Ninfeo	Fuente pública y templo dedicados a las ninfas.

Onomasticon	Lista geográfica de los lugares de Tierra Santa.
Orquestra	Suelo semicircular situado delante del escenario en los teatros griegos y romanos.
Pax Romana	Quietud y sosiego generales que se gozaban en el Imperio Romano en la época de Octavio Augusto y que prosiguió a la ocupación de Oriente por los romanos.
Poleis	(Sing. *polis.*) Antigua ciudad-estado griega.
Praetorium	Sede administrativa y palacio donde habitaban y juzgaban las causas los pretores romanos o los presidentes de las provincias.
Propileo	Gran entrada monumental a un templo.
Provincia Arabia	Provincia árabe creada por Trajano en el año 106, tras la anexión del reino nabateo a la provincia de Siria.
Qa'id	Comandante responsable de la administración de una provincia.
Qasr	(Del latín *castrum*.) Palacio, castillo.
Qibla	Dirección de la *Ka'ba*, hacia donde se orientan los creyentes para la oración. Muro de la mezquita en el cual se sitúa el *mihrab* que señala esta dirección.
Qubba	Cúpula. Por ext., monumento elevado sobre la tumba de un santo.
Qur'an	(De la raíz *qr'*, "recitar, leer".) Texto sagrado de la revelación islámica, trasmitida por el arcángel Gabriel al Profeta Muhammad. Corán.
Qusayr	Diminutivo de *qasr*.
Rahba	Espacio abierto.
Ribat	Recinto fortificado para monjes guerreros (norte de África); hospicio para peregrinos (Egipto mameluco, Palestina y Siria).
Sahn	Espacio abierto.
Saqiya	Mecanismo de bombeo de agua y canal de irrigación.
Solidi	Moneda de oro.
Spolia	Piedras sacadas de otros monumentos.
Sufismo	Orden islámica mística o ascética.
Sunni	Islam ortodoxo.
Suq	Mercado. Zoco.
Tabula ansata	Lápida rectangular con asas triangulares, generalmente usada para inscripciones.
Tell	Colina artificial formada por capas sucesivas de restos de asentamientos.

Temenos	Patio o recinto sagrado de un santuario.
Tepidarium	Sala templada de unas termas.
Turbe	Mausoleo, tumba.
Turuq	Calles principales.
'Umra	Pequeña peregrinación.
'Uchr	El diezmo que se pagaba por las tierras nuevas y sin trabajar.
Vía Nova Traiana	Carretera romana que cruzaba la provincia de Arabia de norte a sur hasta el puerto de Aqaba, terminada y pavimentada de nuevo durante el reinado de Trajano entre los años 111 y 114.
Wad	Curso de agua, a menudo temporal, en las regiones áridas.
Waqf	Donación a perpetuidad —usualmente suelo o propiedades— cuyos rendimientos se reservaban para el mantenimiento de fundaciones religiosas.
Yahiliya	Periodo de paganismo.
Yami'	Mezquita *aljama*.
Yabal	Montaña, terreno montañoso.
Yizya	Impuesto personal.
Yund al-Urdun	La provincia militar administrativa de Jordania.
Zarif	Bello.
Zawiya	Establecimiento dedicado a la enseñanza religiosa, orientada a formar a los *chayjs*, que incluye el mausoleo de un santo, construido en el lugar donde vivió.
Zelish	Pequeños azulejos de cerámica esmaltada, que se utilizan en la decoración de monumentos o en interiores.
Zuqaq	Callejuelas, senderos.

CALIFES

Califas Ortodoxos o Bien Guiados

Abu Bakr (r. 11/632-13/634)

Umar Ibn al-Jattab (r. 13/634-23/644)

Uzman Ibn Affan (r. 24/644-35/656)

Alí Ibn Abi Talib (r. 35/656-40/661)

Califas Omeyas

Mu'awiya I Ibn Abi Sufyan (r. 41/661-60/680)

Yazid I (r. 60/680-64/683)

Mu'awiya II (r. 64/683-84)

Marwan I Ibn al-Hakam (r. 64/684-65/685)

Abd al-Malik (r. 65/685-86/705)

Walid I (r. 86/705-96/715)

Sulayman (r. 96/715-99/717)

Umar Ibn Abd al-Aziz (r. 99/717-101/720)

Yazid II (r. 101/720-105/724)

Hicham (r. 105/724-125/743)

Walid II (r. 125/743-126/744)

Yazid III (r. 126/744)

Ibrahim (r. 126/744)

Marwan II (r. 127/745-132/750)

Hassan Ibn Alí (h. 3/624-25 – 49/669-70)
Primogénito de Alí Ibn Abi Talib, tercer califa ortodoxo.

Hassan Ibn Ibrahim
Comandante de Ammán probablemente en la época de los fatimíes.

Heraclio
Emperador bizantino (r. 610-640).

Herodes el Grande (h. 73-4 a. C.)
De origen idumeo, buscó refugio en Roma. Fue nombrado rey de los judíos y conquistó Judea, cambiando el nombre de su capital, Samaria, por el de Sebaste.

Hircano (209-168 a. C.)
Hijo de José el Tobíade, sucedió a su padre como recaudador de impuestos de Jordania y se hizo construir un palacio en Iraq al-Amir.

Husayn (4/626-60/680)
Hijo de Alí Ibn Abi Talib.

Ibn Abd al-Rabbihi (246/860-328/940)
Cronista.

Ibrahim Ibn Muhammad al-Imam
Miembro de la familia abbasí, organizó el derrocamiento de la dinastía omeya desde su residencia en al-Humayma. Fue hecho prisionero y ajusticiado en Harran en el año 132/749-50.

Jacobo
Obispo del monasterio de San Lot en Gawr al-Safi (siglos VI-VII).

Jalid Ibn al-Walid (m. 21/642)
Comandante militar en los inicios del Islam.

Jalid Ibn Yazid Ibn Mu'awiya
Hijo del segundo califa omeya Yazid (60/680-64/683), adquirió la finca de al-Fudayn a cambio de al-Jadra', el palacio de la Cúpula Verde de Damasco.

Jasón
Sumo sacerdote de Jerusalén, donde introdujo el helenismo en el año 168 a. C., pero la revuelta asmonea puso fin a su prelado en el año 167 a. C.

Josru II Parvis
Rey sasánida (r. 591-628).

Justiniano
Emperador bizantino (r. 527-565).

Leo I
Emperador bizantino (r. 457-474).

Ma'bad Ibn Wahab (m.125/743-44)
Músico y cantante.

Malco de Filadelfia
Historiador bizantino, escribió una historia de Bizancio hacia el año 500.

Matatías
Sumo sacerdote del templo de Jerusalén, encabezó la revuelta judía contra Antíoco IV en el año 167 a. C.

Pedro el Ibero (s. m. siglo V)
Obispo de Gaza.

Pompeyo (106-48 a. C.)
General romano, conquistó el Oriente en el año 63 a. C. y creó la Provincia de Siria. Fue asesinado en Egipto en el 48 a. C.

Retorio
Monje que construyó la iglesia de Elías en el valle del Jordán en el siglo VI.

Rodrigo
Rey visigodo de España (r. 710-711).

Sa'da
Hija de Sa'id Ibn Jalid, propietaria de al-Fudayn y esposa de Walid II.

Sa'id Ibn Jalid Ibn Amr Ibn Uzman
Biznieto del califa ortodoxo Uzman Ibn Affan, fue propietario de al-Fudayn y de un conjunto de apartamentos de alquiler en Damasco. Dos de sus hijas se casaron con los califas omeyas Hicham y Walid II.

Salma
Hija de Sa'id Ibn Jalid, estuvo comprometida con Walid II, pero murió antes de que este fuera asesinado en el año 131/749.

Salomón
Profeta y rey de Israel (r. 970-928 a. C.), construyó el templo de Jerusalén con la ayuda de los artesanos y los materiales suministrados por Tiro y Sidón.

Sozimos
Abad del monasterio de Lot en Gawr al-Safi.

Sufyan Ibn Yazid al-Sa'di
Gobernador del distrito de al-Belqa a finales de la dinastía omeya, apresó a Ibrahim al-Imam en al-Humayma.

Teodosio de Filadelfia (f. siglo II a. C.)
Despiadado soberano helenístico de Ammán ("tirano"), huyó a Gadara y Gerasa.

Teófano
Obispo de Madaba a finales del periodo bizantino y principios del omeya (siglo VII).

Tiberio (42 a. C.-37 d. C.)
Emperador romano (r. 14-37 d. C.), hijo adoptivo de Augusto.

Tobías
Gobernador del distrito amonita en el siglo V a. C. y posteriormente bajo el dominio persa.

Tolomeo II Filadelfo (306-246 a. C.)
Rey de Egipto (r. 283-246 a. C.).

Trajano (53-117)
Emperador romano (r. 98-117), sofocó la segunda revuelta judía y anexionó el Reino Nabateo al Imperio Romano en el año 106. Consolidó la *Decápolis*, prolongó y pavimentó la *Vía Nova Traiana*.

Ya'far Ibn Abi Talib (m. 8/629)
Primo del Profeta Muhammad y comandante militar en los inicios del Islam.

Yahya Ibn Salih
Comandante del ejército enviado a al-Belqa para aplastar la revuelta de Sa'id al-Fudayni durante el califato de al-Ma'mun.

Yaqut al-Hamawi (m. 626/1229)
Geógrafo árabe, su famoso libro *Mu'yam al-Buldan* es una enciclopedia de lugares históricos de la Antigüedad.

Zayd Ibn Hariza (574-8/629)
Comandante militar en los inicios del Islam.

Zenobia
Reina de Palmira (Tadmur, en Siria) (r. 266-272), se rebeló contra Roma y ocupó Egipto, pero fue derrotada por el emperador Aureliano.

Ziryab (m. 236/850)
Músico.

ORIENTACIÓN BIBLIOGRÁFICA

AL-HAMAWI, Y., *Mu'yam al-Buldan,* Beirut, 1957.

ALMAGRO, M., *et al., Qusayr 'Amra*, Madrid, 1975.

ALMAGRO GORBEA, A., *El Palacio Omeya de Ammán,* vol. I, *La Arquitectura*, Madrid, 1983.

AL-MUQADDASI, *Ahsan al-Taqsim fi Ma'rifat al-Aqalim*, 2.ª ed., Leiden, 1967.

AL-SAYYAD, N., *Cities and Caliphs: On the Genesis of Arab Muslim Urbanism,* Nueva York, 1996.

BAGATTI, B., *The church of the Gentiles in Palestine*, Jerusalén, 1971.

BAKHITY ABBAS (eds.), "Bilad al-Sham during the Early Islamic Period", *Udhruh and the Early Islamic Conquests*, Ammán, 1987.

BOSWORTH, C. E., *The Islamic Dynasties*, Edimburgo, 1980.

BOWERSOCK, G. W., *Roman Arabia*, Cambridge, Massachusetts, 1983.

BROWNING, I., *Jerash and the Decapolis*, Londres, 1982.

BUJARD, J., Y SCHWEIZER, F., *Entre Byzance et l'Islam: Umm er-Rasas et Umm el-Walid. Fouilles Genevoises en Jordanie*, Musée d'art et d'histoire, Ginebra, 1992.

BUTLER, H. C., *Ancient Architecture in Syria. Princeton University Archaeological Expedition to Syria*, II, Leiden, 1907.

CHARBONNEAUX, J., "Sculpture", *Grèce Hellénistique*, París, 1970.

CONDER, C. R., *The Survey of Eastern Palestine*, Londres, 1889.

CRESWELL, K. A. C., *Early Muslim Architecture*, 2 vols., 2.ª ed., Oxford, 1969.

CRESWELL, K. A. C., y ALLAN, J. W., *A Short Account of Early Muslim Architecture,* El Cairo, 1989.

DJAIT, H., *Al-Kufa: Naissance de la ville islamique*, París, 1986.

Encyclopaedia of Islam, Leiden, desde 1954.

ESTABLET, C., y PASCAL, J. P., *Ultime voyage per al-Mecque*, Damas, 1998.

ETTINGHAUSEN, R., *Arab Painting*, Ginebra, 1962.

ETTINGHAUSEN, R., y GRABAR, O., *The Art and Architecture of Islam: 650-1250*, New Haven, 1992 (trad. española: Madrid, 1997).

ETTINGHAUSEN, R., y GRABAR, O., *Arte y arquitectura del Islám; 1250-1800,* Madrid, 1999.

EUSEBIUS, *Das Onomastikon der biblischen Ortsnamen*, trad. G. Olms, Hildesheim, 1966.

GRABAR, O., *The Formation of Islamic Art*, New Haven, 1988.

HARDING, G. L., *The Antiquities of Jordan*, Londres, 1967.

HARRISON, T., *et al., Madaba: Cultural Heritage*, Ammán, 1996.

HAYES, J. R. (ed.), *The Genius of Arab Civilization: Source of Renaissance*, 2.ª ed., Cambridge, Massachusetts, 1983.

HILLENBRAND, R., *Islamic Art and Architecture*, Londres, 1999.

HITTI, P. K., *History of the Arabs*, 10.ª ed., Nueva York, 1970.

HOURANI, A., y Stern, M., (eds.), *The Islamic City*, Oxford, 1970.

JAUSSEN, A., y SAVIGNAC, R., *Mission archéologique en Arabie*, 3 vols, París, 1909 y 1914.

Jerash Archaeological Project, vol. I, 1981-1983, Ammán, 1986; vol. II, 1984-1988, Ammán-París, 1989.

KHOURI, R. G., *The Desert Castles. A Brief Guide to the Antiquities*, Ammán, 1992.

KING, G. R. D., y CAMERON, A. (eds.), "The Byzantine and Early Islamic Near East", *The Misr of Ayla: Settlement at al-'Aqaba*, II, Princeton, 1994.

KOCH, G., *Early Christian Art and Architecture*, Londres, 1996.

KRAELING, C. H. (ed.), *et al., Gerasa. City of the Decapolis*, New Haven, 1938.

LAPIDUS, I., *Muslim Cities in the Later Middle Ages*, Cambridge, 1967.

LE STRANGE, G., *Palestine under the Moslems: a Description of Syria and the Holy Land from A. D. 650 to 1500*, Beirut, 1965.

LEWIS, N. (ed.), *The Documents from the Bar Kokhba Period in the Cave of Letters*, Jerusalén, 1989.

MANNS, F., y ALLIATA, E. (eds.), "Early Christianity in Context: Monuments and Documents", *Umm al-Rasas*, Jerusalén, 1993.

MCNICOLL, A. W., *et al.*, "Pella in Jordan 1: an Interim Report of the Joint University of Sidney and College of Wooster Excavations at Pella 1979-1981", *MeditArch* Supl. 1, Sidney, 1982.

MCNICOLL, A. W., *et al.*, "Pella in Jordan 2: an Interim Report of the Joint University of Sidney and College of Wooster Excavations at Pella 1982-1985", *MeditArch* Supl 2, Sidney, 1992.

NORTHEDGE, A., *Studies on Roman and Islamic Amman*, Oxford, 1992.

OLAVARRI-GOICOECHEA, E., *El Palacio Omeya de Ammán*, vol. II, *La Arqueología*, Valencia, 1985.

PICCIRILLO, M., *The Mosaics of Jordan*, Ammán, 1993.

PICCIRILLO, M. (ed.), *The Madaba Mosaic Map Centenary 1897-1997*, Jerusalén, 1999.

PICCIRILLO, M., y ALLIATA, E., *Umm al-Rasas-Mayfa'a I: Gli Scavi del Complesso di Santo Stefano*, Jerusalén, 1994.

PICCIRILLO, M. y SAQAF, H., *The Holy Sites of Jordan*, Ammán, 1996.

SALLER, S. J., *The Memorial of Moses on Mount Nebo*, 2 vols., Jerusalén, 1941.

SARTRE, M., *Trois Études sur la Syrie Romaine et Byzantine*, Bruxelles, 1982.

SCHICK, R., *The Christian Communities of Palestine from Byzantine to Islamic Rule: A Historical and Archaeological Study*, Princeton, 1995.

SMITH, R., *Pella of the Decapolis*, vol. I, *The College of Wooster Expedition to Pella*, Londres, 1973.

SMITH, R., y PRESTON DAY, L., *Pella of the Decapolis*, vol. 2, *Final Report of Wooster Excavations in Area IX, the Civic Complex 1979-1985*, Londres, 1989.

TALBOT RICE, D., *Byzantine Art*, 1968.

The Decapolis, ARAM Third International Conference, septiembre 1992, ARAM 4:1 y 2, Oxford, 1992.

VAUX, R. DE, *Histoire ancienne d'Israël*, París, 1971.

VRIES, B. DE, *Umm el-Jimal: A Frontier Town and its Landscape in Northern Jordan*, vol. I, J. R. A., Supl. Ser. 26, Portsmouth, Rhode Island, 1998.

WALKER, J., *A Catalogue of the Arab-Byzantine and Post-Reform Umayyad Coins*, Londres, 1956.

WHITCOMB, D., *Ayla, Art and Industry in the Islamic Port of Aqaba*, Chicago, 1994.

WHITCOMB, D., y KHOURI, R., *Aqaba: Port of Palestine on the China Sea*, Ammán, 1988.

ZAYADINE, F., *The Frescoes of Quseir Amra*, Ammán, 1977.

ZAYADINE, F., "Amman-Philadelphie", *Le Monde de la Bible* 22, 1982.

AUTORES

Mohammad al-Asad
Arquitecto e historiador de arquitectura, es catedrático adjunto del Departamento de Arquitectura de la Universidad de Jordania. Se graduó y licenció en la Universidad de Illinois de Urbana-Champaign, y se doctoró con una tesis sobre Arquitectura Islámica en Harvard, Cambridge, Massachusetts. Ha sido profesor invitado en el Instituto de Tecnología de Massachusetts y en el Instituto de Estudios Avanzados de Princeton. También ha sido miembro del consejo del premio Aga Khan de Arquitectura e integra varias asociaciones. En 1999 fue elegido Presidente de la Fundación CSBE (The Centre for the Study of the Built Environment). Posee un amplio prestigio por sus estudios sobre arquitectura del mundo islámico y ha publicado en inglés y en árabe. Su más reciente monografía publicada es: *Old Houses of Jordan: Amman 1920-1950*, Turab, Ammán, 1997.

Ghazi Bisheh
Nacido en Ammán en 1944, se graduó en Arqueología en la Universidad de Jordania en 1967. Desempeñó el cargo de Inspector del Departamento de Antigüedades en el periodo 1967-1969. En 1970 realizó un curso de posgrado sobre Arte y Arquitectura Islámicos en la Universidad de Michigan. Regresó al Departamento de Antigüedades, donde ocupó un cargo en el Centro de Registro entre 1970 y 1974. Tras obtener el doctorado en Arte Islámico en 1979 (Ann Arbor), fue nombrado Director de Proyectos Arqueológicos del Departamento de Antigüedades, puesto que desempeñó entre 1979 y 1981. Durante aquel periodo participó en numerosas excavaciones y dirigió una de ellas en Hallabat. En 1982 realizó un posgrado sobre Conservación de Edificios Históricos en el Instituto de Estudios Avanzados de la Universidad de York. Tras obtener el título el mismo año, retornó a su anterior cargo de Director de Proyectos Arqueológicos del Departamento de Antigüedades hasta que, en 1985, fue nombrado Director General Adjunto del mismo, puesto que mantuvo hasta 1988, cuando fue designado Director General del Departamento. Fue liberado de sus responsabilidades en 1992 para convertirse en Catedrático Adjunto de la Universidad de Yarmuk, Irbid, y al mismo tiempo, Director de Excavaciones del Parque Arqueológico de Madaba. Desde 1995 hasta septiembre de 1999, desempeñó nuevamente el cargo de Director General del Departamento de Antigüedades. Ghazi Bisheh, considerado una autoridad en Cultura y Arquitectura Omeyas, ha sido nombrado miembro honorario de numerosas instituciones, y es conocido por sus publicaciones y contribuciones a congresos internacionales.

Ina Kehrberg
Nacida en 1945, se graduó en la Universidad de Sidney en Arqueología Clásica y Arqueología de Próximo Oriente, en cuyos programas se incluían Bellas Artes, Lenguas Antiguas e Historia. Tras obtener la licenciatura en Arqueología Clásica, en 1987 completó su tesis doctoral sobre Cerámica de las Edades del Bronce Primera y Media en Chipre, publicada en *SIMA*, vol. I, 1995. Durante el periodo 1975-1979, desempeñó el puesto de Primera Investigadora Adjunta y luego de Profesora en el Departamento de Arqueología de la Universidad de Sidney. Entre 1980 y 1982 fue Editora Becaria

Investigadora en el Deutsches Archeologisches Institut (DAI) de Berlín. Llegó a Jordania en enero de 1983, al ser nombrada arqueóloga y ceramista del Proyecto Arqueológico de Jerach, y posteriormente, coeditora de las publicaciones del Departamento de Antigüedades (ADAJ y SHAJ), entre 1995 y 1998. Desde 1997 es investigadora del Institut Français d'Architecture du Proche Orient de Ammán. Como Directora del Proyecto de Publicación e Investigación del Hipódromo de Jerach, es miembro honorario del Instituto Británico de Arqueología e Historia de Ammán (BIAAH). Ha participado en diversas excavaciones y congresos arqueológicos internacionales. Entre sus publicaciones se cuentan libros y numerosos artículos sobre alfarería, fabricación de vidrio y cronología.

Lara G. Tohme

Ha estudiado Historia del Arte, con especialización en arte cristiano primitivo y medieval. Actualmente es becaria Aga Khan de Arquitectura Islámica en el Instituto de Tecnología de Massachusetts (MIT) en Cambridge, y está realizando la tesis sobre historia de los inicios de la arquitectura islámica. Ha sido también beneficiaria de la beca Samuel H. Kress del Centro Americano de Investigación Oriental (ACOR) de Ammán.

Fawzi Zayadine

Nacido en Smakieh, distrito de Karak, en 1938, obtuvo el título en Antigüedades Orientales e Islámicas de l'École du Louvre, y una licenciatura en Lenguas Semíticas y Estudios Islámicos en la Universidad de la Sorbona en París. Su tesis doctoral en esta trató del origen oriental de la arquitectura rupestre de Petra. En 1967 fue nombrado Director Adjunto de Investigación y Publicaciones y Jefe del Departamento de Publicaciones (ADAJ y posteriormente SHAJ). Entre 1971 y 1975 ocupó el cargo de Jefe del Centro de Registro del Departamento de Antigüedades. Ha dirigido y participado en numerosas excavaciones y, en estos momentos, colabora en un estudio epigráfico francés en Wad Ramm. Por su participación en múltiples proyectos de investigación arqueológica, ha sido designado miembro honorífico de varias instituciones extranjeras y nacionales, entre las que se cuentan la Asociación de Escritores, los Amigos de la Arqueología de Jordania y el Deutsches Archeologisches Museum (DAI), del cual es miembro ordinario. Actualmente ocupa el puesto de Director General Adjunto del Departamento de Antigüedades. Autor de numerosos artículos y libros sobre diversos aspectos arqueológicos que abarcan desde la escultura helenística hasta el arte omeya, publicados en árabe, inglés, alemán y francés, sus prestigiosas contribuciones al campo de los estudios clásicos han sido muy solicitadas por congresos internacionales. Sin embargo, Fawzi Zayadine es más conocido por sus diversas aportaciones a los estudios helenísticos (Iraq al-Amir) y nabateos (Petra). Su publicación más reciente ha sido *Qasr al-Bint*.

Bill Lyons

Bill Lyons lleva trabajando como fotógrafo profesional más de veinticinco años. Tras haber sido ayudante del fotógrafo comercial afincado en Filadelfia (EEUU) William Cross-Dunning, a principios de los años 70, inició su carrera en solitario fotografiando obras de arte expuestas en el Estado de Florida. Destinado a Beirut como fotógrafo de la Agencia de Noticias MER, en 1975 se trasladó a Ammán, donde trabaja como profesional independiente. Su obra, de amplio espectro, ha aparecido en numerosas publicaciones, entre ellas, *Aramco World*, *Archeology Today*, *Business Week*, *The Economist*, *Epoca* (Italia), *Figaro* (Francia), *GEO* (Edición alemana), *Insight Magazine*, *L'Express*, *Life Magazine*, *Maclean's*, *National Geographic* (libros y revistas), *Newsweek*, *New Scientist*, *New York Times Magazine*, *Panorama* (Italia), *Der Stern* y *Time*. Ha sido el único o el principal fotógrafo en libros como *Petra. A Traveller's Guide*, publicada por Garnet Guides, y *Old Houses of Jordan*, Turab, Ammán, 1997. Entre los organismos que le han encargado trabajos se cuentan empresas y organizaciones gubernamentales y no gubernamentales: American Express, Bechtel, British Airways, Agencia Canadiense para el Desarrollo Internacional (CIDA), CNN International, Coca-Cola, DHL Worldwide Express, Marconi Microsoft, Nikon, Pepsi-Cola International, UNDP, USAID y el Banco Mundial.

Museum With No Frontiers (MWNF)
Itinerarios-Exposición y guías temáticas
EL ARTE ISLAMICO EN EL MEDITERRANEO

Las guías temáticas MWNF son elaboradas por expertos locales que nos presentan la historia, el arte y el patrimonio cultural desde la perspectiva del país tratado.

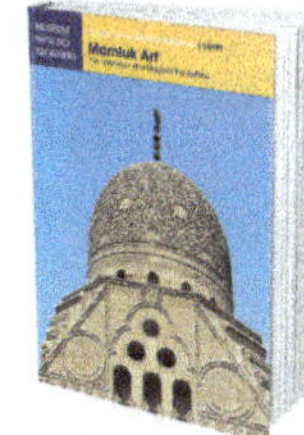

Egipto
EL ARTE MAMELUCO

Esplendor y magia de los sultanes *236 páginas*

cuenta la historia de casi tres siglos de estabilidad política y económica, obtenida gracias a la exitosa defensa del territorio por los sultanes, ante las amenazas de mongoles y cruzados. El florecimiento intelectual, científico y artístico se manifiesta en la arquitectura y las artes decorativas mamelucas, de una elegante y vigorosa simplicidad casi moderna, que atestiguan la vitalidad de su comercio, su energía cultural, y su fuerza militar y religiosa.

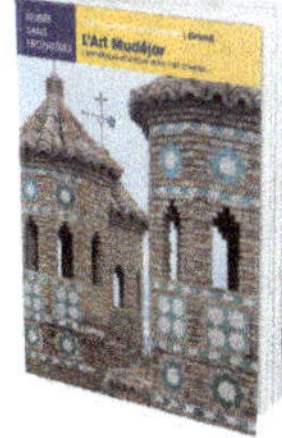

España
EL ARTE MUDÉJAR

La estética islámica en el arte cristiano *318 páginas*

descubre la riqueza fascinante de una simbiosis cultural y artística genuinamente hispánica, que se convirtió en un elemento distintivo de la España cristiana al finalizar la dominación árabe. Los mudéjares eran musulmanes a quienes se permitió permanecer en los territorios reconquistados, y los artistas y artesanos mudéjares tuvieron una gran influencia en la cultura y el arte de los nuevos reinos cristianos. Las iglesias, los monasterios y los palacios de ladrillo, bellamente decorados, en Aragón, Castilla, Extremadura y Andalucía, son un ejemplo sin igual de la creativa preservación de formas islámicas en el arte cristiano en España, entre los siglos XI y XVI.

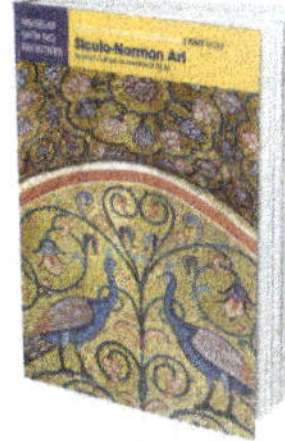

Italia (Sicilia)
EL ARTE SÍCULO-NORMANDO

La cultura islámica en la Sicilia medieval *328 páginas*

ilustra cómo el gran patrimonio artístico y cultural de los árabes, que gobernaron la isla en los siglos X y XI, fue asimilado y reinterpretado durante el posterior reinado normando, y alcanzó su apogeo en la era resplandeciente de Ruggero II, en el siglo XII. Los espectaculares paisajes costeros y de montaña proporcionan el telón de fondo para las visitas a las ciudades, los castillos, jardines, iglesias y antiguas mezquitas cristianizadas.

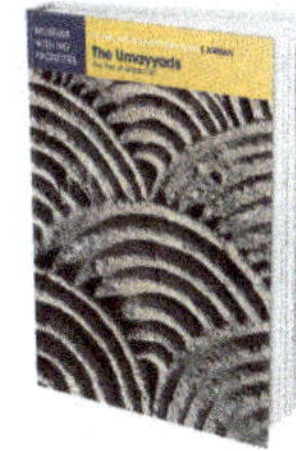

Jordania
LOS OMEYAS

Los inicios del arte islámico *224 páginas*

presenta un recorrido por el gran florecimiento artístico y cultural que dio origen a la fase de formación del arte islámico durante los siglos VII y VIII. Los omeyas unificaron el Mediterráneo y las culturas persas, y desarrollaron una síntesis artística innovadora que incorporó e inmortalizó el legado clásico, bizantino y sasánida. La elegante arquitectura de los castillos del desierto así como los frescos, mosaicos y obras maestras del arte figurativo y decorativo aún evocan el fuerte sentido del realismo y la gran vitalidad cultural, artística y social de los centros del califato omeya.

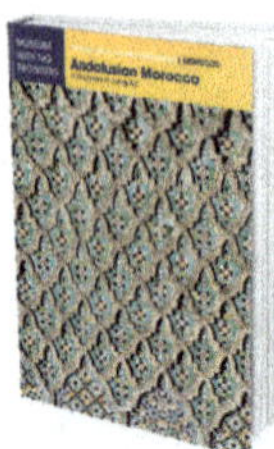

Marruecos
EL MARRUECOS ANDALUSÍ
El descubrimiento de un arte de vivir *264 páginas*
cuenta la historia de los intercambios entre la frontera más alejada del Magreb y al-Andalus, durante más de cinco siglos. Las circunstancias políticas y sociales condujeron a una encrucijada de culturas, técnicas y estilos artísticos, evidenciada por el esplendor de las mezquitas, los minaretes y las madrasas idrisíes, almorávides, almohades y meriníes. La influencia de la arquitectura cordobesa y los modelos decorativos, los arcos de herradura, los motivos florales y geométricos andalusíes, así como el empleo del estuco, la madera y las tejas policromadas, muestran el intercambio continuo que hizo de Marruecos uno de los ámbitos más brillantes de la civilización islámica.

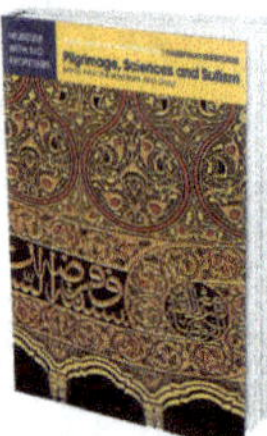

Territorios Palestinos
PEREGRINACIÓN, CIENCIAS Y SUFISMO
El arte islámico en Cisjordania y Gaza *254 páginas*
explora un período durante los reinados de las dinastías ayyubíes, mamelucas y otomanas, en el cual llegaban a Palestina numerosos peregrinos y eruditos de todo el mundo musulmán. Las grandes dinastías encargaban obras maestras del arte y la arquitectura para los centros religiosos más importantes. Por atraer a los sabios más destacados, muchos centros gozaban de un prestigio considerable y promovían la difusión de un arte peculiar que sigue fascinando. Los monumentos y la arquitectura islámica de este Itinerario-Exposición reflejan claramente las conexiones entre el mecenazgo dinástico, la actividad intelectual y la rica expresión de la devoción popular, arraigada en esta tierra durante siglos.

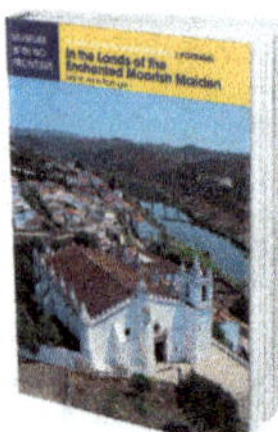

Portugal
POR TIERRAS DE LA MORA ENCANTADA
El arte islámico en Portugal *200 páginas*
descubre los cinco siglos de civilización islámica que dejaron su impronta en la población del antiguo Garb al-Andalus. Desde Coimbra hasta los más lejanos confines del Algarbe, los palacios, mezquitas cristianizadas, fortificaciones y centros urbanos atestiguan el esplendor de un pasado glorioso. Este recuerdo artístico es la expresión de una delicada simbiosis, que ha determinado las particularidades de la arquitectura vernácula y sigue omnipresente en la identidad cultural de Portugal.

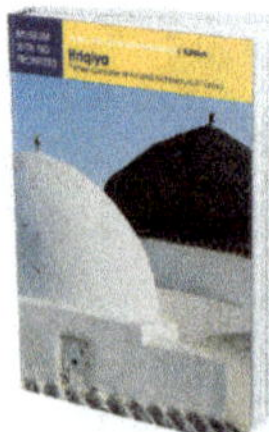

Túnez
IFRIQIYA
Trece siglos de arte y arquitectura en Túnez *312 páginas*
es un viaje a través de la historia de la arquitectura islámica del Magreb, para descubrir una civilización milenaria que convirtió en obras de arte sus espacios más importantes. Las grandes dinastías islámicas –abbasíes, aglabíes, fatimíes, ziríes, almohades, hafsíes, otomanos–, así como las escuelas y los movimientos religiosos islámicos dejaron la impronta de su expresión artística a lo largo de los siglos. El arte islámico de Túnez es una encrucijada de culturas y ha sido ampliamente influenciado por las costumbres artísticas locales, por los elementos arquitectónicos y decorativos andalusíes y orientales, por tradiciones árabes, romanas y beréberes, y por la diversidad del paisaje natural.

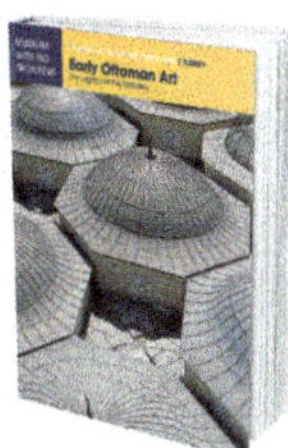

Turquía

LOS INICIOS DEL ARTE OTOMANO

La herencia de los emiratos *252 páginas*

presenta las expresiones artísticas y arquitectónicas del oeste de Anatolia y el surgimiento de la dinastía otomana en los siglos XIV y XV. Los emiratos turcos desarrollaron una nueva síntesis estilística de las tradiciones centro-asiática y selyúcida con el legado de las civilizaciones griega, romana y bizantina. Los esquemas arquitectónicos de las mezquitas, los hammam, hospitales, madrasas, mausoleos y grandes complejos religiosos, las columnas y cúpulas, la decoración floral y caligráfica, la cerámica y la iluminación atestiguan la riqueza de estilos. El florecimiento cultural y artístico que acompañó al surgimiento del Imperio Otomano estuvo profundamente marcado por la herencia de los Emiratos.

Solo disponible en inglés:

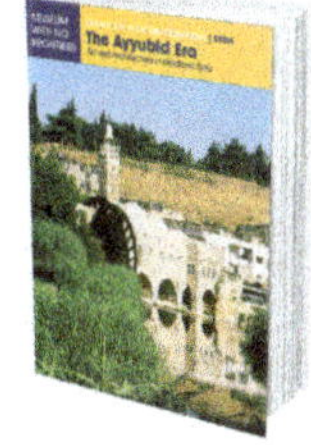

Siria

THE AYYUBID ART

Art and Architecture in Medieval Syria *288 páginas*

was conceived not long before the war started. All texts refer to the pre-war situation and are our expression of hope that Syria, a land that witnessed the evolution of civilisation since the beginnings of human history, may soon become a place of peace and the driving force behind a new and peaceful beginning for the entire region.

Bilad al-Sham testifies to a thorough and strategic programme of urban reconstruction and reunification during the 12th and 13th centuries. Amidst a period of fragmentation, visionary leadership came with the Atabeg Nur al-Din Zangi. He revived Syria's cities as safe havens to restore order. His most agile Kurdish general, Salah al-Din (Saladin), assumed power after he died and unified Egypt and Sham into one force capable of re-conquering Jerusalem from the Crusaders. The Ayyubid Empire flourished and continued the policy of patronage. Though short-lived, this era held long-lasting resonance for the region. Its recognisable architectural aesthetic – austere, yet robust and perfected – survived until modern times.

www.ingramcontent.com/pod-product-compliance
Lightning Source LLC
LaVergne TN
LVHW010901110826
845149LV00005B/1430

* 9 7 8 3 9 0 2 7 8 2 7 8 6 *